AF707894

Till Brüggemann
Einmal Chaos und zurück

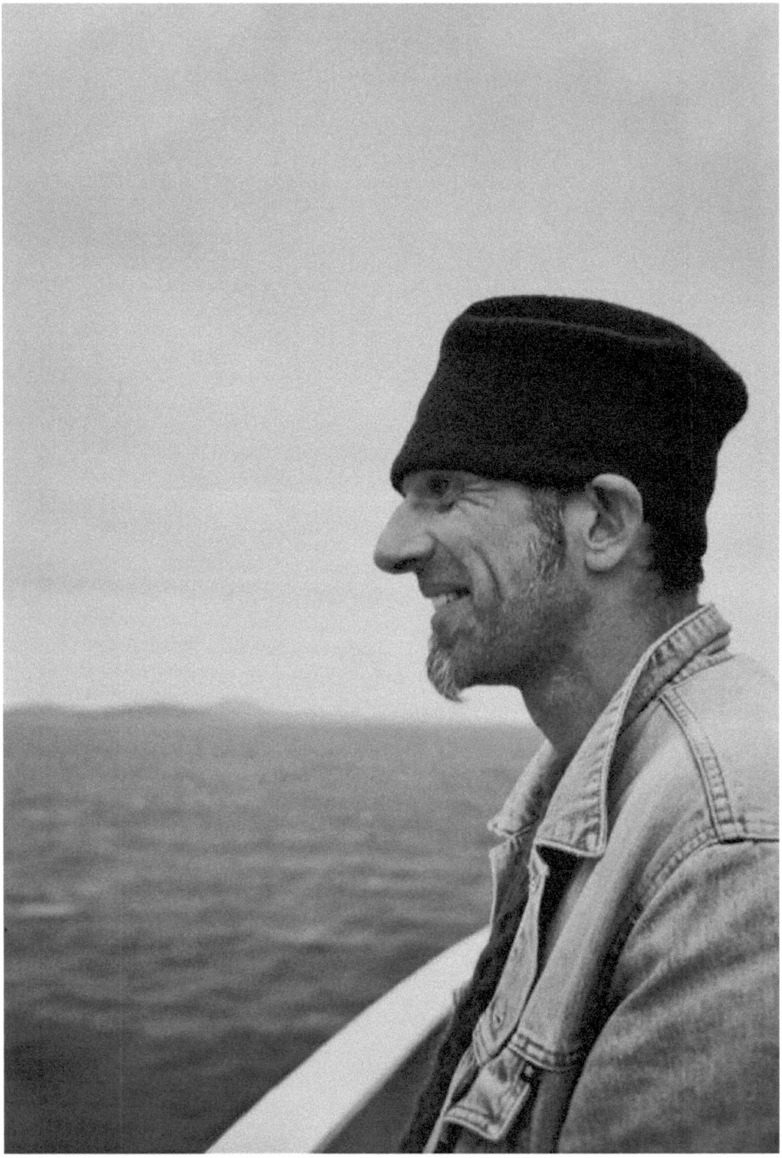

Till Brüggemann

Einmal Chaos und zurück

Wie der Rock 'n' Roll über mich kam
und
nicht mehr losließ

Edition Falkenberg

1. Auflage 2016
Copyright © Edition Falkenberg
Bgm.-Spitta-Allee 31, 38329 Bremen

produktsicherheit@edition-falkenberg.de

ISBN 978-3-95494-109-4
www.edition-falkenberg.de

Alle Rechte vorbehalten. Kein Teil des Werkes darf in irgendeiner Form (durch Fotografie, Mikrofilm oder irgendein anderes Verfahren) ohne schriftliche Erlaubnis des Verlages reproduziert oder unter Verwendung elektronischer Systeme verarbeitet, vervielfältigt oder verbreitet werden. Außerdem behält sich der Verlag die Verwertung des urheberrechtlich geschützten Inhalts dieses Werkes für Zwecke des Text- und Data-Minings nach § 44 b UrhG ausdrücklich vor. Jegliche unbefugte Nutzung ist hiermit ausgeschlossen.

Inhalt

Danke an meine Eltern,
die mir früh viel Musik mit auf den Weg gegeben haben,
und die mir viele Freiheiten gelassen haben,
nicht nur musikalische.

Danke an alle,
die in meinem Mikrokosmos
dabei waren, sind, sein wollen
und sein werden.

Vorwort

Die Phasen häufen sich, in denen ich mich nicht traue, in vergangenen Tagebüchern zu blättern. Irgendwie steht da wenig Vorzeigbares drin, etwas, auf das ich stolz sein könnte. Ich bin Mitte Vierzig und habe zwei Kinder von zwei Frauen. Ja: Ich habe einen Sohn gezeugt, einen Baum gepflanzt (in Celbridge, Co. Kildare, Irland, deutsche Eiche!), allerdings kein Haus gebaut. Stattdessen bin ich allein lebender Patchwork-Familienvater. Es gibt sicherlich durchschaubarere Familienstrukturen und Lebensplanungen als meine, aber bitte: Es kommt eben, wie es kommt. Um die Statistik abzurunden: In den letzten fünfundzwanzig Jahren bin ich fünfzehnmal umgezogen. Vor den letzten vierzehn davon plante ich jeweils, mich langfristig einzunisten, aber es kamen immer wieder (zwischenmenschliche) Dinge dazwischen. Mit der Taktik, Bauch-Entscheidungen denen des Kopfes vorzuziehen, habe ich meinen materiellen Reichtum nicht gerade vermehrt. Nach Euro-Rechnung ist in dreißig Jahren eine mittlere fünfstellige Summe meines bescheidenen, eigentlich eher gar nicht vorhandenen Vermögens in vielversprechende und haarsträubende musikalische Vorhaben geflossen, beziehungsweise in die für deren Umsetzung notwendigen Rauschmittel aller Art. Ich bereue es nicht, der gesammelten Erfahrungen wegen. Was bleibt, sind Fragen wie zum Beispiel diese:

Sind schlechte Erfahrungen wichtig für das folgende Leben?

Meine Antwort lautet: Ja, wenn ich die richtigen Schlüsse daraus ziehe, und ich arbeite zumindest daran.

Welche Antwort mögen nun tausende Gleichgesinnte geben, die nicht in Ahrensburg, sondern vielleicht in Totenwinkel, in Maustadt, in Gähnstedt, in Nixlosen oder noch ganz woanders ihren Traum vom Popstar träumten und lebten? Ging es ihnen vergleichbar wie mir? Waren sie zielstrebiger, eigenwilliger, anpassungsfähiger als ich?

Was wäre wenn, frage ich mich oft. Meistens sitze ich dann gerade auf meinem Stück Heimat, einem 85 Jahre alten »Gesundheits-Treckersitz«, der mich die letzten sechs Umzüge begleitet hat, die tägliche Gute-Nacht-Zigarette (in seltenen Ausnahmefällen auch mal: -Tüte …) nach dem alltäglichen Wahnsinn rauchend. Was wäre, wenn ich vor siebzehn Jahren Single geblieben wäre? Was, wenn ich vor neunzehn Jahren nicht in diese Gegend gezogen wäre, mich nicht selbst entwurzelt hätte? Was, wenn ich schon in der Pubertät die Abgeklärtheit eines Fourtysomethings gehabt hätte? Und, hohooo! Was, wenn alles ganz anders gekommen wäre? Manchmal bin ich zufrieden, manchmal muss ich kichern, manchmal läuft es mir kalt den Rücken runter, manchmal bin ich den Tränen nahe.

Die Tatsache, dass ich von Kindesbeinen an vorhatte, so eine Art Popstar zu werden, hat sich aus vielerlei Gründen zerschlagen. So gesehen könnte dieses Buch eigentlich auch »Wie ich zum Chaos wurde« heißen. Wie auch immer: Das Leben geht weiter.

Expect the unexpected.

Wie die Scherben mich nachdenklich machten

An de Eck steiht 'n Jung mit'n Tüdelband
in de anner Hand 'n Bodderbrood mit Kees,
wenn he blots nich mit de Been in'n Tüddel kümmt
un dor liggt he ok all lang op de Nees.

Un he rasselt mit'n Dassel gegen'n Kantsteen
un he bitt sick ganz geheurig op de Tung,
as he opsteiht, seggt he: hett nich weeh doon,
jo das'n Klacks för so'n Hamborger Jung.

(Hamburger Volksweise)

Wann genau der Rock 'n' Roll über mich kam, ist schwer zu sagen. Würde ich es mir einfach machen, könnte ich es an der Plattensammlung meiner Eltern festmachen, aber die gibt an wirklich wilden Dingen nur »Obladi Oblada« von den Beatles her. Immerhin: War ein Nr.-1-Hit in meinem Geburtsjahr, dem wilden Achtundsechzig. Des Weiteren findet sich dort vor allem Klassik, Swing und Jazz der altbackenen Art, ein klitzekleines bisschen Schlager auch. Ich erinnere mich an »Ella & Louis« beispielsweise, eine Live-LP von Frau FITZGERALD und Herrn ARMSTRONG genaugenommen. Mein Vater bekam leuchtende Augen und dieses merkwürdige Halbstarken-Timbre in der Stimme, wenn er über dieses Werk dozierte. Schwer dran in der prä-kinderreiche-Familie-Zeit muss auch ein gewisser JACQUES LOUSSIER gewesen sein: »Play Bach« lautete sein Schlachtruf, und ob das wirklich so revolutionär war, wie meine Eltern mir weismachen mochten, ist für meine Generation schwer zu beurteilen. Anders war die Platte auf jeden Fall: dicker als die anderen im Schrank, und das gelb-schwarze Label der »Deutschen Grammophon Klassik« fehlte. Was ich erfolgreich verdrängt habe, mir allerdings von meinen Eltern kolportiert wurde, ist meine Vorliebe für Dorte Kollos »Graf von Luxemburg«. Ich mochte die Single deshalb so gern, weil da ja ein netter Opa drin vorkam (mein letzter verbliebener Opa starb, als ich fünf war – keine Honigbonbons mehr en gros, das traf mich hart!). Denn es hieß ja im Refrain: »Opa Don, sind Sie der Graf von Luxemburg?« Oder nicht? Ach, man müsste als fast schulreifer Stöpsel Französisch können … Lustig auch die wenigen LPs, die auf »78« abgespielt werden mussten, und die auf »33« für mich und meine vierjährigen Kumpels wie lustige Horrorhörspiele zum Kaputtlachen klangen. Als ich neun wurde, kam mit »szene 77« eine Compilation-Doppel-LP der damalig so bezeichneten »Hamburger Szene« ins Haus. DIE RENTNERBAND, PETER PETREL, UDO LINDENBERG, OKKO LONZO BERRY CHRIS & TIMPE und viele andere gaben mir zumindest eine Ahnung davon, dass hinter dem gelbschwarzen Grammophon-Horizont noch andere Welten lauerten als nur Orchester, Chöre und Oratorien, vielleicht sogar nicht nur Ella & Louis, oder dieser beswingt vor sich hin plätschernde Bach. Schön: Erst mal also waren die vier eigentlich ganz brav aussehenden Jungs aus Liverpool der heißeste Scheiß auf Erden für mich. Der Schlachtruf des vielleicht vierjährigen Till »Mama! Die Apfelplatte ist zu Ende!« (wegen des Apple-Records-Labels, und ich rief oft, denn es war ja nur eine Single!) kann also nur bedingt als erste Eruption musikalischer Wildheit geltend gemacht werden. Der Rock 'n' Roll muss woanders als zuhause stattgefunden haben.

OK, schräg gegenüber vielleicht: Da wohnte der »große« Thomas K., dessen dicke Mutter bei Edeka in unserer Straße an der Kasse saß, der kriegte oft Besuch von Thomas H., einem Siebzigerjahre-Halbstarken allererster Güte: schwarze Schlaglederhose, ärmellose Jeanskutte mit Tiger hinten drauf, Drahtkamm für den schulterlangen Seitenscheitel in der oberen linken Tasche und eine aufgebohrte Kreidler Florett mit Halbverkleidung als Fortbewegungsmittel. So zirka zu Beginn meiner Bremer Zeit traf ich den Kreidler-Piloten übrigens wieder: Ich zertorfte ihm mit meinem Sechs-Volt-Käfer seinen original Siebzigerjahre-Manta – der Mann ist sich stilistisch einfach treu geblieben … Tja, aber die Rock 'n' Roll-Suppe wird nur durch Autos nicht zwingend dicker, und für richtigen Appetit reicht

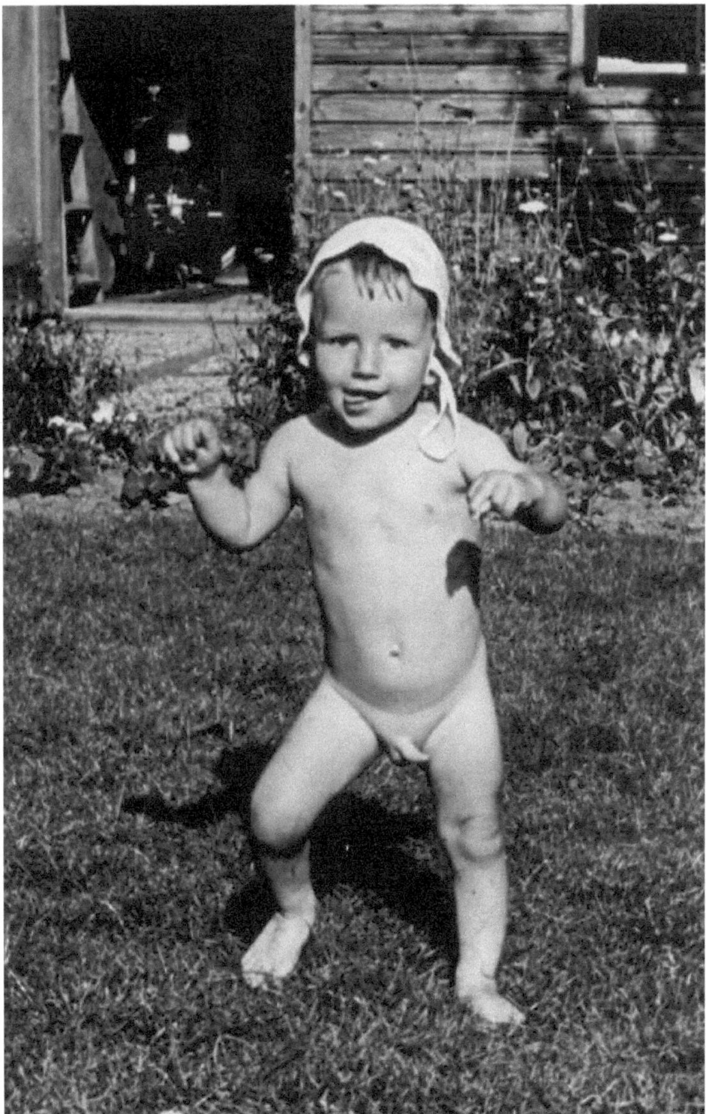

Erste Versuche, den Zeitgeist in einer konzeptionell-durchdachten Bühnenshow umzusetzen: waren die frühen siebziger Jahre doch geprägt von Nudismus, Provokation und einer antiautoritären Haltung

es auch noch nicht. Cars and girls, sex and drugs and rock 'n' roll. Es fehlten noch die gewissen Ingredienzien, die zur Abgrenzung des Bürgerlichen einfach Not tun. Glücklicherweise gab es sie ziemlich bald gleich um die Ecke meines damaligen Mikrokosmos.

Unsere Siedlung war eigentlich wenig aufregend: Einzelhäuser, deren Giebel laut Bauverordnung gefälligst zur Straßenseite zu zeigen hatten und einen Mindestabstand von zehn Metern zur Straßenkante haben mussten. Es gab genügend Grundstücksfläche zum Obst- und Gemüseanbau, vielleicht sogar zur Kleinvieh-Haltung (unser Nachbar hatte Hühner, deren Kack-Gestank eine eigentümliche Melange mit den Zigarren des Hühnerhalters eingingen – unvergesslich!). Kindern blieb geradezu paradiesisch viel Platz zum Toben. Von eins bis drei war Mittagsruhe, außer für den Hühnerstall unseres Nachbarn, und ab Punkt drei mähten Rasenmäher Rasen, kreischten Kreischsägen ihre Kreise und fuhren meine Sandkisten-Kumpels und ich mit unseren Kettcars die Blumenrabatten-Ecken der elterlichen Gärten rund, bis unsere Eltern wiederum uns rund machten (allerdings nicht zwischen eins und drei, »wegen der Nachbarn«). Die Straße war frisch asphaltiert, um dem zunehmenden Autoverkehr und dem Linienbus Rechnung zu tragen; somit war das Vergnügen des Kettcar-Fahrens abseits der überbeanspruchten Blumenrabatte zu risikoreich, leider. Kurzum: eine Spießer-Siedlung par excellence. Eines der ersten Pfeifengrundstücke (so nannte man die hinterm Haus verscherbelten Grundstücke, die quasi in zweiter Reihe bebaut wurden; ich dachte damals, die hießen so, weil man da unbeobachtet Pfeife rauchen kann …) war mit zwei ziemlich unspektakulär aussehenden Häusern bebaut, und in eins dieser beiden zog eines schönen Tages Anfang der Siebziger eine Kommune ein (heute würde man wohl WG sagen). Es waren bärtige, langhaarige, beim Einkaufen Sonnenbrillen tragende Wesen, die ich vorher nicht einmal in der »großen Stadt« Hamburg beim Großmütter-Besuchen gesehen hatte, und die so gar nicht in diese Siedlung passten. Keine drei Wochen nach deren Einzug ging in der Nachbarschaft das Gerücht um, in »dieser Kommune« würden »Anarchisten« von der »Baader-Meinhof-Bande« (ja: sie sagten wirklich Bande, und ein ganzer Sack voll Abschätzigkeit klang dabei durch, an der Edeka-Kasse) untergetaucht sein, man wisse nur nicht genau, welche steckbrieflich Gesuchten es denn nun seien – bei den langen Haaren könne man das ja auch kaum erkennen. Vergleichsmöglichkeiten anhand eines RAF-Steckbriefs z.B. bot der Edeka in der Straße oder die Tagesschau am Abend. In Wirklichkeit handelte es sich bloß um die Bluesrock-Band PANTHER samt Gefolge. Dann und wann wurden es noch mehr Langhaarige, und zwar immer dann, wenn ich – auf unserem Begrenzungspfeiler postiert – ungewaschene Lieferwagen oder Kleinbusse mit fremden Kennzeichen und ungewaschenen Insassen drin an mir vorbeiknattern sah. Dann waren, wie ich viel später erfuhr, TON STEINE SCHERBEN mal wieder auf West-Tour, und sie schlugen für eine Zeit ihr Lager im Vogelsang in Ahrensburg auf. Wir Nachbarsjungs schlichen dann immer am Zaun des Grundstücks entlang und beobachteten die Anarchisten/Terroristen/Was-auch-immer-unsere-Eltern-uns-einbläuten. Das Terroristenleben gefiel mir eigentlich ganz gut: Man stellte eine Sofagarnitur auf die Terrasse, rauchte viel, hörte laute Musik, lief auch als Erwachsener gern mal nackt im Garten rum oder machte mit Gitarre und Bongos kultivierten Krach. Keine Ahnung, was daran gefährlich sein sollte, bzw. warum wir uns von diesen Leuten fernhalten sollten. Wenn das dasselbe Gefährlichkeitslevel wie die »Mitschnacker« im Wald sein sollte, na dann drückte ich mich doch lieber am Zaun herum, fast wie bei Hagenbecks Tierpark, nur nicht so weit weg – und umsonst. Dass die »Leute aus der Kommode«, wie ich sie fünfjährig-naiv taufte, bei Edeka-Heyer im Vogelsang, unserer Straße, meist nur die Hälfte dessen bezahlten, was sie einsteckten, fand ich normal. Bestimmt schickten die auch ihre Kinder zu Edeka, um nachträglich was zu bezahlen, so wie meine Mutter es mit uns auch tat. Wobei ...: Kinder? Hatten die anfangs gar nicht! Als wir mal wieder am Zaun spionierten, sahen wir irgendwann ein Baby zwischen den Langhaarigen. Ich lief aufgeregt nach Hause und berichtete atemlos:

»Die haben jetzt auch ein Kind in der Kommode!«

Das Baby wurde natürlich größer, und neidisch registrierte ich, dass das Anarchisten-Leben Kindern ganz andere Möglichkeiten bietet. Zum dritten Geburtstag des Kommoden-Kindes beispielsweise schenkten sie ihm ein echtes Autoscooter-Auto und bretterten damit ihre Pfeifengrundstücks-Einfahrt rauf und runter

– die Erwachsenen wohlgemerkt, nicht der dreijährige Knirps. Das Kommoden-Kind durfte immer in dreckigen Klamotten rumlaufen, stand offenbar spät auf und brauchte nicht in den Kindergarten zu gehen, von Mittagsruhe mal gar nicht zu reden. Es schien ein Erwachsenen-Leben zu leben, und das faszinierte mich. Dass dieses Kind neunzehn Jahre später in anderer Mission auf Augenhöhe mit mir zu tun haben sollte, nachdem ich einige Kommoden-Bewohner als Mit- oder Session-Musiker kennengelernt hatte, ist eine andere Geschichte; ebenso, dass der Auto-Scooter nachts auf dem Ahrensburger Rummelplatz geklaut und auf einem VW-Käfer-Dach unbehelligt in den Vogelsang transportiert wurde. Was auf dem Terrassen-Sofa geraucht wurde und dass die dort konsumierten Smarties nicht unbedingt kindertauglich, sondern eher bewusstseinsverändernd und -erweiternd waren, erfuhr ich auch erst, als ich nicht mehr Zaungast, sondern gewissermassen Kumpel der nun Ex-WG geworden war – Jahrzehnte später. Aber egal: Mein kindlich-unbedarftes Gehirn wusste sehr wohl abzuspeichern, dass das Leben der Langhaarigen irgendwie anders war. Spätestens, als an einem sonnigen Sonntag auf dem kleinstädtischen Flohmarkt PANTHER spielten – laut, roh, ungeschliffen –, war es um mich geschehen. Meine Nachbarn! Machen laute Musik! In unglaublichen Klamotten: langer Flokati-Mantel, Schlaghosen, Batik-Kleider, Lederjacke … und fahren zu fünft mit Instrumenten in einem zweisitzigen Lieferwagen! Das war es, was mir fehlte in meinem bisherigen Mikrokosmos, wo die Giebelseite zur Straße zeigen muss. Warum Gesetze? Warum nicht quer gebaut? Warum überhaupt ein Giebel? Das unscheinbare Pfeifengrundstück war übrigens quer bebaut, da hatte die Bauverordnung mal ein Auge zugedrückt, wahrscheinlich wegen zweiter Reihe. So ging es also auch.

Fortan sah ich im Fernsehen genauer hin, wenn Omi und Oma zum Einhüten da waren, und wir abends länger fernsehen durften: Musik ist Trumpf, Hitparade im Zett-deh-eff, Udo Jürgens ’74, Nonstop Party mit James Last undsoweiterundsoweiter. Vereinzelt tauchten da sogar lange Haare auf, Schlaghosen auch, aber nicht ansatzweise so knorke oder stark wie in der Kommode. Allein schon wegen der Anzüge: Die polnischen Kuschelpianisten MAREK & VACEK beispielsweise hatten ähnliche Bärte und Seitenscheitel wie die Hippies aus der zweiten Reihe, aber sie trugen bei Peter Frankenfeld eben keine Batik-Shirts. Und die Musik? Na ja, ein ungewaschener Lieferwagen hätte nicht dazu gepasst, das war klar. Und dass Udo Jürgens »Anuschka« nicht auf einem zerschlissenen Sofa mit Bongos komponiert hat, leuchtete auch irgendwie ein. Es musste also eine Art Parallelwelt zur Fernsehmusik geben, aber wo? Ich konnte es nicht wissen. Als eben mal gerade Eingeschulter ist nämlich nicht nur inhaltlich, sondern auch zeitlich nach »Musik ist Trumpf« Schluss. Dass es zum Beispiel schon einen »Beat Club« gegeben hatte, das konnten (oder mochten?) mir weder Eltern noch Omas erzählen, und es wäre auch zu früh gewesen für den »Musikladen«, allein schon wegen der Go-go-Girls. Also: Wo bitte lauerte sie denn nun, die Parallelwelt?

Vielleicht in England: Das erste BRAVO-Poster, dass in meinem Zimmer hing, war eins von SMOKIE. Ich hielt die für ungemein hart, weil Chris Norman mit seiner Reibeisenstimme tüchtig Eindruck machte (mein Stimmbruch war noch Jahre hin!), und die Frisuren waren denen in der Kommode auch sehr ähnlich. Ich war Drittklässler, clever und geschmackssicher genug, die Hype-Lawine um die BAY CITY ROLLERS locker abzuwehren (Mädchen-Band, weil wahrscheinlich minderjährig, im o.g. Poster-Zentral-Organ als »Boys« bezeichnet, keine Instrumente um den Hals), und begann zu ahnen, dass es da noch viel mehr gibt. In der Grundschule kursierten ja Namen, aber die dazugehörige Musik war mir gänzlich unbekannt: LEIF GARRETT? SHAUN CASSIDY? Beide hatten Vornamen, die ich noch nie gehört hatte, und beide sahen aus wie Mädchen. Waren sie vielleicht sogar ja auch, aber in dem Wikingerbuch in meinem Bücherregal hieß ein Häuptling auch Leif. Also wohl doch Jungs, die beiden. Hätte ich damals schon die BRAVO regelmäßiger gelesen, als ich es de facto tat, wäre manches klarer gewesen, aber noch steckte ich in den Klauen des Walt Disney-Konzerns, beziehungsweise las ich manchmal auch ZACK, mit meinen Helden Michel Vaillant und Dan Cooper. Ja ..., aber zurück zur Musik: SAILOR mit ihrem Saloon-Klavier und ihren unsäglich bescheuerten Kopfbedeckungen fand ich damals beeindruckend, und natürlich war die Bande um LES HUMPHRIES gemeingefährlich cool, vom Aussehen her zumindest, fast wie eine singende

Kommune. SHOWADDYWADDY musste man alleine wegen des Namens mögen, und PUSSYCAT auch. Unterm Strich war das alles aber noch mindestens eine Nummer zu groß für mich, aus einem einzigen Grund: Mitte der Siebziger hatten die Kultusministerien die Notwendigkeit von Englischunterricht ab der dritten Klasse noch nicht in Erwägung gezogen. Vorerst war also Radiomusik deutscher Zunge gefragt, und glücklicherweise hörte meine Mutter nur beim Kochen und Abwaschen NDR 3, Klassik und wichtiges Gelaber also. Ansonsten zog NDR 2 mit deutschen Schlagern souverän seine Bahnen durch den Äther, die Küche und die heimische Wohnstube, noch unbefleckt von Werbeblöcken oder Konkurrenzdruck der Privaten. Derweil gab meine Mutter bei uns zuhause Blockflötenunterricht, den natürlich auch meine Schwester, mein Bruder und ich genossen, und wir sangen uns glockenhell durch diverse Kirchenchöre.

Ganz großes Kino waren da besonders die »Lieben alten Weihnachtslieder«, die immer in der Vorweihnachtszeit in der Hamburger St.-Petri-Kirche stattfanden: eine Hammer-Akustik, ein donnernder Erwachsenen-Chor (mit unserer Mutter mittendrin), ein mittelalterlich-historisches Instrumenten-Ensemble und als Gipfel der Veranstaltung das überaus beliebte »Quempas-Singen«, bei dem kerzenhaltende Kinder singend in die vier Ecken des Kirchenschiffs schritten, um dann von dort Wechselgesänge zu zelebrieren. Da bekamen nicht nur die andächtigen ZuhörerInnen Pipi in den Augen, nein, das überrollte auch manch Mitwirkenden emotional. Einen derart großen Rahmen zum öffentlichen Auftritt bekommt man schließlich nicht alle Tage geboten, schon gar nicht als Sechsjähriger …

Ansonsten betrat ich allwochenendlich im Auftrag des ruhmreichen SSC Hagen Ahrensburg die Showbühnen der Fussball-Jugendligen im Kreis Stormarn: SV Zarpen, VfL Rethwisch, VfR Todendorf, TSV Grabau, Witzhaver SV, SV Stellau, WSV Tangstedt, SV Westerau, TuS Hoisdorf, SV Eichede, VfL Tremsbüttel … allerdings mit mäßigem Zuschauerzuspruch: geifernde Angehörige der Spieler, alkoholisierte Linienrichter und verschlafene Trainer – mehr durfte man nicht erwarten, Sonntag morgens um neun. Immerhin gab es Sponsoren, die für jedes geschossene Tor eine

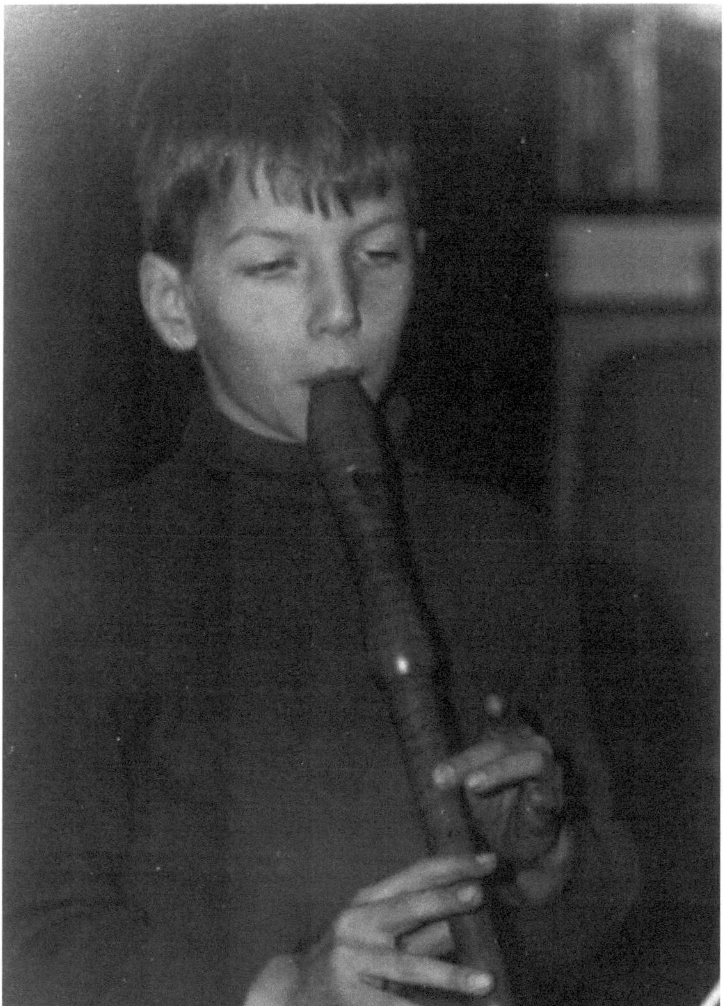

Deutlich zu erkennen: eine Tenorflöte steigert die Spielfreude beim Basslauf von »Hey Joe« nicht zwingend. Da nützen auch obszöne Gesten auf der Griff-Tabulatur nix

Portion Pommes auslobten. Ich war entweder Verteidiger oder Torwart. Die Arschkarte war vorprogrammiert, Pommes blieben für mich etwas Unerreichbares, und mein Talent war beschränkt.

Immerhin ein bisschen Prominenz linste beim SSC Hagen seinerzeit um die Ecke. Es wurden nämlich eine Zeit lang für die »Sesamstraße« Episoden gedreht, in denen CARLO VON TIEDEMANN den trotteligen Trainer spielte, und der ca. in meinem Alter befindliche FABIAN HARLOFF gab den altklugen Bengel mit »seiner« Mannschaft. Regie: Fabians Vater. So wurden Leichtathletik- oder Fußballtraining dann und wann mal durch Kameras, Kabelschlepper, x-mal wiederholte Regieanweisungen aufgelockert, und »Sesamstraße« gucken blieb auf diese Art selbst für Zehnjährige noch en vogue. Könnte ja sein, dass man vielleicht für zehn Sekunden zu sehen ist …

Vorläufig beackerte ich mein Berühmtwerden also zweigleisig: Kirchenchor und 2. D-Jugend. Ich diversifizierte die Zweigleisigkeit nach einiger Zeit, indem ich der Blockflöte adieu sagte, um ein kurzes Gastspiel auf der Geige zu geben, aber ach: Eine Lehrerin, die übe-unwilligen Menschen wie mir sechs geschlagene Wochen lang immer wieder dasselbe »Ist ein Mann in'n Brunnen 'fallen« zur Aufgabe stellte, war nicht das, was mich glühend motivierte. Ich hängte die Geige nach einem halben Jahr wieder an ihren Nagel zurück. Nein, da baute ich doch kurzfristig lieber meine Fussballer-Karriere auf dem nahegelegenen Bolzplatz aus, fern der Vereins-Regularien, wodurch ich irgendwann zumindest nicht mehr als Letzter in eine der beiden (per »Pisspott«-Schritten ermittelten) Mannschaften gewählt wurde. Ebenso stieg ich vom Torwart zum Feldspieler auf, lernte, dass eine große Klappe Älteren gegenüber durchaus vorteilhaft sein kann, und delegierte jeden zugezogenen Neuankömmling zum Ball holen – den Job war ich somit nämlich los, hehehe. Vereinzelt brachten die Älteren mal ziemlich gigantisch aussehende Ghettoblaster mit – WAS sie dann aber hörten, unterschied sich kaum von der NDR2-Soße, von Pink Floyd mal abgesehen. Und wie bitte soll man zu Pink Floyd Fußball spielen? Das war eher was für die Untermalung besoffener Bodenturner, fand ich.

Zu jedem Kapitel dieses Buches gibt es als zeitdokumentarischen Unterbau:

Meine gefühlten Charts, hier also von 1974–'77:

1.	**The Beatles:** Obladi Oblada (nur echt auf der Apfelplatte).
2.	**Jürgen Drews:** Ein Bett im Kornfeld (die logische Konsequenz, wenn man des Englischen noch nicht mächtig ist: Wer bitte sind die Bellamy Brothers?).
3.	**Udo Jürgens:** Anuschka (auch so eine Alibi-Single meiner Eltern, die sie wahrscheinlich in die Moderne retten sollte. Sehr russisch, der Herr Bockelmann, seinerzeit. Und obendrein später von Jürgen Marcus gecovert – Schlager covert Schlager: tsstss.)
4.	**Smokie:** Lay back in the arms of someone (ich hielt das allen Ernstes für Pub-Rock, weil das bei »Steenbocks Moravia-Eck« in der Siedlung immer so fett aus der Juke-Box knallte).
5.	**Panther:** Daimler SE (dass ich diese Single später auf dem Flohmarkt fand, war in etwa gleichbedeutend mit der handsignierten THE BAND-Live-LP für mich).
6.	**Mary Roos:** Hamburg im Regen (ein schönes Beispiel für die surrealistische Bühnendeko der TV-Galas der Siebziger: Mary mit knallbunten Regenschirm unter einer verschnörkelten Parklaterne; statt regennassem Asphalt glänzen viele heiße Scheinwerfer).
7.	**Peter Petrel:** Ich fahr so gerne Rad (konnte man super auf dem Weg von und zur Schule singen; unvergessen Peters »Aktuelle Schaubude«-Auftritt, den er nonstop im Kreis fahrend auf einem 24er-Klapprad absolvierte, bei einem Bühnenradius von vielleicht sechs Metern!).

8.	**Smokie:** Needles and Pins (noch härter als »Alice«! Von den SEARCHERS, den eigentlichen Urhebern, hatte ich keinen blassen Schimmer).
9.	**Udo Lindenberg:** Rudi Ratlos (Udo darf bei einer Aufzählung wie dieser einfach nicht fehlen. Sein Schnodderdeutsch war prägend).
10.	**Mike Krüger:** Mein Gott Walter (auch das waren die Siebziger: Kettcarkumpel Olaf besaß einen Partyplattenspieler und diese LP. Beides Dinge, die ihn in der Nachbarschaftsclique auf ein ganz eigenes Level hoben).

Wie Truck Stop mich bekehrten

Der wilde wilde Westen fängt gleich hinter Hamburg an.
In einem Studio in Maschen, gleich bei der Autobahn.
Hier hört man Geige, Banjo, Steel-Guitar,
Hier ist man gut gelaunt.
Die Cowboys von der Waterkant
Mit ihrem Nashville-Sound

(TRUCK STOP: »Der wilde wilde Westen«)

Ich war mittlerweile neun Jahre alt. Die NDR-Schlagerparade hörte ich regelmäßig und hielt das für das Heißeste auf Erden. Die Moderatorin (da sie sich selbst Ilse Rehbein nannte, musste sie weiblich sein) hatte eine sehr männliche Stimme und unter anderem die Gabe, jedeN InterpretIn mit einer derartigen Freundlichkeit anzupreisen, dass der NDR mit Sicherheit keinerlei Fanclub-Proteste zu fürchten hatte. Ich kategorisierte in Schlappschwänze (CHRISTIAN ANDERS, KAREL GOTT, BATA ILIC z.B.), Geht-So-Typen (raue Stimmen, die brave Lieder singen: PETER PETREL, HENRY VALENTINO, BILL RAMSEY) und die wahren Hartmänner des Schlagers: JÜRGEN DREWS, BERNHARD BRINK, FRANK ZANDER und natürlich TRUCK STOP als die wirklich harten Kapitäne der Landstraße. »Ich möcht' so gern Dave Dudley hörn«, »Der wilde, wilde Westen«, »Der Tramp« – fürwahr, zwischen Christian Anders und Mary Roos war das harte Kost.

So lag ich mit ausschleichender Magen-Darm-Grippe im Bett, fast wieder gesund, ein frühlingshafter Sonntag linste durchs Fenster, und die elterliche Erlaubnis zum Wiederaufstehen war erteilt. Noch besser: Onkel Hans habe da aufm Sperrmüll ein Zehngang-Rennrad gefunden und wieder flottgemacht, ob das nicht was für mich wäre? Ich könne es sofort Probe fahren, Papa habe es schon geholt. Was für eine Frage! Ein Rennrad, das war statussymbolmäßig gleich hinterm Bonanzarad angesiedelt! Und die Lokalpresse kündigte die Neueröffnung der Aral-Tankstelle Imlau an, mit Live-Musik von TRUCK STOP, Getränke- und Bratwurststand, Tombola – das ganz große Fass sollte aufgemacht werden bei Tankwart Hans-Werner Imlau, und ich konnte dabei sein, und zwar standesgemäß mit zehn Gängen!

Ich sah aus dem Fenster: Onkel Hans hatte das Rennrad in kackbraun gestrichen. Kackbraun! Ich hatte vielleicht wenig Ahnung von den tierischsten Farben für angesagte Fahrräder, aber das war mal mit Sicherheit nicht o.k., sozusagen uncool. Mit dieser Farbe würden mir die Girls nicht zu Füßen liegen, und schon gar nicht würden TRUCK STOP mir Beachtung schenken. Trotzdem: Ich wollte die wilden Männer vom Highway, ich wollte harte Ilse-Rehbein-Kost. Muttern lobte die Idee, sich nach der Bettlägerigkeit an die frische Luft zu begeben, es gab sogar die astronomische Summe von DM 2,-- »für falls du was brauchst«, und ich gab meinem kackbraunen Hengst die Sporen, um ihn dann unauffällig hinter der Tankstellentoilette anzubinden. Dann schritt ich zur Tat: Mein allererstes allein besuchtes Konzert mit elektrischer Verstärkung, und jedes Detail saugte ich auf, um ja nix zu verpassen.

Da waren zunächst einmal diese schwelbäuchigen Typen am Biertresen, einen Daumen in der Hosentasche, den anderen am Bierglas (… das auf der Gürtelschnalle abgestellt wurde. Das sah nicht nur cool aus, sondern erwies sich später in manch überfüllter Kneipe als durchaus praktisch! Ich achtete fortan peinlichst genau darauf, dass die Gürtelschnalle multifunktionell nutzbar ist). So erzählten sie sich dann, welche Stars sie schon wie oft gesehen hätten. Konzert-Profis also. Die sollte ich wohl im Auge behalten. Dann waren da zwei Typen, die hin- und herwieselten und aus großen schwarzen Kisten auf Rollen ständig Kabel, Mikrofone, Ständer und anderes Zeugs auf einen halbgeöffneten Bierlaster stellten, »Bierverlag Timmermann« stand drauf. Ja wie? Gehört der örtliche Gastronomie-Belieferer zur Band dazu? Führt Timmermann ein Doppelleben zwischen Rockgröße und Fässer rollen? Wie aufregend! Dann waren da – ja nee! Kann es denn sein – Cowboys! Und die hatten sogar voll die Cowboy-Namen, wenn sie sich untereinander ansprachen: Cisco, Lucius, Teddy, … Die große weite Welt zu Gast bei der Aral-Tankstelle in Ahrensburg! Dann waren die Boxen auf dem Bierlaster von den Wieseln plötzlich funktionstüchtig gemacht, und nie zuvor in meinem Leben hatte ich NDR 2 lauter gehört. Booah! Boooaah!

Ich beobachtete die immer zahlreicher werdenden Besucher genau. Wie verhält man sich hier? Bisher kannte ich nur Kindertheateraufführungen, das halbjährliche »Flötenvorspiel« für die Eltern von Mutterns Blöckflöten-SchülerInnen oder Klassik-und Chorkonzerte. Da setzte man sich auf einen nummerierten Stuhl, klatschte nur, wenn die anderen klatschten, und hielt ansonsten die Füße still, beziehungsweise einfach die Fresse. Auf der Tankstelle standen keine Stühle mit Nummern, niemand hatte Kleid oder Anzug an und als die Cowboys auf die Laster-Bühne kletterten – »Soundcheck« nannten sie ihr erstes Stück – , johlte das Publikum und klatschte – und widmete sich dann wieder Bier und Gespräch, in Jeans und Freizeitkleidung, Zwischenrufe mitten im Stück inklusive:

»Mäch mo' die Gitärre laudää!«

»Haut roooin Jungs! Geb mo' Gummi!«

»Aller: Kenn' ich!«

Ach so – die Cowboys waren also tatsächlich TRUCK STOP. Aber warum hörten sie nach dem ersten Stück schon wieder auf? Es klang übrigens so ähnlich wie »Ich möcht' so gern Dave Dudley hörn«, aber im Radio konnten die das besser. Ich nutzte die Pause, um mit meinen zwei Mark mal so richtig die Puppen tanzen zu lassen (Cola war nämlich umsonst, also konnte ich mir zweimal Pommes-Mayo leisten – das waren noch Preise, meine Damen und Herren!), und vom eigentlichen Auftritt kriegte ich nur noch mit, dass einer der coolen Biertrinker mit rotem Kopf unter dem Tresen ziemlich ungelenk nach irgendwas zu suchen schien und die anderen ihn dabei anfeuerten, während eine Phalanx von langhaarigen Seitenscheiteln samt Schlaglederhosen ihre Kreidlers, Zündapps und Herculesse erst mit Zweitaktgekreische dem unverminderten Hörgenuss entgegensetzte, um sich anschließend vor dem Bierlaster zu postieren. Cisco, Lucius, Teddy und die anderen wurden nun aufs Unschönste bepöbelt.

»Aller, wäs däs denn für ne Schoiße hieä?«

»Schnelläääh, häädäääh, laudääääääh!«

Derweil tanzten Erwachsene allein und zu zweit, unterhielten sich, soffen, fraßen, ließen sich die neue Waschstraße erklären und riefen unverständliche Sachen Richtung Bühne. Mein Magen fand inzwischen, dass nach einwöchiger Magen-Darm-Grippe die Puppen zu sehr getanzt hatten, und das kackbraune Rennrad musste im dritten von zehn möglichen Gängen nach Hause fahren, weil zu mehr die Kraft nicht reichte, und weil sonst die Sattelauflage auch kackbraun geworden wäre.

Verwirrt kam ich zu Hause an und wusste auf die Frage, wie's denn war, keine rechte Antwort. Nach einer Weile sagte ich möglichst beiläufig »ganz gut«, und dass das Rad voll schnell sei. Dann flitzte ich aufs Klo und ließ mir zweimal Pommes-Mayo durch den Kopf gehen. Vielleicht ja gar nicht mal wegen der Magen-Darm-Grippe: Es war mehr ein taubes Glücksgefühl. Das war laut. Das war anders. Das elektrisierte. Möglicherweise war es sogar der Beginn einer Sucht. Manchmal hat mich seitdem dieses taube Glücksgefühl im Kopf wieder ereilt, wenn ich kotzend oder pinkelnd an irgendwelchen Rockfestival-Zäunen stand und über das gerade Gehörte/Gesehene nachdachte. Dasselbe Gefühl! Noch nie Gehörtes forderte seinen Platz in meinem Kopf unerbittlich ein, wollte sich breit machen in mir, und manchmal gab ich nach, ließ mich fallen, saugte auf. Deutschsprachiger Country & Western berührt mich mittlerweile nicht mehr (na schön: FINK vielleicht, und seit dem Grand Prix auch für kurze Zeit mal TEXAS LIGHTNING), Glamrock und Schlager nur bedingt, die fragwürdigen achtziger Jahre taten es – vermutlich pubertätsbedingt – sehr, das wütende Gebolze der Neunziger aus anderen Gründen auch. Aber was wird kommen? Diese Sucht Musik! Sie hat mir noch einige andere Süchte frei Haus geliefert, die nicht hätten sein müssen. Sie hat mir aber auch das Selbstbewusstsein gegeben, mich zumindest 20 Jahre meines Lebens vor Leuten zum Affen zu machen, und das gerne und – als Sänger – an vorderster Front. Zudem hat die Musik mich mit vielen interessanten Menschen bekannt gemacht. Ich wage nicht darüber nachzudenken, was aus mir geworden wäre, wenn die Aral-Tankstelle damals kein Riesenfass aufgemacht hätte.

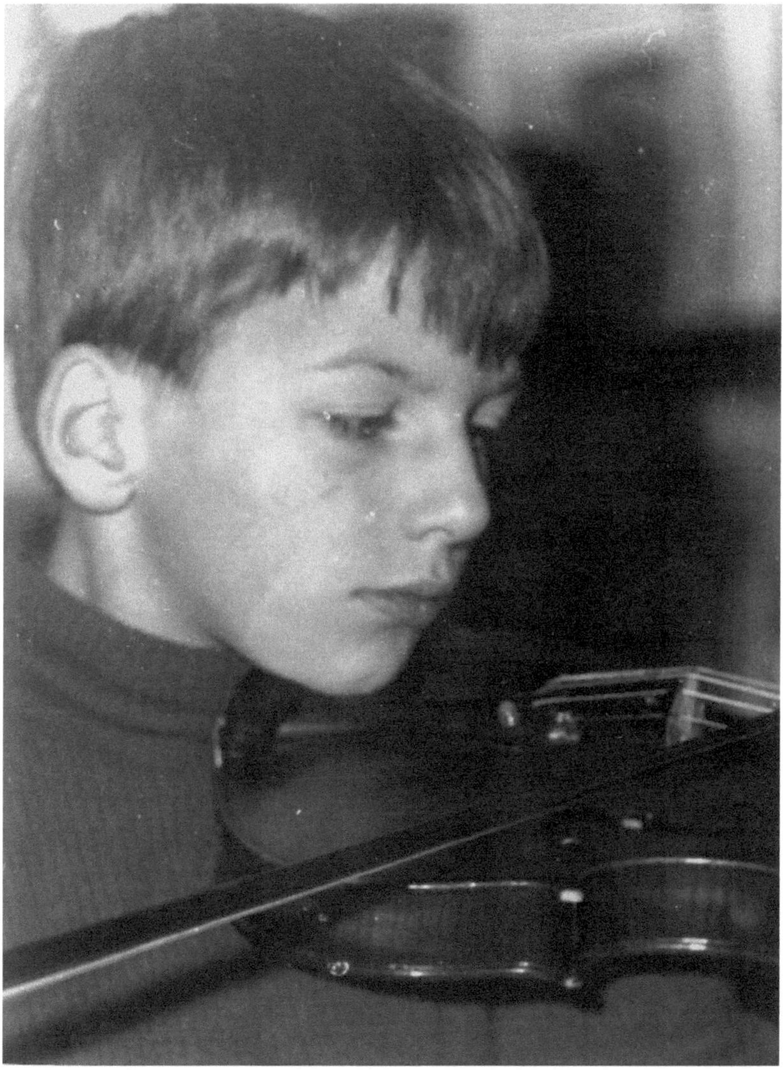

Der konzentrierte Versuch, einen Bogen von der E- zur U-Musik zu schlagen, scheiterte vorläufig noch an einer zu schrägen Haltung – technisch wie ideell

Die siebziger Jahre neigten sich ihrem Ende zu. Ich nullte das erste Mal, die Grundschulzeit war vorbei, und es gab auf dem Schulhof der weiterführenden Schule meines Vertrauens viele interessante Beobachtungen bei »den Großen« zu machen. Die trugen nämlich teilweise Klamotten wie die in der Kommode, bloß nicht ganz so wild. Sie rauchten (heimlich), unterhielten sich über die neuesten Hits (öffentlich) und wussten auch, wo man die kaufen kann. Manchmal konnte ich sogar Konzertberichte belauschen, allerdings von Bands, die ich meist nicht kannte: E.L.O., THE POLICE, IRON MAIDEN, FLEETWOOD MAC. Andere hingegen trugen ganz andere Klamotten: enge, schwarze Jeans mit Reißverschlüssen an unglaublichen Stellen, kaputte Lederjacken, löchrige Ringelpullover, schwarzgefärbte Haare, die igelig nach oben standen, und einer hatte sogar ein Fahrradschloss um den Hals. Was bitte war DAS denn?!? Und komisch – was die anderen Großen toll fanden, hörte sich bei den Schwarz-Zerrissenen so an:»Die neue PINK FLOYD kannste voll vergessen, ey. Voll schlapp! Hab mir jetzt die neue DEAD KENNEDYS geholt. Das ist geil Alter!« Dann gab es welche, die jeden Tag im HSV-Trikot zur Schule kamen, und zwar mit den echten, wie in der Sportschau, »Hitachi« drauf, und später »BP«. Der Einzige mit dem »Magirus Deutz«-Trikot der Bayern steckte regelmäßig Schläge ein und erschien einige Monate später immer öfter in zivil. Dann gab es noch welche mit Bundeswehrparka und Sandalen, und der Rest war normal, wie in der Grundschule auch schon.

Die englische Sprache trat in mein Leben, und sie erschloss mir nach und nach komplett neue Dimensionen in punkto Radiohören, und was die Großen so redeten über Bands und deren Songs. »Obladi Oblada« wurde durch beinhartes Oxford-Englisch zwar auch nicht verständlicher, aber dass es von »den Käfern« stammte (mit Rechtschreibfehler! Typisch Schülerband, war mein erster Gedanke …), war ja schon mal was. Auch die B-Seite wusste ich behende zu dechiffrieren: »Frau Standbild«. Komischer Titel. Bisweilen taten mir meine vertrauten Schlagerstars aus Ilse Rehbeins Stall den Gefallen und übersetzten die richtig scharfen Stücke. Schönes Beispiel hierfür ist z.B. Howard Carpendales »Tür an Tür mit Alice« (siehe auch »gefühlte Charts«, erstes Kapitel), wobei

SMOKIE, die Götter meines ersten BRAVO-Plakats, ja die Härtesten waren. Und dann diese komische Fönfrisur mit dem abgespreizten Finger am Mikro? Ich wurde unsicher. So begann ich also, sicherheitshalber die Originale zu hören, was einen Wechsel der NDR 2-Moderatoren bedeutete: Wolf-Dieter Stubels sonorer Dorfdisco-Bass nahm Ilse Rehbeins verlebte Zigarettenstimme aus meinem Programm, mit der »(Dam-dadadam-dadadam-dada-dap-dap-dam) Internationalen Hitparade (dam dadadam dadadam-dada ...) – auf NDR 2!«

Hier war nicht nur die Moderatorenstimme rauer, das merkte ich sofort: STATUS QUO, FLEETWOOD MAC, MANFRED MANN, SWEET, THE WHO, T-REX – das waren weißgott andere Hausnummern als GUNTER GABRIEL oder KAREL GOTT. In diesem Kontext fand ich »Another Brick in the Wall« natürlich gar nicht so schlapp wie die komischen Großen auf dem Schulhof, das schien tatsächlich Rock zu sein. Oder DR. HOOK: Wie verwegen ist es denn eigentlich, über verbotene Dinge zu singen (»Sexy Eyes«, und Sex war für Elfjährige wie mich definitiv noch verboten, also bitte!)? KISS, ABBA, AC/ DC: Sie beschallten später auch die ersten Geburtstagsparties, die nun nicht mehr Kindergeburtstag hießen, zunächst aber waren es mal neue Welten für mich. Im Nachhinein betrachtet ist es geradezu erschreckend, wie perfekt die jeweiligen Band-Images sich in mein Sextanergehirn schraubten, und wie schwer die Wahl war, welche Gruppe denn nun die beste ist: Die beiden schwedischen Ehepaare, die sich immer in der Reihenfolge ihrer Anfangsbuchstaben/ihres Bandnamens fotografieren ließen (das eine B guckte auch auf den Bildern nach links!)? Oder die angeblich immer geschminkten Blutspucker mit den feuerspeienden Gitarren (deren »I was made for loving you« gar nicht so böse klang wie die aussahen)? Oder die Verrückten, die sich Gleichstrom/Wechselstrom nannten und offenbar alles in Schutt und Asche legen wollten, musikalisch betrachtet? Ich entschied mich für Letztere, vorläufig. Dazu konnte man prima Dampf ablassen und so die Anspannung im adoleszenten Zustand des Mädchengutfindens kompensieren. Außerdem machte es Spaß, die vier Buchstaben mit dem Blitz auf Schultische, Federmappen oder Lederranzen zu kritzeln. Nur Dumpfbacken malten das HSV-Kreuz oder die Raute;

wenn schon Fußball, dann doch bitteschön der gestreifte Gladbach-Salmi mit dem B, da spielten nämlich die Langhaarigsten, Blondesten, Braungebranntesten, kurzum: die Coolsten. Außerdem waren das die, die statt Bayern manchmal Meister wurden, hatte mein Vater erklärt, und zwar »mit weniger Geld«. Während ich halbherzig die ersten Engtanzparties über mich ergehen ließ, wenig später die erste Vollbedienung Alkohol über mich kam (in Form der grandiosen Idee dreier Mitschüler, in einem Feudeleimer Bierbowle zu machen), und Zigaretten nun auch »auf Lunge« geraucht wurden, tauchten vermehrt andere Kritzeleien vor allem im alten Bio-Saal meines Gymnasiums auf: A.C.A.B., SLIME, U.K SUBS. PUNK SEI DANK (mit eingekreistem A). Welche höhere Macht wollte mich denn nun schon wieder bekehren?.

Kaum hatte ich AC/DC in mein Herz geschlossen als das Limit des Machbaren, klopften noch härtere Gesellen an! Die knallengen Hosen von den mutmaßlichen Urhebern dieser kryptischen Botschaften waren jedenfalls praktischer. Die kamen nicht so schnell in die Fahrradkette. In der Schule ging das Gerücht, es gäbe bei den Großen welche, die sogar eine Punkband hätten. NDW tauchte als weitere kryptische Bezeichnung auf. Ich beschloss, das Ganze erst mal beobachtend gut zu finden, denn wie peinlich wäre doch eine Abfuhr der Coolsten der Schule gewesen – erst mal sehn wie's weitergeht.

Meine Bildungsbürger-Eltern wussten zumindest das kryptische A zu dechiffrieren und gaben mir als Quintessenz der Anarchie mit, dass da alle machen dürften, was sie wollen, und alle kriegten gleichviel Geld und Essen und alles, und überhaupt wären alle gleich. Die Reichen hätten da aber wenig Interesse dran. Aha. Ich fing vorne an und machte was ich wollte. War ja auch am Schlauesten, mit all diesen neuen Eindrücken der großen, weiten Welt des Oberschulwesens. Ich begann, Umzugskartons in verschiedenen Größen zu sammeln. In Vatterns Bastelkeller fand ich griffige Rundholz-Reste, baute die Kartons im Halbkreis in meinem Zimmer auf und drosch zu verzerrter Mixtape-Beschallung auf sie ein. Schulkumpels, die vorbei kamen, fanden das super und droschen auch. Zu Ehren der (unserer Meinung nach) besten Trommler der Welt beschrifteten wir die Pappkartons mit ihren Namen:

Phil Rudd (AC/DC), John Bonham (LED ZEPPELIN), Stewart Copeland (POLICE), Tobias Brink (NICHTS), Hansi Behrendt (IDEAL), Ian Paice (DEEP PURPLE) und Peter Behrens (TRIO, denn gleichzeitig trommeln und einen Apfel essen, dazu musste man schon seeehr gut sein, glaubten wir).

Als Mannschaftskapitän der 2. C-Jugend des SSC Hagen Ahrensburg bastelte ich mir eine Kapitänsbinde, auf der »KÄPTN KAAOS« stand. Die doppelte Anarchie (Jahaaa! Doppel-A!) brachte mir eine gelbe Karte des Schiris vor Spielbeginn ein (»wegen Unsportlichkeit«) und ich begann, die Vereinsmeierei mit ihren Regeln endgültig richtig doof zu finden. Für eine im Altenheim von Oma geklaute Blindenbinde gab es sogar (auch vor Spielbeginn) gelb wegen Unsportlichkeit, was ich nicht verstand: Ich hatte mich doch eigentlich nur selbst verarscht als des Fußballspielens nicht mächtiger Mannschaftsführer …

Nächster Punkt meiner persönlichen Anarchie war gleich viel Geld für alle – das hatte ich nicht. Eine göttliche Fügung küsste meine Eltern, die offenbar meinen (sich schleichend verändernden) Klamottengeschmack zu deuten wussten. Sie schlugen vor, dass ein knapp Vierzehnjähriger doch ruhig mal etwas Selbstständigkeit lernen könne, und ich zukünftig von meinem (stark aufgestockten) Taschengeld Schul- und Anziehsachen selbst kaufen solle. Hehehe: Sie schienen nicht zu wissen, wie billig die Secondhand-Läden im Hamburger Karo-Viertel waren, geschweige denn, wie trendy. Mangels Quittung blieb da genug für Bier und manchmal sogar Eintrittsgeld übrig, und Punk war ja (zumindest in Hamburg) zerrissen und kaputt. Also: unter anderem NAPALM/RAZORS/SLIME/DEAD KENNEDYS (Friedrich-Ebert-Halle), UK SUBS, CHARGED GBH, ZK, BAD MANNERS (alle im »Graffiti«), TRIO (Markthalle), NICHTS (auch), C.M.E.H.(»Bar Centrale«), KING KURT (Fabrik), MADNESS (Fabrik/Markthalle) – es blies mir ein ums andere Mal den Kopf weg. Es überforderte mich, in positivster Form. Und: Alle waren gleich. Alle liefen zerrissen, bunthaarig, pogogeil und bambule-süchtig auf diesen Events herum. Dosenbier hieß das Lebenselixier (die damalige »Grafenkrone« hieß »Karlsquell« und kostete DM 0,59), manchmal auch Speed oder billiges Dope, und die damals aufkommende Ess-Mode Döner-Kebab sorgte für malerische Flecken auf manch zerschlissenem, button-übersätem Kragen. Zigaretten lagen stangenweise in Papas Schrank, mitgebracht von Oma, von der Butterfahrt. Die eine Schachtel, das würde der doch nicht merken, und außerdem hatte er mir ja schließlich die Anarchie erklärt. Hochprozentige Alkoholika gammelten unbeachtet im Keller vor sich hin. Auch so'n unhaltbarer Zustand der Systeme! Die ersten Vollräusche meines Lebens funktionierten nach dem immerselben Muster: Drei, vier Kumpels klauten ihren Eltern (oder dem Supermarkt ihres Vertrauens) Schnaps, irgendwer brachte Sekt und eine Dose Obst mit, und dann brauchte man nur noch einen Feudeleimer. Umrühren, fertig!

Bis hierhin ging die Anarchie ja in Ordnung, fand ich.

Nicht unerwähnt bleiben darf in diesem Zusammenhang auch eine weitere Spielart der Anarchie, nämlich die unentgeltliche Beschaffung lebensnotwendiger Güter. Hierfür gab es in Ahrensburg seinerzeit am Marktplatz, direkt neben der »Marktschänke«, einen Laden namens »Lony's«. Im vorderen Zimmer saß stets neben der Eingangstür eine dicke Frau, leicht erhöht sitzend, und wachte über die dort feilgebotenen Waren. Süßigkeiten, zu kaufen in kleinen Plastikkörben mit Selbstbedienung, dann von ihr an der Kasse nachzuzählen und vom Kunden zu bezahlen. Im vorderen Zimmer hatte die Anarchie also keine Chance. Wohl aber im hinteren Zimmer: Dort standen Singles, Stück fünf Mark, manchmal umsonst – nein, eigentlich meistens, denn die dicke Frau konnte ja nicht durch Wände gucken, und ich möchte lieber nicht wissen, wie viele Jugendliche samstags nach der Schule, wenn man dort traditionsgemäß im Pulk einfiel, systematisch und ohne Bezahlung ihre Plattensammlungen erweitert haben. Leichtherzig vermag ich mich heute (die Verjährungsfrist ist schon lange her …) zu zwei begangenen Straftaten zu bekennen: »Needles and Pins« von SMOKIE sowie »Yesterday's Hero« von den BAY CITY ROLLERS verschwanden unter meinem Pullover. Die Süßigkeiten hab ich aber bezahlt, ich schwör's!

Doch noch gab es eine musikalische Parallelwelt in mir, die begründet war auf dem Blockflötenunterricht meiner Mutter. Als ich darauf keinen Bock mehr hatte und das halbe Jahr Geige überstanden war, bescherte mir mein Gymnasium die vorläufige Kompromisslösung Klarinette, die nicht nur in Orchestern benötigt wurde. Auch im Jazz und sogar bei SUPERTRAMPs »Breakfast in America« kam sie zu Ehren – war das schon Rock? Das Gymnasium war schwer musikalisch veranlagt, allerdings gab es nur Chöre, Streicher- und Bläser-Ensembles sowie ein Schul- und ein Jugendsinfonieorchester, wobei die Instrumente auf Leihbasis zur Verfügung gestellt werden konnten (wenn nötig, und in Ahrensburg wohnten angeblich die Leute, »die es geschafft« hatten, also eigentlich unnötig, wobei man ja erst einmal aus dem Getto kommen muss, um »es zu schaffen«, und Gettos gab es in Ahrensburg eben auch …). Ein Schlagzeug oder eine E-Gitarre gab es nicht, da war man doch recht konservativ. Aufgrund zähen Übens hatte ich es nach zwei Jahren bis ins Bläserensemble gebracht, und der Leiter desselben entschloss sich eines Tages, eine Big Band zu gründen. Das bedeutete, dass es auch Saxophone auf Leihbasis geben würde, und außerdem kam es einer stilistischen Palastrevolution gleich. Da hob ich flugs als einer der Ersten den Finger, denn auch die NEONBABIES, MADNESS, aber auch UDO LINDENBERG oder ROXY MUSIC duldeten derlei Blech in ihren Klängen. Da ginge ja noch Einiges, dämmerte mir.

Erst einmal aber wollte das geliehene Altsaxophon gebändigt und zur Spielreife gebracht werden, und zwar noch im Bläser-Ensemble. »Prater-Spatzen« ist mir da noch in Erinnerung, ein ungelenker Kanten österreichischer Volksmusik voller fies zu spielender Triller, und mitten im Stück von Wurzel auf Kanne zu wechseln, bedeutete, von B- auf Es-Stimmung zu rutschen in der Notation. Bei unkonzentriertem Vom-Blatt-Spielen war das, was die Dissonanzen betraf, durchaus manchmal schon Punk, aber eben noch nicht richtig. Wenn es richtig klingen sollte, bedeutete Musikmachen echte Arbeit. Ging man die Sache hingegen etwas zu locker an, kam schräges Zeugs dabei raus. In der ZEIT, dem wöchentlich ins Elternhaus fallenden Kulturziegel, erschien im Feuilleton ein Artikel, der »Mit drei Akkorden in die Hitparaden« das »Phänomen« Punk erörterte. Mit Sorge betrachteten Musikwissenschaftler und Gralshüter der deutschen Kultur diese Entwicklung, äußerten aber auch – laut im Walde pfeifend – die vage Hoffnung von Kurzlebigkeit und Substanzlosigkeit. Wie man sich doch irren kann … Ich stand nun jedenfalls auf der Drei-Akkord-Seite. Schräg war besser, fand ich. Sollte das blöde Orchester mit den pupslangweiligen Hanseatentöchtern und Strebern doch seinen Scheiß ohne mich machen! Außer den Orchester-Reisen vielleicht, die gingen nämlich immer richtig weit weg: Wales,

Schottland, Norwegen, Ungarn … großes Kino für einen, der jedes Jahr wieder Ostern auf Hallig Langeneß und den Sommer im dänischen Holmsland Klit verbrachte, im Kreise der Lieben.

Eine Tour ging nach Cardiff, und einige Gigs in der walisischen Umgegend standen auch noch an. Cool: per »Band-Bus« nach Holland, mit Kabinen auf der Fähre und Aufenthalt in London (London! Hauptstadt des Punk!), und vorbei an den Landsitzen der größten Rockmusiker aller Zeiten, und mitten hinein in eine Gastfamilie, die zwar etwas merkwürdig war, aber ungemein nett. Die Frau war Inderin und kochte jeden Tag leckere scharfe Sachen, der Mann war von ihr geschieden und glühender FC Liverpool-Anhänger, seine jetzige Frau kam gern mal auf einen Tee bei der Ex ihres Mannes vorbei, und die Oma lächelte meist über das alles. Der Sohn schließlich, in dessen Zimmer mein Orchester-Genosse und ich nächtigen sollten, war Fan einer Opern-Diva und reiste ihr quer durch Europa hinterher. Das Wichtigste aber war, dass uns gleich nach der Ankunft die Haustürschlüssel ausgehändigt wurden, damit »just enjoy yourself« auch zünden konnte. Shahin, der persische Trompeter, und ich, der chaotische Klarinettist/Altsaxofonist, blickten sofort, in welche Dimensionen wir vorstoßen konnten: sturmfrei! Mit den Großen saufen gehen, Fußball an der Anfield Road in Liverpool, Cardiff bei Nacht, no limits! Das war Rock 'n' Roll! Auf Tour mit einem symphonischen Schulorchester … Und wir besorgten es uns richtig, eine Woche lang. Noch Tage später klingelten uns die Ohren vom 40.000-fachen »You'll never walk alone« nach einem Arbeitssieg der »Reds« gegen Ipswich Town. Wir besichtigten alte Minen, das National Rugby Stadium in Cardiff, ein Konzert des Royal Philharmonic Orchestras und danach jeweils Pubs und Bars in der damals noch derben Harbour Side of Cardiff. Die Gigs? Oh ja, in einer modernen Kirche schlief ich nach zu viel billigem Grass und Bitter-Bier am Vorabend mitten im Konzert ein und verpasste meinen Einsatz – recht hörbar für alle. In einer Schulaula musste Shahin wegen komischer Pillen hinter die Bühne kotzen und in einer Cardiffer Hafenkneipe lernte ich eine nette Mittzwanzigerin kennen, die mich in ihrer Einzimmerwohnung binnen einer halben Stunde meiner Unschuld beraubte, hurtig und unromantisch. Zumindest wusste ich nun, wie es geht.

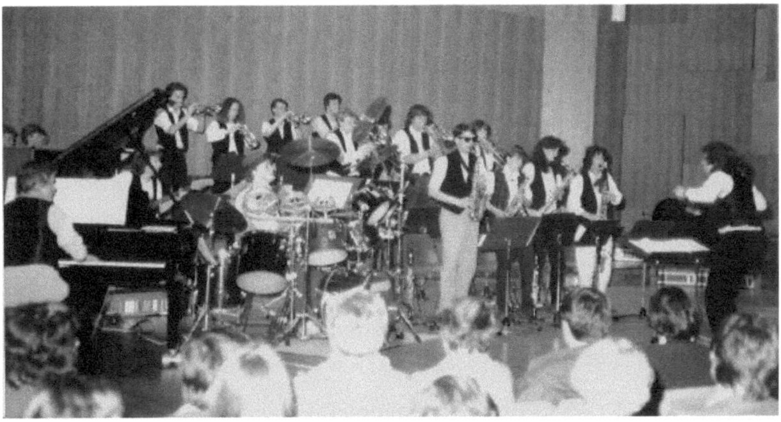

Dezente Fingerübungen eines Frontmannes, der vor dem nächsten Karriereschritt schnell noch den Coolness-Faktor einer Sonnenbrille auslotet. Sei froh, LeserIn, dass man Fotos nicht hören kann! Gegen uns waren ZATOPEK Schlaftabletten

Irgendetwas lag in der Luft und wie bisher konnte es nicht weitergehen, das war beides klar. Aber was? Wie? Mit wem? Warum? Derweil kursierten Mix-Tapes in der Schule mit wirklich derben Stücken. FEHLFARBEN, ROTZKOTZ, DIE ZIMMERMÄNNER, PALAIS SCHAUMBURG. Verdammte Kacke, dachte ich, das ist ja die nackte Energie! Eigentlich ist Popstar sein ja ganz einfach – wenn man sich das anhört im Vergleich zu den »Prater-Spatzen« … Aber ganz so weit war es denn doch noch nicht.

Es ging weiter, indem es etwas zurückging. Meines Vaters Augen leuchteten fortan, wenn ich zuhause meine Parts für z.B. »Hello Dolly« oder »In The Mood« übte. Swing und Jazz hielten Einzug in mein musikalisches Repertoire: Die Big Band startete! Damit sie sich vom bisherigen Gebaren der Fachschaft Musik abhob, nannten wir sie nicht »Big Band der Stormarnschule«, sondern STORMARN EXPORT. Kolja Z., der Musik-Referendar, auf dessen Kommando schon das Bläser-Ensemble hörte und der als Trompeter im Jugendorchester aktiv war, spielte zudem noch in der Hamburger Formation WONDERLAND sowie in der DOWNTOWN BIG BAND.

Von letzterer brachte er für die sogenannten Satz-Proben noch Frank M. mit, der mein Saxophonlehrer und außerdem bei der Showband MEADOWS aktiv war, und Elmo Hopp (!), der (passend zum Nachnamen!) noch bei einer Freejazz-Band namens ARMIN HARY – KEINER LÄUFT SCHNELLER Trompete spielte. Derlei Namen müssen übrigens damals unter progressiven Jazzern Mode gewesen sein: Eine meiner damaligen Lieblings-LPs war von der Punk-Jazz-Big Band ZATOPEK (mit dem in den Karriere-Startlöchern steckenden »Herrn Lehmann« Sven Regener am Flügelhorn). Kolja beließ es als Leiter netterweise nicht bei den üblichen GLENN MILLER-, SAMMY NESTICO-, NEIL HEFTI- oder BENNY GOODMAN-Arrangements, sondern streute auch mal WEATHER REPORT oder BLOOD SWEAT AND TEARS-Songs ein. Yes: Hier fand eine Horizonterweiterung statt. Man muss allerdings auch sagen: Was Formationen mit leichtathletischen Spitzensportler-Namen auf spieltechnisch hohem Niveau veranstalteten, machte die Schul-Big Band eher unfreiwillig.

Extrem freiwillig hingegen waren die Fingerübungen mit unserer Clique hinsichtlich dissonanter, NDW-artiger Attitüde. Dank TRIO war ich scharf auf (und dank des Vaters eines Kumpels, der bei Casio arbeitete, besaß ich auch bald) ein Casio VL 1-Keyboard, das quasi zu 50 % für »Da Da Da« verantwortlich ist, wegen des »Rock 2«-Rhythmus und der Demo-Melodie. Damit alberten wir die lieben langen Sommerferien herum und erträumten uns eine steile Karriere im Punk-/NDW-Sektor. Die Smarties-Werbemelodie hieß plötzlich »Jetzt kommt der Punk ins Spiel/die Haare rot und gelb gefärbt/Punkies, Punkies machen uns stark/Die Post geht tierisch ab/sogar die Omas wippen im Takt/Jeder ist absolutely drauf«, die gute alte geklaute Kokosnuss aus Jungschar-Zeiten mutierte zur »Pogonuss« undsoweiterundsoweiter. Rückblickend scheiterte es wahrscheinlich an einem tragfähigen Bühnenkonzept, denn außer dem VL 1 und uns pickligen Idioten war da nix. Der Bandname besaß jedenfalls schon seinerzeit eine exorbitante Wichtigkeit und war sogar der deutschen Literatur entnommen: FICKNASE UND DIE POGOFOTZEN, geklaut bei Brösel in einem seiner frühen »Werner«-Comics. Wie gesagt: Dieses Projekt scheiterte, und zumindest einer der Beteiligten verdient heute mit Musik sein Geld: Salontenor DANIEL MALHEUR, damals Tatter genannt. Mit Anarchie-A, natürlich. Ob meiner brillanten Ideen zum Zeit-Totschlagen nannte man mich schnell Chaos, auch mit Kringel-A, ist klar. Dass jede zweite degenerierte Siff-Punk-Töle im Karo-Viertel damals so hieß, wurde mir zu spät bewusst. Da war dieser Spitzname schon in zu vielen Freundes-Gehirnen abgespeichert – ich sollte ihn bis zu meinem Umzug nach Bremen nicht mehr loswerden. Eigentlich bin ich ihn immer noch nicht los. Die alten Seilschaften meines Bekanntenkreises kennen mutmaßlich teilweise meinen bürgerlichen Namen gar nicht. Schön, wenn man immer wieder hört, dass Seriöswerden und Angepasstsein nicht mit mir assoziiert wird. Unschön aber auch, dass ich manchmal das Gegenteil beweisen muss, jetzt, als in der Jugendhilfe tätiger Heilerziehungspfleger.

Jedenfalls war es zu diesem Zeitpunkt genau der Name, der mir die zweite Identität geben konnte. Kein verfickter Orchester-Klarinettist hieß Chaos! Das hier war wirklich hot stuff: Ohne einen Schimmer von der Technik zu haben, erst mal machen und dann erst nachdenken, zumal mittlerweile neben gefüllten Feudeleimern und Dosenbier auch die ersten unflüssigen Drogen in Form von Haschisch und Pillen um die Ecke schauten. Enthemmung, baby.

Was dazu nicht passte, war die weiterhin betriebene sportliche Betätigung. Ich unternahm noch zaghafte Versuche, der aufkommenden Trendsportart Basketball zum Opfer zu fallen (mein Talent wehrte sich erfolgreich dagegen), raufte zwei Wochen probehalber mit muskulösen Giftzwergen beim Handball und das wars dann bis auf Weiteres mit dem Thema Sport.

So investierte ich weiterhin mein Klamottengeld in Konzerte und in Henna-durchsetzte Billigkacheln aus holländischer Produktion. Meist zog ich alleine los, denn ein gerade mal vierzehnjähriger Knirps mit Akne und erstem Flaum fiel nicht so sehr auf, wenn er nicht im Rudel auftrat und stattdessen bemüht tief redete, war meine Idee. Einmal landete ich auf diese Weise, mit wildfremden Kaputniks aus Hamburg-Altona trampend, in einer Riesenhalle in Bremen, um SLIME zu sehen; danach schlief ich in einem besetzten Haus im Ostertorviertel mit einigen anderen, mir namentlich nicht bekannten Asis. Es war wohl besser, dass meine Eltern das nicht wussten, wie manch anderes auch. Mein erster Vollsuff konnte ihnen anhand der Kotzlache vor unserem Hauseingang nicht entgangen sein, und wenn ich mal wieder mit purpurroten Augen aufgrund übermäßigen Cannabis-Konsums nach Hause kam, entschuldigte ich das damit, zuviel Zug gekriegt zu haben. Das war wenigstens nicht gelogen. Auch die ersten geklinkten Pillen und deren gesichtsfarbenentziehende Wirkung erklärte ich leidlich ehrlich damit, dass ich wohl zuviel Bonbons gegessen hätte. So war es oft: Ich sprang zwischen zwei Parallelwelten hin und her – Samstagnacht Dosenbierdelirium in aufgeheizter, lauter Atmosphäre, und Sonntag Schweinebraten mit Rotkohl, mit Großmüttern am Tisch und dickem Kopf. Das war meine neue deutsche Welle, und zwar als die echte NDW schon gnadenlos Richtung Kommerz schipperte und jeder, der nicht rechtzeitig aufm Baum war, einen Plattenvertrag kriegte. Vierzehnjährige mit TRIO-Keyboard wurden leider nicht berücksichtigt.

Schule wurde immer egaler, kurzweilige Freizeit immer wichtiger. Jugendgruppenfahrt nach Dänemark war angesagt, und da die bereits erwähnte Wales-Tour einen Tag nach Abfahrt der Gruppe endete, musste ich per Bahn hinterher. Meinen Eltern war nicht wohl dabei, zum einen wegen Freizeitstress (Pädagogeneltern …), zum anderen wegen meiner blassen Gesichtsfarbe (ja isses denn ein Wunder?), und zu guter letzt, weil ich vorher noch nie allein ins Ausland gereist war. Alles ging gut. Flensburg umsteigen, vorm Bahnhof eine Tüte, damit der Zoll wenigstens nicht so viel fände, wenn er denn suchte, Fredericia dasselbe noch mal (obwohl da keine Grenze, also auch kein Zoll war), und dann holten mich die anderen auch schon mit dem Kirchenbus vom Bahnhof in Ringkjöbing ab. Guten Tach, alles klar? Dann schlief ich erst mal ein. Aufgrund späterer Tourberichte meinerseits entstand bei einigen Mitkonfirmanden die Idee, diesen Vollspacken mit der großen Klappe doch mal zu ihrer Bandprobe zu bitten, wenn man wieder zuhause war. Ein Saxophon könnte doch durchaus zu sozialkritischem Deutschrock passen, und musikalisch schien ich ja auch zu sein, im Gegensatz zu deren Sänger und Lead-Gitarristen. Und verrückt genug schien ich allemal. So kamen LEBENSECHT im Winter ’83/’84 zu ihrem zukünftigen Sänger und Saxophonisten. Meine erste richtige Band, und ich brauchte mich nicht mal zu bewerben.

Weil sich im Laufe des Kapitels musikalisch eine Menge tat für mich, gibts im Zweierpack:

Die gefühlten Charts 1978–'81:

1.	**Ideal:** Hundsgemein (oh ja. In der Tat. So klang es, wenn Halbglatze Effjott seine künstlerische Dekadenz rauskotzte. Hundsgemein. Und man konnte es so herrlich mitgröhlen).
2.	**Nichts:** Radio (als ich in Teipels »Verschwende deine Jugend« von Meikel Clauss' und Tobias Brinks' Gewalteskapaden las, wurde mir ganz anders: Freund Tatter war immerhin mit Brinks Cousine zusammen, seinerzeit!).
3.	**AC/DC:** Highway To Hell (muss wahrscheinlich in jedweden persönlichen Charts auftauchen. Bei mir eben hier, weil's genau in diese Zeit gehört. Ich gehöre übrigens zu den wenigen, die den »neuen« Sänger auch ganz gut finden ...).
4.	**Status Quo:** Whatever You Want (bis vor kurzem besaß ich ein Mixtape, auf dem diese Nummer teilweise nur auf dem linken Kanal zu hören ist – leise. Die Schläge mit der flachen Hand auf meinen BASF-Radiorecorder während des Aufnehmens, um vergebens volle Stereo-Funktion zu erreichen, nahm ich natürlich mit auf. Mixtapes sind eine Wissenschaft für sich!).
5.	**Trio:** Jaja wo gehts lank Peter Pank schönen Dank (könnte man im Grunde das ganze Debütalbum nehmen: Die neue Welle hat viel minimalistischen Schrott hervorgebracht, aber das hier ist schlicht zeitlos-genial).
6.	**Abba:** Take A Chance On Me (mittlerweile isses ja Konsens, ABBA cool zu finden. Aber als Kiddie-Punk Anfang der 80er? Das kostet Nerven ... und gehörte eigentlich geheimgehalten. Neben SMOKIE oder den BEE GEES die für mich schönsten Chorsätze der Popgeschichte. Perfekt!).

7.	**Zatopek:** Maxl On Bahamas (eine Berliner Punk-Bigband: meine musikalische Quersumme, quasi … Sven Regener am Flügelhorn, der später in anderen Funktionen wohl deutlich erfolgreicher werden sollte).
8.	**Manfred Mann:** Davy's On The Road Again (heute find ich das cheesy, aber als exemplarisches Beispiel für das, was die »Großen« auf dem Schulhof toll fanden, muss es hier stehen …).
9.	**10 cc:** Dreadlock Holidays (siehe 8.)
10.	**Bonny Tyler:** It's A Heartache (Bonnie war der weibliche Chris Norman und Stilikone einer jeden 70er-Prollette. Sehr empfehlenswert: Die Coverversion dieses Songs von Tex Perkins & his Ladyboyz).

… und 1982/'83:

1.	**Madness:** Embarrassment (steht hier, weil es das erste Stück war, zu dem ich versuchte, Saxophon zu spielen – und ich scheiterte! War aber auch das erste Stück, zu dem ich versuchte Ska zu tanzen – und ich scheiterte!).
2.	**UK Subs:** Party In Paris (es gab härtere Stücke, es gab bessere Platten als »Diminished Responsibility«, aber es ist nun mal mein Liebling von denen).
3.	**The Cure:** Boys Don't Cry (Pubertät. Melancholie. Alles schwarz und so. Hier ist der ewige Soundtrack dazu. Robert Smith war außerdem bekennender Nichtskönner, der »einfach machte«).
4.	**Ideal:** Wir Zerstören Unser Glück (ein Spätwerk der NDW-Heroen: Auch das eine meiner Pubertätshymnen, auch wenn's vielleicht nicht so gemeint war von Frau Humpe …).
5.	**Immaculate Fools:** Counting On You (meine Entdeckung bei der Eurovisions-Jugendnacht »Europe a gogo«: Die Fools haben mich und meine Jugend kontinuierlich begleitet. Großer Melancholie-Bahnhof! Und: heutzutage Selbstgänger bei Sessions mit alten Kumpels).
6.	**Iggy Pop:** Winners And Loosers (es war Winter, meine Freundin hatte in der Kneipe rumgezickt, der letzte Bus war weg, es schneite, ich musste besoffen zu Fuß gehen, und im Bett, die Kopfhörer auf, bot ARD-Nachtrock diese Nummer. Seitdem mag ich Iggy).

7.	**Dexys Midnight Runners:** Come On Eileen (liebe Ökotussies: Damals fand ich es unglaublich erotisch, wenn ihr eure vielen Schichten an Batik-Lumpen zu dieser Nummer schütteltet. Verstehen kann ich das heute nicht mehr, denn mittlerweile weiß ich, wie es unter den vielen Lumpenschichten riechen kann, wenn man – ökologisch bewusst – selten duscht).
8.	**Getto Band:** Hey Gib Mir Mal Ne Cola (ich fuhr mit Heino B. zu dieser Kiesgrube in Norderstedt auf ein OpenAir. Ich fand die Band sooo geil. Dabei war es abgeschmackter Deutschrock. Und Gruppo Sportivo und Vitesse kamen danach erst noch! Vermutlich war ich aber bei denen schon zu bekifft ...).
9.	**B. Sharp:** Making Me Mad (einen Tag vor Silvester nahm Tatters großer Bruder uns mit ins »Auenland« nach Sülfeld. Die Lautstärke und Zabba Lindners damals total neue Rototoms machten den Gig speziell. War sogar ein kleiner Radiohit. Für Bluesrock ist das ja schon was).
10.	**U2:** Tomorrow (darf als Bindeglied ins nächste Kapitel nicht fehlen: Auch so'ne Band, die einen länger begleitet. Irgendwann ging mir Bono mit seiner staatsmännischen Wichtigtuerei allerdings doch zu sehr aufn Sack).

Wie ich zum Local Hero wurde

Hallo Autobahn/ Hier auf der rechten Spur
Da können wir fahrn/ wir sind wieder auf Tour
Gestern in Kiel/ und morgen zuhaus
Und heute steigen wir hier auf Seite 43 aus:

Wir sind wieder auf Tour
Wir sind wieder auf Tour
Oh wieder auf Tour
Tour Tortur

(LEBENSECHT: »Auf Tour«)

Ich hatte davon gehört, auf dem Bolzplatz zwei Straßen weiter. An der Ecke Vogelsang/Elsterweg, bei Schabbi im Keller würden Jörg H., Henning und er AC/DC nachspielen. Kinderkram, dachte ich, die stellen sich da mit Badmintonschlägern hin und schütteln ihre nicht vorhandenen Matten, pah! Ja, Schabbi hatte seine Konfirmationskohle in ein Schlagzeug investiert, aber war das nicht etwas übertrieben, wo man doch nur etwas nachmachen wollte? Und wenn diese High-O-Pies tatsächlich echte Musik machten: Warum gerade AC/DC? Die Götter? Mit Stromgitarre? Nicht in meiner Straße, das war unmöglich. War es nicht: »Highway to hell« in einer sehr eigenwilligen, stümperhaften, bisweilen sogar kühnen Version drang eines Tages dumpf aus dem Kellerfenster, an dem ich vorbeischlenderte. Es stimmte also doch. Die machten das wirklich!

Wo ich also noch die Kumpels voll laberte von all den geilen Bands, die ich in Hamburg gesehen hatte, und wie die sich gebärdeten, und wie einfach das doch eigentlich sei – da machten das 50 Meter von zuhause die Jungs aus meiner Parallelklasse, während ich eben laberte. Henning und Schabbi also sprachen mich an, auf einer

Bier- und Fruchtlikör-trächtigen Jugendgruppenfahrt im schönen Dänemark, dass sie in ihrer Band vielleicht einen Saxophonisten gebrauchen könnten. Dass ich nicht nur Märchen erzählen konnte, sondern auch Saxophon spielte, wusste zumindest Schabbi. Er trommelte in der Big Band.

Ich antwortete:

»Ich überleg mir das vielleicht mal.«

Vielleicht war wichtig, denn vielleicht war cool. Man könnte auch sagen: Da versuchte ein Großmaul zu kuschen. Es wäre also nur zu verständlich gewesen, hätten die beiden anderen erwidert:

»Eigentlich brauchen wir dich Großmaul nicht, denn wir sind schon einzigartig genug.«

Und ich hätte wohl gesagt:

»Oh ja klar. Ich trau euch die Umsetzung meiner bahnbrechenden Vorstellung moderner Rockmusik sowieso nicht zu.«

So wäre es ehrlich gewesen. Aber nein:

VIELLEICHT!

Unterschwellige Neugierde war bei mir in Hülle und Fülle vorhanden, aber auch reichlich Unsicherheit.

Nun hatte ich aber in der Markthalle, in der Ernst-Merck-Halle, in der Bar-Centrale, in den Marktstuben oder in der Erbse gelernt, dass man verdammt cool sein musste, um als Kiddie-Punk (zumal mit Poppertolle!) anerkannt zu werden. Ja, gottverdammt, ich fühlte mich als Punk, trug schwarz-weiße Creepers wie ein Ted oder Mod, hatte einen Popperhaarschnitt, hing in der Schülervertretung mit Ökos ab und war aber auch für prollige Spritztouren auf Leichtkrafträdern zu haben. Für damalige Verhältnisse war das fast schon tollkühn: Der »Spiegel« titelte seinerzeit zum Thema »Jugend in Deutschland«: »Wie das indische Kastensystem«, und es folgte stichwortartig eine Klassifizierung der Kasten: Wie stellt sich ein Popper, Mod, Punk, Ted, Müsli, Rocka-/Psycho-Billy, Skinhead, Gruftie, … in Sachen Kleidung, politischer Ausrichtung, Statussymbolen, Droge(n) und Bands dar? – Das alles gabs nur eben leider nicht für die Jugendgruppierung »selbstbewusster Mischmasch-Typ«. Vielleicht fand ich die arrogante Coolness der Popper faszinierend, die konservative Eleganz der Rockabillys ästhetisch, die Gesinnung der Müsli-Jünger korrekt, die Mucke der Mods großartig (Ska! Soul!!!)

und die Rebellion des Punk überfällig. Aber ich konnte mich einfach nicht entscheiden! Der Gipfel meines Mischmasches war wirklich die Zeit, in der ich einen Trenchcoat mit Felleinsatz und -kragen trug, dazu Karottenjeans, unter denen Norwegersocken hervorlugten, und »Roots«-Stiefel. Der Knüller aber war ein ausgeleierter, anthrazitfarbener Pullover in Knielänge (von Omi selbstgestrickt), für den Muttern höchstselbst im örtlichen Kaufhaus ein »Lacoste«-Krokodil klaute und an die richtige Stelle nähte. Der bereits erwähnte Popperscheitel hatte hinten einen rasierpinselartigen Zopf und an den Seiten ausrasierte Schläfen, die hinwiederum ein von Pickeln und Akne zerschrotetes Gesicht einrahmten. Von allen »Spiegel«-Kasten also etwas. Mit den Rauschmitteln verhielt es sich ähnlich: Alk war Standard, Shit und Grass waren seit zwei Jahren willkommene Abwechslung, Speed und Pilze selten auch mal. LSD war wegen unsachgemäßer Handhabung paranoid und somit grausam gewesen, aber interessant. Ich war fünfzehneinhalb …

Sah ich mit geröteten Augen in den Spiegel, so kam ich damals nie und nimmer darauf, Rockmusiker zu sein. Wie sieht ein typischer Rockmusiker denn auch aus? Und was schluckt er? Tja, und nun fragte eine sozialkritische Deutschrockband nach einem Saxophonisten. Sollte ich zum Rock 'n' Roll-Aktivisten werden, nachdem ich die nötige Medizin dafür schon vorher genommen hatte? Vielleicht. Vielleicht bestimmt.

Ich ging also an einem sonnigen Januartag die 50 Meter von meinem Elternhaus zu Schabbis Elternhaus und klingelte uncool bei den Eltern an der Tür, anstatt cool durch die Tiefgarage direkt in den Probenraum zu gehen. Man geleitete mich und meinen graulackierten Sperrholzkoffer (Inhalt: ein abgeblättertes, silbernes Altsaxophon Marke »Weltklang« mit einigen technischen Macken, Baujahr laut Koffer 1927) in einen Keller, dessen Decke mit Eierpappen tapeziert war und in dem ein gigantisches »Sonor«-Schlagzeug sowie weniger gigantische Gitarrenverstärker (»Farfisa«/Eigenbau) aufgebaut waren. Dazwischen standen Schabbi, Henning, Jan-Peter und wenig später auch Dirk E. Sie warfen sich Titel-Namen zu, überlegten welche Nummer zuerst, räumten, stöpselten, lärmten kakophonisch, versuchten vergeblich zu stimmen – und ich steckte inzwischen meinen Weltklang zusammen und suchte verzweifelt nach irgendeinem ansatzweise passenden Ton, um mitstimmen zu können. Denn: Auch wenn nun schon eineinhalb Jahre Bigband hinter mir lagen – ein in Es gestimmtes Saxophon auf das übliche C zu transponieren, das war mir immer noch zu kompliziert. Da es nur zwei Mikros mit Stativ gab, kriegte Jan-Peter eins, der Sänger und Gitarrist, und ich, der Mann für den Weltklang. Das erste Stück hieß glaube ich »Hey Russen, Hey Amerikaner«, ein ungemein sozialkritisches Pamphlet an die Weltpolitik aus des Sängers und Gitarristen Feder, getragen von ca. zwei Akkorden. Nach ungefähr einer Minute begann ich, zaghaft und im Rhythmus-Stakkato ohne Oktav-Klappe D und A im Wechsel mitzuspielen. Erstmal kein Risiko, lieber nix Falsches spielen als gleich wieder rauszufliegen, dachte ich. Die Band war zwar verwirrt ob des neuen Klangkörpers, aber durchaus angetan:

»Wir machen das gleich noch mal, und spiel ruhig auch mal einen Ton mehr«, so gab man mir mit auf den Weg, nachdem mein Mikro lauter gestellt war (was bei den damaligen technischen Möglichkeiten eine fiese Rückkopplung zur Folge gehabt haben mag). Ich tastete mich mich Ton für Ton, Stück für Stück behutsam durch ungefähr acht Nummern, ohne durch schräge Töne unangenehm aufzufallen. Dann war Rauchpause, draußen vor der Tiefgarage. Erst jetzt bemerkte ich zwei kleine Nachbarjungs, die wohl von der Straße aus gelauscht hatten und nun das Weite suchten. Komisches Gefühl: gar nicht auf der Bühne, und trotzdem hat man Zuhörer – irgendwie schmeichelhaft. Draußen rauchend erfuhr ich von den anderen, dass in sechs Wochen ein Gig anstünde in der »Baracke«, einem Jugendtreff unserer Stadt.

»Da kannnst Du denn ja vielleicht mitspielen, Chaos.«

»Hmmmh.«

Sechs Wochen! Ogottogottogott!

Sooo schnell brauchte es doch nun eigentlich auch nicht zu gehen mit dem Berühmtwerden, Popstar sein und so. Bisher war ich als Aktivist in Choraufführungen, Blasorchesterkonzerten, und zu Grundschulzeiten in der Titelrolle (immerhin …) vom »Dicken fetten Pfannekuchen« zu sehen gewesen, und war bei Letzterem natürlich ziemlich staatstragend »kantapper kantapper in den Wald« gelaufen. Aber: vor seinesgleichen? Mitschülern? Mitschülerinnen?

Wo jeder sehen will, wie Großmaul Chaos (nicht) hält, was er verspricht? Das war ein ganz anderer Zock, als sich in der dritten Reihe einer klassischen Darbietung zu verstecken. Das war auch nicht dieses »der große Zweitklässler führt den kleinen Schulanfängern was vor«. Dies war ernst – ich musste Farbe bekennen. Und ich tat es.

Die wöchentlichen Proben, die folgten, waren nicht annährend so unfallfrei wie die erste. Verspieler meinerseits allenthalben, nervositätsbedingte Verspieler auch bei den alten Hasen im Showgeschäft (harhar! Sie waren ziemlich genau ein Jahr länger dabei!), ätzendes Klima manchmal, wenn gegenseitige Schuldzuweisungen durch den Raum geschleudert wurden. Doch es schien normal zu sein – der Rock 'n' Roll ist ein raues Geschäft. Und dann der erste Auftritt. Hätte ja gut werden können, wenn, ja wenn sich nicht das eine oder andere Polster sowie die Oktav-Klappe selbstständig gemacht bzw. aufgelöst hätten, was Geräusche am Rande der Körperverletzung zur Folge hatte … shit! Von wegen Weltklang – alles versemmelt! Auch die Routiniers der Kapelle schienen im Lampenfieberwahn: Jan-Peter vergaß willkürlich Akkorde und ließ sie einfach weg, Schabbi variierte daraufhin das Tempo ohne erkennbares System, Diggi suchte erfolglos nach den beiden Tönen, die überallzu passen, und Henning fügte sich all dem. Das wars! Kein Popstar, keine haufenweise Frauen, keine Fernseher aus dem Hotelzimmer schmeißen, keine Drogen zum Nulltarif – nichts! Glücklicherweise lagen die anderen genauso oft daneben wie ich, so dass man eigentlich von einem ganz normalen, hundsmiserablen Schülerband-Auftritt sprechen kann – und das war er ja auch. Und ein weiteres Phänomen half mir, drin zu bleiben im Geschäft: Die zahlende Zuhörerschaft war offenkundig gekommen, um uns loosen zu sehen! Frenetischer Jubel bei jedem Verspieler, Szenenapplaus, als ich mitten im Stück versuchte, meine Klappenpolster wieder festzukriegen und »Gib Gas, Schabbi!«-Chöre immer dann, wenn der Drummer mal wieder zu schnell wurde, was ihn nur noch schneller machte. Aufgrund der Reaktionen der Meute vor uns fiel unsere Manöverkritik unrealistisch versöhnlich aus. Das war der Grundstein für die Karriere von LEBENSECHT: Wir waren nicht wirklich gut, aber das mit voller Wucht! Wir wussten, dass wir was ändern müssen, kamen aber nicht darauf, dass mehr Übung die Lösung sein könnte.

Nein, wir machten uns Gedanken über unsere zukünftigen Bühnenklamotten, Diggi dachte über eine riesige Eigenbaubassbox nach und Schabbi kaufte sich noch mehr Becken und Toms. Standardspruch, nicht nur bei meiner ersten Band gern genommen im passenden Moment: »Wer übt, fällt seinen Kollegen in den Rücken.«

Ich habe vergessen, warum Jan-Peter ein halbes Jahr später ausstieg, aber es könnte durchaus am umgreifenden Größenwahn gelegen haben, vielleicht auch am veränderten Bandgefüge. Sein Ausstieg machte mir jedenfalls schmerzhaft klar, dass Trennungen von Bandmusikern ungefähr so kompliziert sind wie ein Beziehungsende bei Teenagern – seeeehr kompliziert. Waren sie vielleicht sogar Teil des ganzen Heranwachsenden-Kosmos? War doch Jan-Peter immerhin mit der Ex von meinem Kumpel Björn zusammen, Herzschmerz-Stücke wie »Solo« (aus Schabbis Feder!), »Versager« oder »Mundgeruch-Blues« (sic!) behandelten genau dasselbe Thema, nämlich Teenager-Lieben, und der Schulhof-Status war als Bandmusiker bei der holden Weiblichkeit auch ein bedeutend anderer. Nun ja. Würde ich die hier vorliegenden gesammelten Erinnerungen noch um die zweigeschlechtlich-zwischenmenschliche Komponente erweitern, käme vermutlich ein Werk von der Dicke des James-Joyce-»Ulysses« heraus mit komprimiertem Rosamunde-Pilcher-Inhalt. Vielleicht wann anders mal.

Abends auf der Bühne/und unten steht Ihr
Oh es macht Spass mit Euch/Wir danken Euch dafür
Schnell was gegessen/Vielleicht ne kalte Currywurst
Oh man kann nicht ermessen/Wie gut das tut

Hallo Autobahn/Wir sind nicht mehr auf Tour
Ham ne Familie hintendrin/Und die nervt rund um die Uhr
Hey hallo Autobahn/Wir kennen uns doch schon lang genug
Sag mir wo der Bandbus ist/Was ich hier mach ist Selbstbetrug

Wir sind nicht mehr auf Tour
Wir sind nicht mehr auf Tour
Oh, nicht mehr auf Tour
Tour Tortur

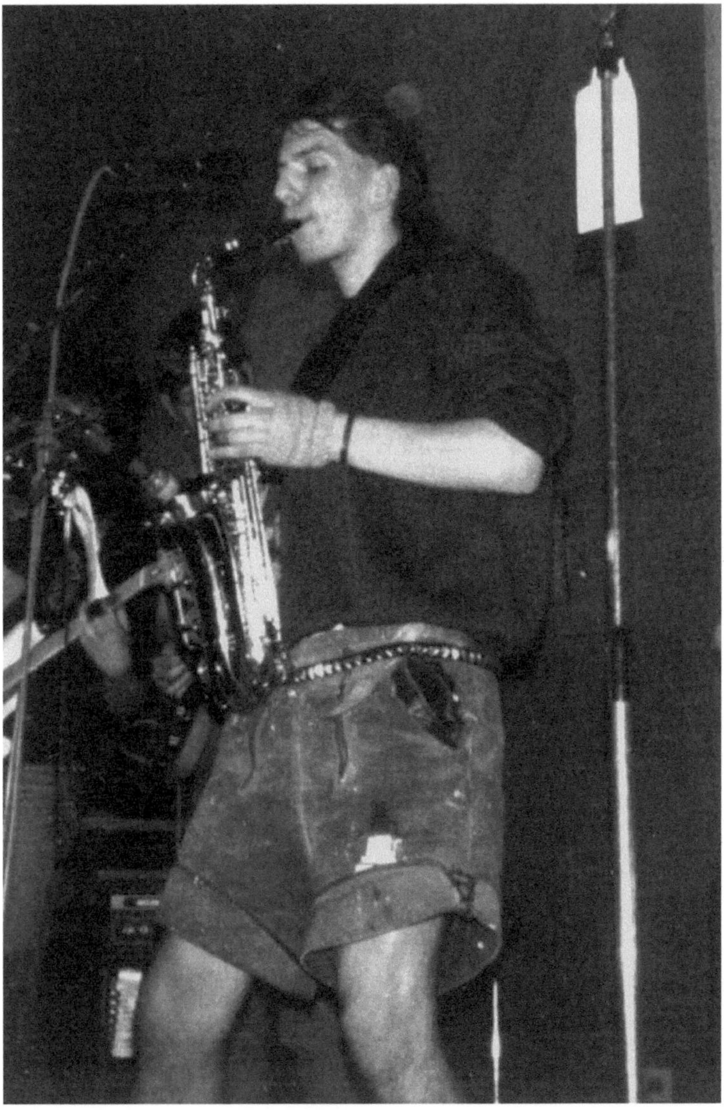

Einer der ersten LEBENSECHT-Showcases: Die Hose wurde von Vattern zur Verfügung gestellt, der Nietengurt nicht. Bereits in der Hosentasche lauernd: die Kuhglocke für »Hopfm Mopfm«, unseren selbstgetexteten bayerischen Smash-Hit

Hallo Autobahn/Wir sind doch noch mal da
Familie ham wir abgesetzt und jetzt wird losgefetzt
Hey hallo Autobahn/Wir ham ein Lied für Dich
Für Dich geschrieben/Denn wir mögen Dich

Wir sind noch mal auf Tour
Wir sind noch mal auf Tour
Oh, noch mal auf Tour
Tour Tortur

(LEBENSECHT: »Auf Tour«)

Auf Tour: Dieser Text ist mittlerweile über dreißig Jahre alt. Wie oft ich ihn gesungen habe, weiß ich nicht genau, aber ich weiß sehr genau, dass ich jedes Mal stolz drauf war. Ich war fünfzehn, als ich ihn schrieb. Alles davon ist wahr geworden. Manches sogar mehrfach. Woher wusste ich das? War das Intuition (an die ich sonst selten einen Gedanken verschwende)?

Als sechzehnjähriger Realschüler ohne echte Lebenserfahrung, frisch verlassen von einer Gymnasiums-Liebe; als siebzehnjähriger Kaufmannslehrling mit Doppelleben; als zwanzigjähriger Zivi mit zwei bis drei Bands gleichzeitig (und erstem eigenen VW Käfer!); in Irland beim Entdecken neuer musikalischer Welten; als unzufriedener Taxifahrer mit Mitte zwanzig; als Neu-Bremer; als Vater; oh ja: Es hat Spaß gemacht, immer, und ich danke immer noch sehr herzlich dafür. Auch vor fünf zahlenden Zuschauern, auch mit vierzig Fieber, auch vor desinteressierten Schnöseln oder gemeingefährlichen Kampftrinkern. Und wenn es der Spaß war, seinen eigenen Grenzen ein Schnippchen zu schlagen: Spaß! Vielleicht auch: Abenteuerlust.

Kalte Currywürste habe ich nicht viele gegessen in meinem Leben, aber genügend, um sie in ausgemergeltem Zustand als Delikatesse empfinden zu können. Vielleicht ist es auch wirklich Selbstbetrug, was ich machte: Feste Beziehung mit Kind – schiefgegangen, weil ich cholerischer wurde, je länger meine Elternzeit wurde. Wenige Monate nach Robinsohns Geburt, gipfelte besagte Cholerik in meinem letzten, fulminant-hässlichen Band-Ausstieg, und ich beraubte mich damit eines wesentlichen Teils meiner Identität. Nach der Trennung flüchtete ich zurück in die Gegend meiner »großen Erfolge« (also den nordöstlichen Speckgürtel Hamburgs), um wieder so eine Art Heimat zu haben. Auch musikalisch: Die alten Mucker-Seilschaften funktionierten noch, neue kamen hinzu. Ich hieß wieder Chaos, außer bei der Lebenshilfe, meinem Arbeitgeber, da war ich der seriöse Herr Brüggemann, Wohngruppenleiter. Dann die nächste Beziehung, für die ich noch einmal alles in die Waagschale warf, was ich an Rücksicht, Zuneigung und Familiensinn hatte – anfangs gar keine Band, später zumindest phasenweise (die Kapelle hieß bezeichnenderweise TEILZEIT), und ich wurde ein zweites Mal Vater.

Als Single war und bin ich offener, entspannter und kreativer. Das sind günstige Voraussetzungen für einen Bandmusiker. Auf Tour also. Ich glaube sogar, dass das mein erster eigener Text überhaupt war. Mann oh Mann!

Der Horntröterich wurde nach gerade mal sechs Monaten zum Sänger – und damit auch zum Texter befördert. Mit Till W. kam ein neuer Gitarrist und damit mehr Akkorde und Ideen. »Aus rechtlichen Gründen« (ja, von der GeMA hatten wir schon gehört, aber keine wirkliche Ahnung: Nicht ein Song war angemeldet!) konnten wir nun Jan-Peters Songs nicht mehr spielen. Neues Material musste her. Und wir machten: schnell, unkompliziert und mit Herzblut. Ich schrieb die Texte im Probenraum, während der Rest noch am Übergang zwischen Strophe und Refrain feilte (Bridge? Damals noch Fehlanzeige. C-Teil? Akademiker-Scheiße!). Das hieß also: 15 Minuten für einen dreistrophigen Lied-Text. Selten feilte ich zuhause daran weiter. Ich war zu faul. Schabbi, Henning, Diggi und Till W. sagten auch nix. Es war wohl gut genug. Bisweilen waren meine Ergüsse ganz klar zu unpolitisch, also beackerte der »Neue« (aktiver Juso, ebenso wie Drummer und Gitarrist Zwo) das sozialkritische Feld, das uns sicheres Geld und die Rolle des Jugendkulturbeitrags bei Kommunal-, Landtags- und Bundestagswahlkämpfen auf Landkreisebene einbrachte. Eigentlich ein Wunder, dass Schleswig-Holstein mit solchen Wahlkämpfern den Wechsel schaffte. Vielleicht hätte Herr Barschel aber auch nicht baden gehen sollen in Genf … Wie auch immer: Wir waren dick im Geschäft. Neben »unseren«

Schulen und den umliegenden Jugendzentren buchten uns nun auch Schülervertretungen aus Nachbarorten, der Kreis-Schülerkongress wollte beschallt werden, die Landes-Schülerpresse lud nach Kiel ein, und bei 3/5 Juso-Anteilen innerhalb der Kapelle blieben auch Sozi-Veranstaltungen nicht mehr aus. Meist steckte Funktionärs-Prototyp und Hardcore-Fan Felix W. dahinter, der in sämtlichen Schülervertretungs- und Juso-Gremien seine Finger im Spiel hatte. Praktisch für uns, bis auf eine Sache: Wer fährt? Führerscheine hatten wir noch nicht, geschweige denn geräumige Bandmobile. Was lag da näher als – ein Manager? Den hatten wir anfangs nicht. Wenn Gigs anstanden, hatte Hennings Mutter ne Freundin, die einen grünen Hippie-VW-Bus fuhr. Wiebke fuhr uns einmal, glaub ich, dann mal Hennings großer Bruder, und dann – Tusch! – hatten Diggi und Till eine gültige Fahrerlaubnis. Das erste Mal die Band ganz für sich, in einem hoffnungslos überladenen altersschwachen 50-PS-Benziner, auf dem Weg zum Schulbandfestival in der Campehalle zu Trittau. Der Auftritt war normal chaotisch, wie es eben so ist, wenn verschiedene Rauschmittel aufeinanderprallen: Dosenbier (alle außer Schabbi), Kiff (die Gitarreros und der Sänger und Tröter), eine Kiste Cola (Schabbi), Kaffee (ein Gitarrero und ich). Um Mitternacht beim vollbeladenen Ausparken semmelte Till W. eine gepflegte Delle ins Heckdach, sodass die Transportvariante mit Wiebkes Bus als eher erledigt betrachtet werden konnte. Spätestens jetzt brauchten wir – einen Manager.

Ein gefühltes Durchschnittsalter von seinerzeit 17,2 Jahren, vielleicht 40–50 wirklich hartnäckige Fans in unserem Dunstkreis, gerade mal zehn Auftritte gemacht, davon höchstens zwei gegen Geld; die bandinternen Ziele schwankten zwischen einer norddeutschen RODGAU-MONOTONES-Kopie mit BAP-Einflüssen, deutschsprachigen SAGA-Anleihen, einer männlichen ULLA MEINECKE und der ABGEFAHRENSTEN BAND VON GANZ STORMARN, was auch immer das sein mochte. Wir hatten keine eigene Gesangsanlage, anfällige Gitarrenverstärker, ein überdimensioniertes Drumkit, eineinhalb funktionierende Mikros, kein Licht und kaum Geld, und wonach krakeelten diese 17,2-jährigen Komplett-Löffel? Nach einem Manager! Sie kriegten, was sie verdienten: Ralph.

Auch Juso, Hansdampf in allen Gassen, Checker, Fahrer, Gageneintreiber, Funktionärstyp, Kneipen-Zapfer, Koch – Ralph war alles. Schön z.B. sein erster Tour-Organisationseinsatz, bei dem die uns wohlbekannte, kleine, minderjährige Band zwei Wochen vorher Laut gab, das Management möge doch bitte Transport, technische Abwicklung und Bereitstellung alkoholischer Erfrischungsgetränke in ausreichendem Maße mit dem JuZe Bad Oldesloe als veranstaltendem Organ abstimmen. Eine Woche später erreichte die Musikanten die Nachricht, er habe alles im Griff und alles würde super laufen und sei stressig, aber an besagtem Termin pünktlich um 14 Uhr müssten wir dringend ladebereit am Probenraum sein. In Erwartung eines Siebeneinhalbtonners mit Doppelkabine taten wir wie uns geheißen, doch wer nicht erschien, war Ralph. Er tat dies eine halbe Stunde später, dauerlaufend, rauchend:

»Ich hab alles im Griff, Jungs! Keine Panik!«-rufend.

»Gebt mir fünf Minuten, nur fünf Minuten! Ich bin da gerade mit der Putzfrau im Kirchenbüro in Verhandlung, wegen der Kirchenbus-Schlüssel von dem Bus, mit dem die legendäre Jugendgruppenfahrt stattfand, ihr wisst schon.«

Auf dieser Management-Ebene zu verhandeln, fanden wir etwas zweifelhaft.

»Das sieht echt ganz vielversprechend aus, nur fünf Minuten! Dann könnten wir gaanz sutje einladen, denn in Oldesloe ist vor halb sechs eh keiner.«

Und weg war er, weiter verhandeln mit der Putzfrau. Kam ne Viertelstunde später mit quietschenden Reifen vorgefahren, versuchte zu koordinieren, was wir schon lange taten (nämlich unseren Kram einladen), und telefonierte mit dem Veranstalter:

»Nee, das *Konzert* is um halb sechs! Wo *bleibt* ihr?!«

Wir brauchten mangels Ortskenntnis in der Weltstadt Bad Oldesloe für die 20 km eine Stunde. Im JuZe angekommen, faltete Ralph den diensthabenden SozPäd zusammen (weil Manager das offensichtlich tun müssen), leierte ihm einen Kasten Pils ausm Kreuz, machte die Einheitsgage örtlicher Veranstalter klar (300 DM gabs immer, ob bei Jusos, Falken oder Schulveranstaltungen, nur im »Klönschnack« gabs 400 plus Getränke, was bei uns ökonomischer Wahnsinn für den Wirt war, außer wenn wir genug Dope und Grass hatten) und kümmerte sich um Dinge, die er nicht konnte, Boxenaufbau und Verkabelung zum Beispiel. Nach dem Soundcheck verstöpselten wir dann noch mal richtig, während Ralph Döner und Pommes vom Frittenschmied holte. Um halb zehn dann Abritt, weil um zehn der Bus in der Kirche irgendwelche Altchens kutschieren musste. Seine abschließenden Worte nach dem Ausladen:

»War doch straff organisiert, was Jungs?«

Dem war nichts hinzuzufügen. Er hatte den Job, mangels Konkurrenz. Großartig auch sein Booking bei der Berufsschul-Abschlussfeier der Köche in Lübeck (*seine* Abschlussfeier, später kochte Ralph u.a. im Hamburger »Atlantic«-Hotel): Der Manager organisierte zwölf PKW, beliebig viele Fans und Freunde aus unserer Stadt, das Band-Equipment wurde planlos auf die zahlreichen Autos verteilt, und im Konvoi fielen wir in die Hansestadt ein, wobei gaaanz wichtig war, dass wir möglichst viele Kreisverkehre durchfuhren. Da nämlich fuhren wir reichlich Ehrenrunden mit unserer bunten Bandmobil-Auswahl, sodass der Lübecker Verkehr vermutlich kurzfristig zum Erliegen kam – zumindest vom Gefühl einer postpubertär geprägten Politrock-Band her. Der »große Saal« entpuppte sich als ein Schrebergärtner-Vereinsheim, in dem auf einer silbergeschmückten Bühne die THUNDERBIRDS, eine schwelbäuchige, halbglatzige Rockabilly-Band mit Ersatzgitarren, ihren Kram als Haupt-Act schon mal aufbauten. Sowas Dekadentes hatten wir noch nie gesehen, und so arrogante Wichser, die uns wie Kinder behandelten, schon gar nicht. Unser Fan-Gefolge mischte die Veranstaltung mit Zwischenrufen und rücksichtslosem Büffet-Leerfressen (lecker, wenn Köche ihre Gesellenprüfung feiern, aber unseres Mobs eigentlich nicht würdig …) merklich auf, und nachdem beiden Gitarristen nach 20 Minuten Vorprogramm bereits je zwei Saiten gerissen waren und die Fucking Donnervögel bezüglich ihrer Ersatzgitarren nur grinsend mit dem Kopf schüttelten, brachen wir unseren Auftritt ab. Um den Ahrensburger Mob in der Fremde zu besänftigen, schlug Ralph einen Kneipenbummel durch die Altstadt vor. Der dritten Kneipe kotzte Schabbi vor die Tür (zuviel Cola), und genügend Bier in allen Autos war denn ja auch noch da. Eine runde Sache soweit; die 500 Mark Gage gabs vorher, erfuhren wir später. Aber die war ja nun in der Altstadt geblieben.

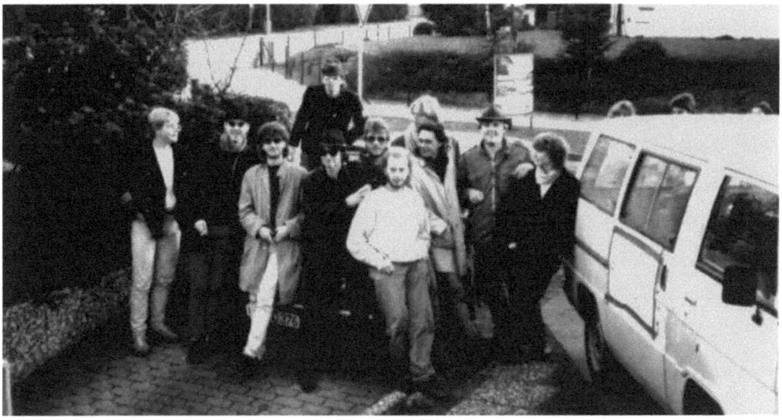

Teile der Karawane nach Lübeck vorm Probenraum, v.l.n.r.: Dirk E., Till W., Henning, Herr Chaos (oben), Manager Ralph, Dirk »Hamster« H., Stefan »Leise« W., Sören, Dirk, »Schabbi«, Claudia; hinterm Bus versteckt: »Sabsi«, »Floyd«, Steffi

Die Rahmenbedingungen vor und nach LEBENSECHT-Auftritten waren das Eine, die inhaltlichen Komponenten während der Konzerte das Andere. Beim Schreiben dieses Buches hörte ich unter anderem eine alte Aufnahme vom »3. Battle Of The Bands« (...)in der Großhansdorfer Wöhrendammhalle. Der Gesamteindruck ist eigenartig dünn, außer dem satten Sound des lachenden, zurufenden, applaudierenden Publikums. Die Gitarren klingen bestenfalls halb verzerrt, ich höre ein verstimmtes Saxophon, das spartanische Melodien in den Saal furzt. Bin ich das wirklich? Oha. Ach du dickes Ei, und jetzt kommt auch noch diese Endlos-Ansage zu »Hopfm Mopfm«, wo ich bekifft die erste Strophe vergessen hatte und dies durch eine ausschweifende Band-Vorstellung zu vertuschen versuchte, gefühlte 20 Minuten lang. Ich höre einen Sänger, der die obere Grenze seines Tonumfangs bedenklich oft strapaziert und verzweifelt versucht, den zwei bis drei unterschiedlichen Tonart-Angeboten der Band Rechnung zu tragen. Was wäre, wenn ich in diesem Moment das erste Mal LEBENSECHT hören würde? Vermutlich würde ich zusammenzucken bei jedem der zahlreichen Verspieler, mich irgendwann lustig machen über die vielen Unzulänglichkeiten, und nach dem sechsten Stück (»Karl«, ein Lied über einen Bergarbeiter, der sich wegen seiner Entlassung in die Arbeitslosigkeit mit

Benzin übergießt – ja, den Jusos zuliebe machten wir das Zechensterben im Westen auch zu einem Nord-Thema, warum auch immer), entnervt die Stop-Taste meines Tape-Decks drücken. Gegebenenfalls wäre mein erster Gedanke: »Ohren, duckt euch! Hier kommt eine klassische Schülerband!«, oder so ähnlich. In Gedanken brülle ich allerdings jeden Refrain, jede Strophe mit. Denn ich weiß: Eine ganze Turnhalle nahm das damals einfach als den heißesten Scheiß auf Erden hin. Zu Recht? Mit zwangsläufig ironischem Blick? In Erwartung vieler falscher, aber herzlicher Töne? Aber ich schweife ab, wegen Befangenheit …

Ralph machte das mit dem Managen dann irgendwann nicht mehr, »wegen Überlastung«, wie er uns mitteilte. Carsten C. (»Kasten Carlsberg« nannten wir ihn), ein Fan, der sich nun zu Höherem berufen fühlte, übernahm nun die fragwürdige Position. Sein legendäres »Ihr könnt mich jederzeit anrufen Jungs, ich bin immer für euch da!« kontrollierten wir regelmäßig im Vollsuff, im Morgengrauen, telefonisch. Kasten war immer für uns da, aber manchmal so komisch genervt – warum? Darum? …:

»Kass'nnn? Bissu imma für uns da? Kass'n! Sachma!«

Morgens um vier, Montag morgens. Seine einprägsamste Eigenschaft war, dass er regelmäßig unsere Konzertmitschnitte mit seinen Cowboyboots »kaputtstampfte«, weil er direkt unter einem der Aufnahmemikros zu tanzen pflegte, wo sein stümperhaftes Taktgefühl und seine ekstatischen Zwischenrufe doch bisweilen den nachträglichen Hörgenuss schmälerten. Auch organisierte er gern Aufbauhelfer, die vor dem Gig super schleppten und in Windeseile alles aufbauten, aber nach dem Gig, wenn wir sie wirklich gut hätten gebrauchen können, weg oder dudeldicke waren. Das waren eben Typen wie er vorher, die für lau rein wollten und sonst nix.

Vergessene Gitarren, die erst beim Soundcheck bemerkt wurden, ein Bassist, der mit ölverschmierten Händen – frisch vom Heizungsbauerlehrgang zurück – mit schlackerndem Kabel am Bass beim dritten Stück die Bühne enterte, kaputte Verteilerköpfe unterwegs, man hatte es nicht leicht als LEBENSECHT-Koordinator. Niemand von uns wusste vorher, auf was wir uns einlassen, wenn wir losfuhren – trotz Management. Was wir damals nicht ahnen konnten: Genau so funktioniert der Rock-Zirkus, wenn man nicht erste oder zweite Liga spielt, sondern wie wir Bezirksklasse. Chaotisches Organisieren zieht sich hoch bis in die Regionalligen eigentlich, es sei denn, man spielt in einer »Beamten-Band«, also Top 40, Oldie-Cover, Jazz oder Blues. Naja, und mittlerweile kann ich anhand von Berichten aus erster Hand auch erahnen, dass die erste und zweite Musiker-Liga auch nicht vor Unwägbarkeiten gefeit ist.

Überhaupt: Mit zunehmend längerer LEBENSECHT-Existenz wurden immer mehr Bandmitglieder berufstätig, und so war zunehmend auch Zeitmanagement gefordert. Ein Gaswasserscheiße-Monteur, ein Radioundfernseh-Techniker, ein Verlagskaufmanns-Gehilfe und zwei Abiturienten waren wir mittlerweile, nebenbei beim Szene-Griechen »Rigani«, im »Klönschnack« oder in der »Engen Weste« in Lohn, Brot oder Schuld. Das Leben wurde immer schneller, und der Kult, der von den Die-Hard-Fans und uns betrieben wurde, war nicht ganz unschuldig daran. Wir handelten nach dem Motto »Erst die Drogen, dann die Karriere«, vor allem Bier, Wein und Dope, und realisierten weit später, dass die berühmten Bands es wohl andersrum gemacht haben müssen. Es war jedenfalls ein Wahnsinnsgefühl, von wildfremden Leuten mit »Ey sach ma Chaos« auf den nächsten Auftritt angesprochen zu werden:

»Wann Alder? Und wo? Ihr seid sooou geil, Alder!«

»Wann macht ihr eigentlich eure erste Scheibe, Chaos?«

»Lebensknechte! Ihr seid eurer Zeit weit voraus.«

Schulterklopfer in der Stammkneipe zunächst, aber zunehmend auch Typen aus anderen Dunstkreisen als den bisherigen sagten das. Musiker-»Kollegen« z.B., denn wir wurden als Band mit einer gewissen Zuschauergarantie anerkannt. Wir gehörten dazu. Wir lernten auf Schulfestivals, bei Bandnächten in Jugendzentren oder durch Doppelkonzerte all die anderen Verrückten-wie-wir kennen: MATSCH; 7 UP; FAITE MAIN; PERPLEX; WHAT'S SO FUNNY ABOUT BROTHERLESS; EXZESS; CON BANDA; CHRISCHIE & AXEL; MORGENNEBEL/REICHE LEUTE; JUST FOR MONEY; CERUMEN EX; SUNSET; HEAVY HOUSEWIFES WAITING FOR THEIR HUSBANDS; HOBÜ DELIRIUM; TRASHCAN MEN; FURY& THE BLACK ONES; BOIKOTZ; ANASTASIA; MAYA; PROXIMA VOX; BOSS BARNES; ELORIA NOYESI; B 75; CATHROON HUNTER;

PASSENGER; dann die ganzen »alten« Haudegen der Hamburger Musikszene, die in der Ahrensburger Gegend wohnten und die in späteren Kapiteln noch wieder auftauchen werden (oder schon mal dran waren, namentlich nicht erwähnt, im ersten Kapitel, in der »Kommode« …). Es wurde für mich die Parallelwelt, in der die Pubertät nicht eine pickelträchtige, schmerzhafte Lehrzeit, sondern eine aufschneiderische, selbstbewusste Gebärde war.

Diese Gebärde war allerdings schon lange nicht mehr rotzigpunkig wie zu Schulhofzeiten. Mitgefangen, mitgehangen: Ich studierte intensiv die deutschsprachige Rock-und Popszene, denn Punk war zu der Zeit genauso mausetot wie die »neue deutsche Welle« oder hatte nur als trashige Autonomen-Version eine Chance. HERWIG MITTEREGGER, ULLA MEINECKE, SPLIFF, KLAUS LAGE, DIE RODGAU MONOTONES, FLATSCH, FEE, NUALA, das waren so die Hausnummern meiner Wahl. Nicht Welle, aber doch deutsch, nicht Mainstream, aber auch nicht zu schroff. Als Bewohner des sogenannten »Zonenrandbezirks« lauschte ich abends auch durchaus mal der »Stimme der DDR«, also Kapellen wie KEKS, LIFT, MAGDEBURG, KREIS, RENFT, KARAT, PUHDYS, AUTOMOBIL, STERN MEISSEN undsoweiter – ziemlich abgefahren teilweise, wenn auch damals zu sehr. Dass da regelrechte Krautrock- und Artrock-Perlen dabei waren, versuche ich heute mittels ekstatischen Flohmarktkäufen (meistens bei Besuchen in Berlin, aufm Boxi-Flohmarkt oder am Ostbahnhof) zu kompensieren. Manchmal träumte ich, mit denen auf einem Niveau zu spielen, Geld zu verdienen, davon leben zu können, Deutschlandtouren zu machen, die ganze große Soße. Natürlich hingen wir da kilometerweit hinterher, und doch: Es war ein guter Traum! Da tauchte man gerne ab, um zu vergessen, dass von Montag bis Freitag von 8 Uhr bis 16 Uhr 30 der Axel Cäsar Springer-Verlag in Hamburg mein Brötchengeber war. Denkbar un-p.c. für einen, der noch ein Jahr zuvor nach der großen Friedensdemo den Haupteingang des Verlags blockiert hatte, nun ja. Und der nun für den konservativen Feind Anzeigen verwaltete und neue Vertriebswege für die Hetze mit vier Buchstaben ersann – es war grotesk, und wie ich diese staubtrockene Zahlen- und Sesselfurzer-Ausbildungszeit mit »ausreichend« bestehen konnte, ist mir bis heute ein Rätsel.

»Verlagskaufmannsgehilfenbrief« hieß der offizielle Titel, der »ausreichte«. Das sagt doch alles! Immerhin habe ich pünktlich zum Wegfall der »DDR«-Gänsefüßchen gekündigt, als Old Axel Cäsar seligs Herzenswunsch nach *einem* Deutschland erfüllt wurde. Das erste und einzige Mal erschien das BILD-Logo in schwarzrotgold, und ich ging fünf Minuten nach Dienstbeginn aufs Klo, erstmal ne dicke Tüte rauchen zur Beruhigung, wegen dieser Und-morgen-die-ganze-Welt-Attitüde. Als Azubi Mitte der Achtziger traute ich mich sowas noch nicht, aber Magenkrämpfe und Gastritis lösten sich in Wohlgefallen regelmäßig dann auf, wenn ich das Verlagsgebäude verließ. Dann war ich frei, dann verließ ich die verhasste meiner beiden Parallelwelten, dann war ich Ich (oder das, was ich dafür hielt).

Super-Beispiel für diese Zeit ist ein Gig im Herbst '85 in einem besetzten Haus in der Hansastraße in Kiel, wo die Landesschülerpresse auf Felix' Vermittlung hin mit uns ihren Kongressausklang zu beschallen gedachte. Unvergessen die Fliesen im Herren-Pissoir: ein Anarchie-A von mindestens zwei Metern Durchmesser. Da schifft man doch gleich noch mal so gerne ... Edel-Fan Dirk K. legte klug vor Konzertbeginn ein Bocksbeutel-Lager unter der Tribüne an. Leider wurde selbiges vom Hausmeister des Hauses gefunden. Das Resultat: Der Edel-Fan trotzdem besoffen, aber sauer, Hausmeister auch breit (weil strammer Alki), infolgedessen Stromausfall wegen fehlerhafter Verkabelung, bei den Zugaben kommt uns der Bassist abhanden und nach Hause weißichnichmehrwie. Nächsten Morgen in der Abteilung Vertriebsdispostion HörZu:

»Postzeitungsordnung, Postzeitungsgut, Postvertriebsstück kennengelernt. Kopieren/Ablage. Auflagenzahlen der Nielsen-Gebiete verglichen.« (Aus meinem Azubi-Berichtsheft).

Danach auf sechs bis acht Becher Kaffee in die »Enge Weste«, am Flipper abreagieren, dann kurz nach Hause. Büro-Kostümierung aus, Jeans und Trenchcoat an, und Konzerte gucken/Leute besuchen/Kneipe gehen/proben/Rauschmittel konsumieren. Tagaus tagein ging das so, und manchmal sahen meine ratlosen Eltern mich sogar mal zum Aufstehen *und* zum Zubettgehen. Vorbei die Zeit der gesunden Hobbies, wo Sonntagmorgens um neun auf irgendwelchen hügeligen Dorfsportplätzen irgendwelche

Jugendmannschaften gegen ein rundes Leder traten, wo 400 Anzeigenblätter morgens um fünf für pauschal 8,-- DM verteilt wurden, wo das Bläserensemble im Altenheim aufspielte, wo der Konfirmandenunterricht seinen Kirchgang verlangte, oder wo Sperrmüllräder im Wald zu Klump gefahren wurden. Nein, jetzt hieß es, möglichst sieben Tage Rock 'n' Roll zu machen. Dass Eltern da in Sorge kommen, kann ich heute gut nachvollziehen – damals nervte es einfach nur. Zum sechzehnten Geburtstag schenkten sie mir einen eigenen Haustürschlüssel. Ja! Ich brauchte nicht mehr durchs Fenster raus, um heimlich ins »Auenland« nach Sülfeld zu trampen, oder zu was-auch-immer für Live-Schuppen, ich brauchte nicht mehr reumütig-betrunken nachts zu klingeln, wenn die Kellertür mal wieder abgeschlossen war – nein! Ich konnte nun wann und wie auch immer nach Hause kommen, und das war großartig. Ein Ritterschlag für taumelnde Pubertiere: Wir wissen zwar nicht, was du machst, aber mach mal, Du passt schon auf dich auf. So isses bis heute: Ich kann auf mich aufpassen, wenn die Wogen hochschlagen im Leben. Die Variante von Hennings Eltern lautete übrigens:

»Komm nicht so spät nach Hause, und wenn Du kommst, bring Brötchen mit.«

Irgendwie auch charmant.

Ein ganz spezielles Thema bei Bands sind die Aufnahmen der ersten Demo-Tapes. Die allerersten, im Probenraum mit zwei Mikros aufgenommenen, grausam ausgesteuerten Audiocassetten werden vielleicht noch auf irgendeinem Dachboden vor sich hin schlummern. Bei anderen Bands sind sie der zu hütende Gral (FAITE MAIN …), bei uns waren sie die erschreckende Erkenntnis, dass es noch viel zu tun gibt. Unser Trick, an Gigs zu kommen, war wahrscheinlich, eben keine Tonträger zu versenden. So kamen da eben fünf Chaoten, die zumindest viel zahlendes/trinkendes Volk mitbrachten und einen legendären Ruf hatten, da war musikalische Qualität doch eher zweitrangig. Vermutlich haben wir deshalb nie versucht, in der Hamburger Musikszene Fuß zu fassen. Die etablierte Konkurrenz war eben einfach zu gut. Wie auch immer: Der Vater von Sabsi, einer Freundin und Mitschülerin, ermöglichte uns aus einer Laune heraus eines schönen Tages die Aufnahme zweier Songs in einem professionellen Tonstudio. Er fand das gut, dass

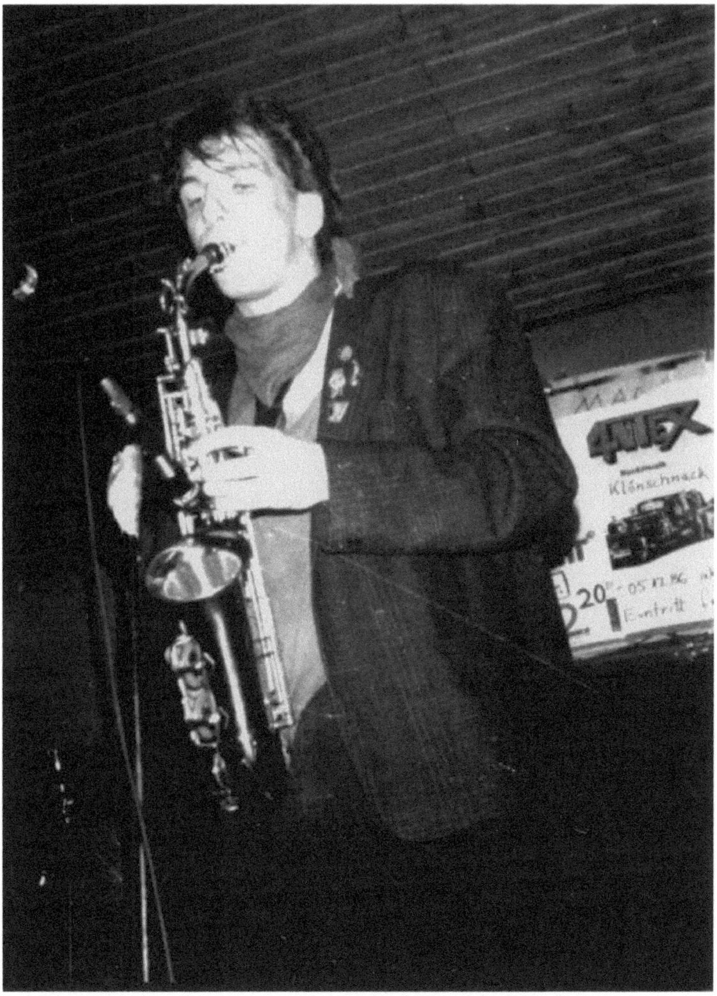

Letzter öffentlicher Auftritt des Saxophons im Klönschnack, bevor reine Sangeskunst in den Fokus rückte. Ganz famos: Die eilig ans Verlagsjackett gehefteten Russen-Orden – ein Stück weit Politrock machten wir schließlich auch ... und das als Lehrling bei Springer!

wir »nicht auf der Straße rumlungern und Bier saufen«, hatte früher selber mal Musik gemacht und besaß zuviel Geld. So kam es, dass wir das »Planet Wave«-Studio in Hamburg-Dehnhaide heimsuchten. Unvergessen für uns, lieber-schnell-vergessen für den Tonmeister, denn mit fünf derart unerfahrenen Stümpern, die erst mal lieber alles besser wussten und von Tuten und Blasen keine Ahnung hatten, war gewiss nicht leicht umzuspringen. Da wir track by track aufnahmen, hatten vier von fünf Jungs stets Zeit, den Superstar raushängen zu lassen, mal mehr, mal weniger. Mindestens zwei davon sahen dem armen Mixer permanent misstrauisch auf die Finger, und am zweiten Tag sogar noch einer mehr, nämlich Sören, unser Haus- und Hofmixer bei den Gigs. Gleichzeitig war der Bassist zu »fickerig« zum Bassstimmen, die »Rockinger«-Bausatzgitarren verstimmten sich gerne mal, der Drummer schleppte und zog an, dass es eine Art hatte, und der Herr Sänger und Saxophonist schliesslich trat an mit einem »Amati«-Altsax-Bausatz (selbst zusammengeschraubt, was für ein Wahnsinn!), das in der Oktave um einen Viertelton verstimmt war (also für geschulte Ohren den Tatbestand der Körperverletzung erfüllte). Außerdem traute der feine Herr Sänger einem künstlichen Schellenkranz nicht über den Weg und bestand auf Live-Einspielung. Der Mann an den Reglern war wirklich nicht zu beneiden, aber wat willze machen? Geld gabs, der Kunde ist König, und so weiter. Er tat, was er konnte, und selbst das nützte nur bedingt: »Das klingt ja wie mit dem Arsch geblasen«, war einer seiner trockenen Kommentare zum Thema Amati, und den Schellenkranz ließ er mich eine halbe Stunde schütteln (mir fiel fast der Arm ab), ehe ein zumindest halbwegs sauberer Take im Kasten war. Die Ergebnisse lauteten »Südafrika« und »Eis«. Das erste wegen der sozialkritischen Politrock-Attitüde, das zweite, weil schlaue Menschen uns sagten, eine Ballade mache sich immer gut. Ja, nee: Heute bin ich da doch schlauer, aber damals waren wir so was von überzeugt davon, dass das unser Durchbruch sei. Die wirklich hörbaren Aufnahmen sind unterm Strich doch die Live-Aufnahmen geblieben, weil der organische Sound viel eher die Essenz dieser Band wiedergeben kann, und weil es viel lustiger ist, nebenbei die Zwischenrufe zu hören und zu raten, wer uns da mal wieder die Aufnahme versaut hat. Vielleicht war ich ein ungehörter Prophet, als ich auf unseren ersten Plakatentwurf »LEBENSECHT – nur live« pinselte. Bestimmt hingegen war der Studio-Aufenthalt für uns alle eine wichtige Erfahrung, was konzentriertes Arbeiten, »Retortenmusik«, warten müssen, Kaffekonsum und technische Möglichkeiten betrifft. Wir waren so stolz!

Das Saxophon kam danach kaum noch zum Einsatz, auch aus Gründen der gekränkten Eitelkeit, und bildete später die Basis meines zweiten oder dritten Autos – Kanne gegen Käfer, ungefähr so war der Deal. Spätestens jetzt war ich Sänger, und sonst nix. Ich hatte außer dem Mikrostativ nichts mehr, an dem ich mich festhalten (oder wohinter ich mich verstecken) konnte. Auf mich sahen die Zuschauer immer zuerst, ich stand vorne am Rand, ohne Wenn und Aber. Schön fand ich das nicht, aber solange das Publikum uns kannte, war es meist angenehm. Vor fremder Meute verkrampfte ich gern und versuchte, dies mit viel zu langen, blödsinnigen Ansagen zwischen den Stücken zu kompensieren.

Nicht immer fand die Meute das unterhaltend. Begnadet tanzen konnte ich auch nicht, und das schöne Wort Bühnenpräsenz gehörte erst Jahre später zu meinem Wortschatz. Wie dem auch sei: Ein Stürmer ist nix ohne seine Hinterleute, und wir fanden in der Regel mit einer geschlossenen Mannschaftsleistung über den Kampf zum Spiel. Ich habe in den folgenden Bands und Projekten immer daran festgehalten: Ein Sänger ist nix ohne Band, aber eine Band braucht nicht immer einen Sänger. Zumindest keinen, der sich und seine Hinterleute wegen Unsicherheit permanent (selbst-)verarscht oder Eigenlob in betont ironischem Unterton feilbietet. Eigentlich ist Sängersein – vorausgesetzt, die Rolle wird richtig interpretiert – sogar ein Privileg: Die ganze Kapelle plackert sich einen ab, aber geguckt wird nur auf diesen einen. Und noch ein Vorteil:

»Als Sänger braucht man bei der Damenwahl nicht zu tanzen!«

So steckte es mir mal ein älterer Herr nach einem Auftritt mit einer Bluesband im Ostfriesischen. RIO REISER behauptete in seiner Biografie »König von Deutschland« ähnliches.

Den Titel »Local Heroes« konnte uns kaum jemand nehmen – außer FAITE MAIN vielleicht, die fast zeitgleich mit uns an den Start gingen, und mit denen wir gut konnten (und können!), und oft

Doppelgigs spiel(t)en. Jens, Kerker und Axel waren in englisch mit No Wave und Losgehrock unterwegs, viel frühe U2, BIG COUNTRY, CHAMELEONS und etwas Punk im heimischen Regal, berüchtigt für schweißtreibende Dreistunden-Gigs, und berühmt für eine ganz spezielle »Band-Chemie«. Der einzige logische Grund für diese drei grundunterschiedlichen Typen, eine Band zu gründen, war eigentlich, dass sie aus Hoisdorf kamen. Auch wenn sie zwischenzeitlich in Lüneburg, Göttingen, Ahrensburg, Bad Oldesloe, Großhansdorf, Bremen oder sonstwo wohnen bzw. gewohnt haben – diese Band gab es immer. Sie wurden ständig besser, ließen sich von niemandem in ihren Stil reinreden und schafften auf rätselhafte Art eine Aura des Besonderen, Speziellen um sich, wo ein Blick oder eine Bemerkung mehr als tausend Worte sagt. FAITE MAIN rocken heute noch in genau demselben Stil kompromisslos ihr »spezielles« Ding runter. LEBENSECHT hingegen hatten diesen langen Atem nicht. Ich lernte, dass aus einer Band auszusteigen bzw. die ungeschönte Wahrheit zu sagen, genauso schmerzhaft und scheiße ist, wie wenn man mit der Freundin oder dem Freund Schluss macht. Kannte ich ja von Jan-Peter schon, aber diesmal war ich betroffen, oder genaugenommen, ich brachte mich selbst in diese Position. Die BAP des Nordens waren wir nicht geworden, kontinuierlich besser auch nicht, Dreistunden-Gigs konnten wir mangels tragfähiger Songs nicht bieten und der Schritt in überregionale Gefilde wäre wahrscheinlich die Stunde der Wahrheit geworden. Zumindest ich fand nach drei Jahren, dass Anspruch und Wirklichkeit immer weiter auseinanderklafften, obwohl ich wahrscheinlich die größte Klappe gehabt hatte über die Jahre. Wir waren keine große Rockband. Wir waren eine lustige Kopie. Deutschrock war nach dem kommerziellen Ausverkauf der NDW out wie nur was – und neue Ideen scheiterten an unserem musikalischen Können. Immer öfter zickten wir uns an, konnte einer wegen anderer wichtiger Sachen nicht zur Probe kommen (gab es was Wichtigeres als die Band?) – Freundin, Kater wegen gestern, Abi, Urlaub, oder, oder, oder. Für meinen Geschmack war rückblickend einfach die Luft raus, und für meinen Geschmack war es der richtigste Zeitpunkt, sich aufzulösen. Denn dass heute, etwa 30 Jahre später, 150 bis 200 gestandenen Mittvierzigern bei »einmaligen« Wiedervereinigungs-Konzerten

Tränen der Sentimentalität kommen und sie im Laufe des Abends auch so entgleisen wie vor 27 Jahren, das ist doch eine ganze Menge – bedenkt man, dass es sich dabei mittlerweile vornehmlich um seriöse Familieneltern oder Single-Karrieristen handelt. Ich glaube, dass ein Weiterbestehen von LEBENSECHT dauerhaft keine derartige Euphorie mehr entfacht hätte, begründet mit musikalisch-kreativen Grenzen, zu verschiedenen Charakteren, und ewigen thematischen Wiederholungen. Anstatt echt zu sein, wären wir irgendwann einfach LEBENSSCHLECHT gewesen – das dann bitte doch nicht. So löste sich eine Legende auf, mit dem fulminanten »offiziellen« Schlusspunkt auf dem 4. »Battle Of The Bands« in Großhansdorf, am 16. Mai 1987: 400 Leute, alle Hits, vereinzelt Tränen, die üblichen Gerüchte von Plattenfirmen-Heinis im Saal (die natürlich stets unbestätigt blieben), Klöße in Hälsen, viel Bier, viel Dope und das war's dann. Im Saal waren auch Typen, die da irgendwie nicht hinpassten – sie waren zu alt. Das waren Bandmusiker einer anderen Generation, die von unseren Konzerten gehört hatten und eben auch davon, das wir uns auflösen. Eine willkommene Gelegenheit, auf »saubere« Art an die fehlenden Musiker zu kommen, die einem gerade fehlen ... und Sänger, gar Frontmänner, gab es nicht viele in unserer Gegend.

Kurzum: Ohne es zu wissen, machte ich Fleischbeschau in eigener Sache. So entstand ein Projekt namens CREME EXTREME, in dem Kumpel Götz und ich Schnulzen im Stil von PUR oder EDO ZANKI schrieben; und eine deutschsprachige Hardrockband, die härteste in Ahrensburg, wollte ihren Bassisten des Leadgesangs entledigen, um einen »druckvollen, eigenständigen Shouter« an Land ziehen zu können. Die Kapelle nannte sich CATHROON HUNTER (angeblich nach einem britischen Bäcker, der Eisenfeilen in Brote backte und sie in den Knast schmuggelte; wenn's nicht wahr ist: zumindest schön ausgedacht!). Ein Berserker am Double-Bass-Drumkit, der einen Amboss vor die Bassdrums stellte, damit seine Tritte »nicht die ganze Kiste verschieben, höhö« – Thomas T., in Kneipenkreisen auch »Treter« genannt. Ein schmächtiger Bassist und Keyboarder, der auch textete und sang – Markus. Und ein rothaariger Lockenkopf mit Kanada-Flagge über seinem doppelten Marshall, der nur »Aus« oder »Laut« kannte – Thomas B. Sie zeigten sich beeindruckt von unserem letzten Auftritt, vor allem von der Publikumsresonanz, und schmierten mir Honig um den Bart, von wegen »der Rest der Band hatte aber Schwierigkeiten, mit deiner Röhre mitzuhalten, Alter. Bei uns passt das bestimmt besser«. Nun denn. Ich erbat mir ein wenig Bedenkzeit, weil »vielleicht« ja schon einmal so ungemein cool gewesen war, aber auch, weil ich LEBENSECHT nicht mal schnell so abhaken konnte. Meine erste Band! Als Quereinsteiger angefangen, als Querulant aufgehört. Bei allem Größenwahn manchmal auch dran gedacht, dass wir auch bloß eine lausige Schülerband sind. Viel übers Diskutieren gelernt, über persönliche Eitelkeiten, über Launen. Das wollte alles erst einmal sacken. Die Local Heroes – war's das wirklich?

Auch wenn nach der Auflösung erst mal frostige Atmosphäre zwischen Schabbi, Henning, Diggi, Till und mir herrschte, war's das eben nicht. Denn diese Band hat nach ihrer Auflösung noch einige Male live richtig fett abgefeiert, aber Jahre später. Nichtsdestotrotz allerdings auch in bewährter Manier: mit Herzblut gerockt, mit Saitenrissen, mit derben Verspielern, mit missglückten Ansagen, mit Wucht und mit Lautstärke. Das wollten sie alle immer von uns, und (zumindest) das ham se auch gekriegt. Auf sicher. Seit dem 20. Geburtstag von FAITE MAIN weiß man, dass auch LEBENSECHT 1. akustisch, 2. im Sitzen (außer Schabbi), 3. in Englisch und 4. mit Notenständer spielen können. Sensationell eigentlich, aber die Revival-Gig-gewöhnten Hardcorefans von einst nahmen es doch eher verwirrt zur Kenntnis und ließen sich bestenfalls darauf ein, ein komplettes Programm op platt zu tolerieren. An besagtem denkwürdigen Band-Geburtstag boten wir nur unseren bayerrischen Gassenhauer »Hopfm Mopfm Un Knödln Nödln« im heimischen Idiom an (»Bregenklötern Un Mors Bepötern«), den Rest in Englisch (»Verraten und verkauft« wurde beispielsweise zu »Left In Misery«). Und da ist er wieder, dieser eigenartige Größenwahn: was TESLA, NIRVANA oder ERIC CLAPTON können, ham wir schon lange drauf … aber soooo schlecht war es nun auch wieder nicht: routiniert dem üblichen Klischee entsprochen, sich wohldosiert gegenseitig und selbst verarscht, und danach einarmiges Reißen und FAITE MAIN huldigen war angesagt.

Selbstbewusst einerseits, mit Magengrummeln andererseits, betrat ich also acht Wochen später den kleinen Proberaum im »Bruno Bröker-Heim«, dem alten städtischen JuZe, in dem Endzwanziger bis Anfangdreißiger infernalisch laut jammten. Kanada-Thomas grinste mich breit an, sein Marshall auch, und meine Haare und Hosenbeine standen beim ersten Akkord nach hinten weg – hier war ich richtig! Fremde Texte zu singen war komisch, aber dank vorher erhaltener Demo-Tapes konnte ich die Songs nicht nur singen, sondern shouten. Es schien Eindruck zu machen, denn die »Alten« schmissen mich nicht nach der ersten Strophe raus. Im Gegenteil:

»Du kannst ruhig noch mehr Gas geben, das war ja schon ganz geil.«

Noch mehr? Scheiße. Ich war doch schon am Limit! Ich gab mehr, so gut es ging. Sie sagten:

»Joooah, das war ja schon ganz gut. Kann man noch was draus machen.«

So behielt ich es bei: Immer volles Brett, brüllen, shouten, raushauen. Meine achtzehnjährige Stimme klang nun nach einer halben Stunde so wie bei LEBENSECHT nach einer ganzen Probe. Am Morgen danach klang sie wie Ende zwanzig – cool. Erwachsene Kneipengänger sprachen mich ehrfürchtig an, ob ich denn jetzt wirklich mit »Treter« in einer Band spielen würde – da müsste ich ja ganz schön hartgesotten sein. Drummer Thomas war wohl nicht umsonst Türsteher in der örtlichen Bums-Disco gewesen (das »Le Disque«, im Volksmund »Schweinekeller« genannt). Im »Kokomo«, dem Ort meiner ersten Tüte, hatte er am Tresen für Ordnung gesorgt, leicht reizbar und bei dummer Anmache nicht zu stoppen. Für mich war er ein Drummer mit viel Wumms und somit kein furchterregender Schläger, und so hart sie auch klangen, sie waren eigentlich nette Jungs.

Nach Demo-Aufnahmen, die qualitativ zwischen Zweispurtape und »Planet Wave« lagen (Basser Markus fuhr mit einem voll ausgestatteten Ü-Wagen vom NDR vor, da war er als Tontechniker beschäftigt) und drei Gigs merkte ich, dass diese Band schon vor einiger Zeit ihre Luft verloren hatte. Schade eigentlich! Beim Jahresfest eines Biker-Clubs zu spielen, das hätte ich mehr als nur einmal mit CATHROON HUNTER haben mögen: Beim ersten

Set flogen die Bierbecher, beim zweiten Set wurde *weder* gebuht *noch* geklatscht *noch* Bier geworfen, und beim dritten Set wurde Party gemacht und das Bier tablettweise auf die Bühne gestellt. So geht's also auch! Mit einer wirklich lauten Kapelle wie dieser steht man so was durch. Wer lauter ist, gewinnt. Dagegen kommt selbst eine Horde Kuttenträger mit Mösenbärten nicht an. Super auch die Geschichte mit dem Stadtfest in Ahrensburg: Der Veranstalter hatte ganz schlau sowohl uns als auch einen Spielmannszug auf derselben Bühne zur selben Zeit gebucht. Die Spielmöpse waren zuerst mit Aufbauen fertig und kriegten den Zuschlag. Der Veranstalter brachte sich in seinem S-Klasse-Mercedes mittels Zentralverriegelung in Sicherheit, während »Treter« von uns festgehalten wurde und seine Frau am Veranstalter-S-Klasse-Fenster anwaltliche Anzeigen wegen Vertragsbruchs androhte. Der flugs und spontan organisierte Auftritt im »Schimmelman«, einem Live-Laden, der nie die Klasse des »Klönschnacks« erreichte, aber immerhin der regen vorstädtischen Nachwuchs-Szene aktiv Rechnung trug, wurde um Mitternacht von den örtlichen Kalkmützen abgebrochen – zu laut, während draußen das Stadtfest weitertobte. Diese juristische Variante des Rock 'n' Roll war mir neu, aber nicht minder interessant.

Musikalisch stagnierte die Truppe, und ich kam mir mittlerweile uncool dabei vor, ein deutschsprachiger Sänger zu sein. Es war Zeit für was ganz anderes, und in diesem Falle kam es in Gestalt der auslaufenden achtziger Jahre um die Ecke: Poprock hieß das Thema, und Englisch war das Mittel meiner Wahl.

Nichtsdestotrotz noch einige letzte Ausläufer deutscher Zunge, nämlich:

Die gefühlten Charts der Jahre 1984–'87:

1.	**TonSteineScherben:** Keine Macht für niemand (die Kommodenbesucher meiner Kindheit mit der Anarcho-Hymne schlechthin! Clever auch: erst auflehnen, dann poppen. Das Stück danach auf der Platte war nämlich »Komm schlaf bei mir« ...: das mit dem Glockenspiel-Solo. Voll romantisch und so).
2.	**Wolf Maahn:** Rosen im Asphalt (dass Deutschrock so funky sein konnte ... und dank Peter Rüchel, der in ihm wohl den deutschen Springsteen sah, war Wolf Maahn der erste Deutschsänger in der »Rockpalast«-Nacht).
3.	**Depeche Mode:** Everything Counts (die ängstliche Mutter meiner damaligen Freundin überredete mich, als Bodyguard mit auf dieses Konzert zu gehen. Vorab war ich dagegen, diese doofe Mädchen-Band zu sehen, danach war Dave Gahan für mich der einzige potenzielle Grund, schwul zu werden. Was für eine Rampensau! Bis heute!).
4.	**Prefab Sprout:** Appetite (nach all den Jahren mit krachiger Revolutionsmusik tat verkopfter Pop mal ganz gut. Toll auch die Triumph Trident auf dem Cover. Allerdings hat Paddy McAloon gar keine Driver's Licence ...).
5.	**Rodgau Monotones:** Bullermann (wurde von LEBENSECHT gern gecovert, und ZZ Top in deutsch funktionierte auf hessisch erstaunlich authentisch).
6.	**The Pogues:** Streams Of Whiskey (das erste Mal, dass ich meinen Bruder besoffener als mich nach Hause kommen sah: Die Pogues hatten das erste Mal Hamburg heimgesucht. »Red Roses For Me« war ein Urknall in Sachen Folk-Punk!).

7.	**Maurenbrecher:** Viel zu schön (die Berliner Posse, die ich damals hörte: Fotos von Jim Rakete, Produktion von Udo Arndt, Menschen der Meinecke-Band oder von Spliff spielten im Hintergrund, Anne Haigis als Gast-Chor ... der Begriff »Name-Dropping« kam mir hier das erste Mal bewusst unter).
8.	**Richard Wester:** Steinbergholz (auch einer aus o.g. Posse, nur eben der Saxophonist. Die Nummer war Pausenfüller im NDR-Fernsehen, und aus der Gegend des Titel-Dorfes stammt der eine Bulle vom »Großstadtrevier«).
9.	**Fury in the Slaughterhouse:** Time To Wonder (zwei Drittel von FAITE MAIN studierten in Lüneburg. Dort handelte man Fury als Geheimtip. Ein halbes Jahr später war die Markthalle ausverkauft, und das zu Recht. Welch eine Live-Band!).
10.	**Van Morrison:** Caravan (irgendwann schlenderte ich über einen Hamburger Flohmarkt und die »Moondance«-LP rutschte versehentlich in meinen gekauften Stapel NDW-Platten. Erst Jahre später wusste ich »Van the Man« richtig einzuordnen).

Wie die Anglizismen über mich kamen

Don't care about what people say
Let them talk
If you're a real McCoy you needn't stop your barricaded ways
Don't care about what people see
Let them talk
If you're an idiot you can't walk without getting wounded knees

(LET THEM TALK: »Let them talk«)

Ich jammte einige Male mit CREME EXTREME: Götz und ich sangen, seine Ex-Bandkollegen von SEVEN UP, nämlich Söni, Bassi und Rainer, machten das Fundament. »Großstadt-Cowboy«, »Was war das bloß für eine Nacht« und »Jetzt erst recht« wurden sogar bei einem Schulfest mal live dargeboten, als Special Guest bei BOSS BARNES. Es wäre meine große Chance gewesen, ein Stück mal so richtig zu singen. Ich habe sie verstreichen lassen, meinem Idealbild der »Rockröhre« zuliebe. Das Niveau der Mitmusiker hätte eine ausgebildete Stimme verdient gehabt. Und nicht nur diese Mitmusiker: Noch viele, viele folgende Projekte, Bands und Sessions hätten einen abwechslungsreicheren, wandlungsfähigeren Sänger verdient gehabt, der sein Heil auch mal jenseits des Lautstärke-Maximums sucht. Leider habe ich meine als Selbstbewusstsein getarnte Faulheit derart kultiviert, dass ich irgendwann tatsächlich daran glaubte, eine »Rockröhre« zu sein. Höre ich heute alte Aufnahmen, leide ich in gewissen Gesangspassagen förmlich mit, wie ich diese berühmten ein bis zwei Töne, die oberhalb meines Stimmumfangs liegen, durch gepresstes Brüllen zu erreichen versuche. Dabei wäre vielleicht eine andere Melodieführung die verträglichere Lösung gewesen, oder einfach das ganze Stück ein bis zwei Töne tiefer (wenn das transponier- und greifbar für Gitarre und Keyboards wäre ...) zu singen, oder Oktavieren nach unten, oder Falsett … Das Handwerkszeug für diese Möglichkeiten hatte ich: Zuhause wurde viel gesungen, mit fünf Jahren sang ich im kirchlichen Kinderchor, ich durchlief diverse Schulchöre, in denen auf gründliche Stimmbildung Wert gelegt wurde, ich sang gern und oft, ich kannte meine Grenzen und Möglichkeiten, der gymnasiale Musikunterricht war fachlich fundiert und die Lehrer waren samt und sonders auf hohem Niveau unterwegs. Aber nein: Chance vertan. Röhren war mein Ideal. Ich Hirsch!

Immer noch ohne neue Band, überredete mich Werner, ein überaus jung gebliebener Gymnasiallehrer des »anderen« Gymnasiums in der Stadt, die von ihm geschriebenen »sozialkritischen« Schlagertexte (in deutsch …) auf seine Kompositionen zu singen. Der Typ hätte knapp mein Vater sein können, und ich fand Geschmack an der Vorstellung, mit Anfang vierzig eine Achtspurmaschine im Keller zu haben, eigene Songs mit Synthie und Gastmuckern ohne Band einzuspielen, und zu hoffen, dass eine Plattenfirma an der Tür klingelt und sagt: »Guten Tag. Wir haben gehört, dass hier die Keimzelle des von uns sehnsüchtig erwarteten sozialkritischen Schlager-Revivals wohnt. Unterschreiben Sie bitte hier.« Werner war unglaublich begeisterungsfähig, wusste genau, was er aus mir an Melodien und Druck herauskitzeln mochte, schwor mich allerdings darauf ein, diese Nummern nicht zu veröffentlichen (vielleicht mangels Mut – dass zu fortgeschrittener Stunde in einer Lübecker Disco nach seinem »Hau mit mir ab« getanzt wurde, stimmte ihn nachdenklich. Meine damalige Freundin wollte meine Stimme mal aus der Konserve hören und belatscherte den DJ). So nutzte ich diese Gelegenheit zumindest dazu, »Studio-Erfahrung« zu sammeln, unter anderen Umständen als im »Planet Wave«. Dies gelang allemal: Es war gewissermaßen mein erster Job als Sänger, ohne eigene Texte, ohne Einfluss auf Musik und Instrumentierung, ohne richtig viel Herzblut. Es war interessant, ohne Band Musik zu machen. So verbrachte ich diverse sonnige Nachmittage in Werners gepflegtem Bungalow-Heizungskeller (meine »Gesangskabine«), während er an seinem Fostex-Achtspur-Pult im Keller-Nebenraum Regie führte. Vereinzelte Gitarrensoli spielte ein gichtkranker Gitarrist ein (kein Witz! Die Passagen klingen noch heute … äh … ungelenk …), und

Werners Euphorie war sagenhaft: Jeder gelungene Take wurde von kurzen Jubelrufen und hochgerissenen Armen kommentiert, was einen nur mitreißen konnte, und beim Bahnhofsgriechen sprang nach getaner Arbeit der ein oder andere Ouzo dabei raus.

Wenig später ergab sich eins meiner kurzlebigsten Musikprojekte ever: Stefan P., Stammgast in der »Bar Centrale«, und Sven A., Zapfwart in derselben Lokalität, planten ein Geburtstagsständchen für eine Disco-Bekanntschaft. Stefan war nur leider Schlagzeuger (bei den HEAVY HOUSEWIFES WAITING FOR THEIR HUSBANDS), was ein Ständchen nur wenig ergiebig, geschweige denn romantisch hätte werden lassen. Der Plan lautete, Chaos mit seinem Saxofon dazuzuholen, Sven (der nicht singen konnte) sollte singen, und das Programm bestand aus »All my love« von LED ZEPPELIN sowie der MUPPETS-Titelmelodie. Als Band-Mobil organisierte Sven eine alte Ente samt Fahrerin Linda, in der (bei offenem Verdeck) tatsächlich vier Menschen, ein Saxofonkoffer, ein Schlagzeug und eine Kiste Bier Platz fanden. So fuhren wir Punkt Mitternacht zum Geburtstag im beschaulichen Dörfchen Meddewade vor, bauten die Schießbude mit einem verliebten und angetrunkenen Stefan vorm Haus der Angebeteten auf und wir rockten extrem schräg unser Programm runter. Im schlafenden Dorf gingen allüberall die Lichter an, nur nicht da, wo wir standen – Madame feierte bei Nachbarn rein. Währenddessen lief die Chauffeurin ihrer Ente hinterher, denn die marode Handbremse war der abschüssigen Dorfstraße nicht gewachsen, und die Nachbarn kamen mit Morgenmantel und Bier raus, denn so was hatte Meddewade nun wirklich noch nicht gesehen: Üppige Städterinnen jagen ihre Autos, Betrunkene machen Musik ohne Schützenkapelle, und das alles in der Woche, fünf Stunden vorm Melken bzw. Schichtwechsel in der Brotfabrik! Soweit ich weiß, wurde trotz des romantischen Ständchens nix aus den beiden. Keine Ahnung warum.

In diesen turbulenten Zeiten bastelten andere Zirkel der Ahrensburger Musikszene an einer Art Supergroup, bei der es menschlich und musikalisch richtig passen sollte. So trafen sich in Hammoor bei Zaunbauer und Dorfbürgermeister Stapelfeld, der seinen ehemaligen Schweinestall zu Proberäumen umgebaut hatte, Ende '87 zum ersten Mal die MARTHA AHLERS ALLSTARS, benannt nach der Besitzerin des Dorfkrugs, wo wir anfangs unser Bier holten. Stoppel E. (SUNSET, CERUMEN EX, JUST FOR MONEY), Dirk S. (HEAVY HOUSEWIFES WAITING FOR THEIR HUSBANDS), Peter T. (SUNSET), Sören (CON BANDA, PASSENGER), Axel (AXEL & CHRISCHIE, PASSENGER, FAITE MAIN) – waren für mich (LEBENSECHT; STORMARN EXPORT, CATHROON HUNTER, CREME EXTREME) genau der musikalische Horizont-Erweiterer, den ich brauchte. Nicht die muffigen BAP oder MONOTONES waren nun die angestrebte Schublade, sondern HUEY LEWIS & THE NEWS, COCK ROBIN, IMMACULATE FOOLS, DEACON BLUE, STING/THE POLICE, PREFAB SPROUT, DEL AMITRI und andere typische 80er-Vertreter der unpeinlichen Art waren unsere Hausnummern. Wir waren ambitioniert auf hohem Niveau, ohne arrogant zu sein, taten uns mit Umbesetzungen schwer, und einige (Peter, Axel, ich) waren in der Lage, mehrere Bands gleichzeitig zu haben, sodass regelmäßig argwöhnisch gecheckt wurde, welche Band gerade Nr. 1 – und welche nicht so wichtig sei.

Axel entschied sich ein Dreivierteljahr später für FAITE MAIN, weil Jens und Kerker ihm die Rock 'n' Roll-Glaubensfrage oder so ähnlich stellten, und weil frauenbedingte Eifersüchteleien im Raum standen. Da hatten wir als Poprocker natürlich schlechte Karten, so gegen den Rock 'n' Roll, und Gitarrist und Sänger zerstritten – nein, das rockte auch nicht, völlig klar. Schade, denn nie wieder danach hatte ich eine solche Zweitstimme, bei der alles »blind« klappte, ohne an den Stimmen großartig zu feilen. Wenn Axel und ich überhaupt an den Gesangssätzen feilten, dann in meinem zitronengelben, 14 Liter schluckenden Käfer 1303, der ursprünglich gemeinsames erstes Auto meiner Schwester und mir war. Nach Unstimmigkeiten wegen des Benzingeldes und der Reparaturkosten gehörte er nun mir allein, und entsprechend hurten meine Kumpels und ich darin herum. Rauchen, Kiffen, Saufen und laut Singen war während der Fahrt nicht nur erwünscht, sondern sogar erbeten! So übten wir also unsere Satzgesänge auf dem Weg zur Probe.

Gemeinsames Abschädeln in der Ahrensburger »Bar-Centrale« oder im altbewährten »Klönschnack«, dem Klassiker der örtlichen Jugendtrinkkultur (mit Live-Bühne), war üblich. Für meine

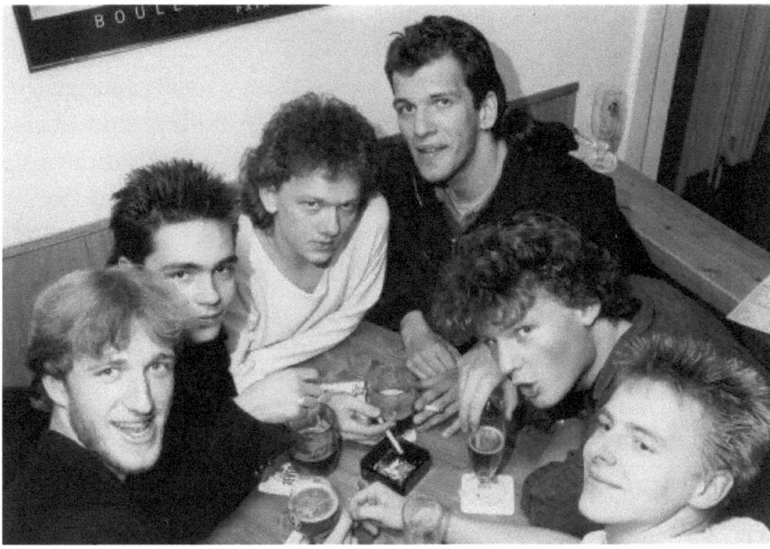

Die vorläufige »Supergroup« Ahrensburgs beim trauten tête-à-tête in der »Bar Centrale«: v.l.n.r. Sören, Dirk K., Axel, der Autor, Dirk S., »Stoppel«

bisherigen Verhältnisse war diese Bandchemie jedenfalls de luxe, was Können, Verständnis und Flexibilität betraf. Peter verließ uns kurz vorher, und LEBENSECHT-Edelfan K. übernahm den Tastenjob. Als neue, gleichberechtigte zweite Stimme eisten wir Uschi, eine ausgebildete Opernsängerin, von der Klassik los, zumindest zeitweise. Zweigeschlechtlicher Gesang mit gefällig-anspruchsvollem Pop verleitete uns erst zur Umbenennung MARTHA D'AMOUR, dann zu BLUE LIFE und schließlich zu SHE SAID HE SAID. Das von mir kultivierte Brüll-Singen verstörte Uschi anfangs ziemlich. Sie versuchte mir, die Zwerchfell-Atmung nahezubringen, und meinte, es habe nur Zweck, wenn es in Fleisch und Blut überginge, wenn man also permanent diese Atemtechnik praktiziere. Beim Singen stellte ich fest, dass es ein Quantensprung war: Lange nicht so anstrengend, geringfügig größerer Tonumfang und weniger Heiserkeit am Tag nach der Probe/dem Gig waren meine Eindrücke. Aber der Alltag! Beim Schwimmen soff ich einmal fast ab, weil mich in der Mitte des Mönchsteichs derbste Seitenstiche ereilten. Das sekündliche Umstellen der Atemtechnik rette mir quasi das Leben. Beim Stout-Saufen kriegte ich Schluckauf, und bisher problemlose Fahrraddistanzen waren plötzlich ein Problem. Tja, so viel Musiker mochte ich denn doch nicht sein: Unbequem im Alltag war nicht so meine Baustelle. In diesem Zusammenhang erinnere ich mich auch an einen von Uschis ersten Gigs mit uns im »Lütt Huus« in HH-Volksdorf, vor dem sie sich auf einem kalten, gekachelten Flur einzusingen gedachte. Sie tat das sehr gewissenhaft, um ihre Opernstimme möglichst schonend auf das Folgende vorzubereiten. Auf die Frage, ob ich mich nicht auch einsänge, antwortete ich schulterzuckend mit »jaaa …«, stellte mich mit dem Gesicht an die Kacheln und brüllte einen langen, lauten Ton, bis die Luft alle war. Dann steckte ich mir eine Selbstgedrehte an, lutschte einen Fishermens Friend und trank einen schwarzen Kaffee. »So sing ich mich normalerweise ein«, behauptete ich, und verschwand. So sieht sie aus, die Schnittstelle zwischen E- und U-Musik!

Währenddessen – Sänger waren ja rar im Kreis Stormarn – hatte sich das halbgare Projekt CREME EXTREME erweitert um Tastenmann Jochen (Ex-MORGENNEBEL bzw. REICHE LEUTE) und Chorsängerin Nina. Wir probten ein halbes Jahr namenlos vor uns hin, schrieben sieben tolle Popsongs mit Funk-, Blues- und Jazz-Einflüssen, und da ich noch arge Schwierigkeiten mit dem Texten in englisch hatte, nahm ich für meine beiden Bands einfach die gleichen Texte. So brauchte ich mir nicht zu oft den Kopf zu zerbrechen, und dass derselbe Text auf grundverschiedene Musiken passen kann, faszinierte mich (vielleicht habe ich unbewusst eine Art analogen Bastard-Pop gemacht, damals). Der Probenraum war im Keller von Götzens Eltern, die wir wie selbstverständlich duzten, Lagebesprechungen fanden in deren Küche statt – und Götz war irgendwann aus der Band, aber nicht aus dem Blickfeld. Der Haushund war ein alter, müder Boxerrüde namens Fausto, der gerne mal aus Langeweile übelriechende Fürze absonderte. Einmal haben wir es zumindest geschafft, rechtzeitig das Gesangs-Mikro an seine Rosette zu halten. Die PA war an. Danach hat er lieber nicht in unserem Beisein gefurzt. Für Aufnahmen war Fausto wohl nicht talentiert genug.

Als uns der erste kreative Hänger ereilte, setzte ich den anderen das Messer auf die Brust: Ja also, BLUE LIFE hätten ja nun Bühnenreife und bald den ersten Gig, und irgendwann müsste ich mich wohl für eine Band entscheiden, und überhaupt – nicht mal einen

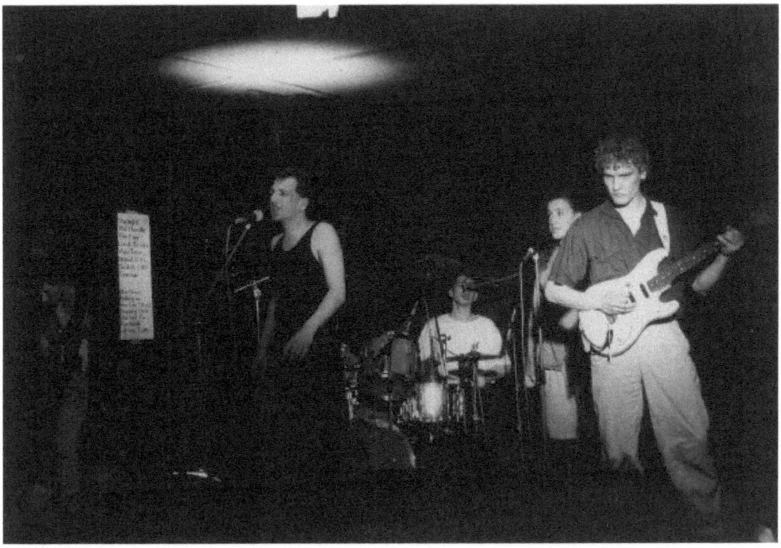

So sieht eine serviceorientierte Band aus: a) Die Setlist hängt für die Zuschauer einsehbar am Bühnenpfosten des Hamburger »Logo«; b) Der Sänger und Autor erhielt von seiner damaligen Liebsten (am Lichtpult) einen Heiligenschein. Nicht im Bild: Jochen, links neben der Setlist Bassi; ansonsten: Söni, Nina, Rainer

Bandnamen hätten wir. Offenbar saß das. Jedenfalls kam Bewegung in die Sache.

Denn: Neben neuen Songs hagelte es massenweise Bandnamen-Vorschläge, und nach elf Monaten Keller und zehn spiel- und vorzeigbaren Songs machte Bassi einen Uni-Streik-Gig vor ca. 2.000 Studierenden im Hamburger Audimax klar. Das war die öffentliche Geburt von LET THEM TALK, ich hatte noch nie vor so vielen Menschen gestanden, und sie applaudierten mit zunehmender Zeit immer lauter! Ein irres Gefühl: 2.000 wildfremde Menschen wollten mehr von der Band, ohne Tonträger, ohne Radio, ohne in Hamburg einen echten Namen zu haben! Für Nina bedeutete das, sich erstmalig nicht in der dritten Reihe eines Chores verstecken zu können, sondern von Kopf bis Fuß sichtbar zu sein. Nach Auftrittsende hatte ihr Pullover ein veritables Loch – vor lauter Nervosität hatte sie selbiges durch permanentes Knubbeln mit ihrer Hand geschaffen. Ich blieb in dieser Band. Da ging noch einiges, dachte ich mir.

Diese Initialzündung hatte noch einen zweiten Vorteil, nämlich die Liste der Bandnamen-Vorschläge, ca. 20 an der Zahl. Ich funktionierte sie einfach zu Songtiteln um und strickte einen thematisch grob passenden Text darunter – fertig waren die LET THEM TALK-Songs, denn aus Rainers Akkord-Wundertüte kamen immer wieder Perlen des Songwritings hervor, die einfach nur noch eine gute Gesangs-Hookline brauchten. Warum wir uns »The Riddle«, »Catching The Fox« oder »Stepping Out« nennen wollten, ist mir allerdings rückblickend schleierhaft. Den Song »Let Them Talk« hingegen finde ich noch heute geil, weil er sehr nach einem Gott namens PAUL WELLER (… also nach THE JAM/STYLE COUNCIL) klingt und irgendwie untypisch war für die Band. Letzter Song, Bandvorstellung. So was mögen Sänger, die nebenbei auch Rampensäue sein wollen.

Ich blieb auch bei der anderen Band. Parallelwelten innerhalb einer Parallelwelt zum Arbeitsalltag, von Sessions in fremden Probenräumen mit anderen Musikern mal ganz zu schweigen. Ich lebte als Rockpop-Sänger das Leben eines Rock 'n' Rollers, verdiente damit nicht die Bohne Geld und war mittlerweile Zivi am Arsch der Welt mit einem wenig vertrauenswürdigen Auto, das, TÜV- und rostbedingt bald durch ein Fahrrad ersetzt wurde. Ich hatte zwar kein Textdefizit mehr, dafür aber zu wenig Geld, ständige Terminprobleme (wegen Job, Proben, Fahrradstrecken, Gigs und Frauen) und vier Stunden Schlaf pro Nacht. Alkohol und Schwarzer Afghane machten, dass das völlig normal für mich schien. So sollte es die nächsten Jahre weitergehen: Nicht wirklich erfolgreich, aber local heroes; keine innere Ruhe, aber ungeheure Selbstdisziplin im Alltag; nach außen gesundes Selbstvertrauen, aber im stillen Zivi-Kämmerlein nagende Selbstzweifel (kann so jemals was aus mir werden?). So arbeitete ich morgens im Gruppendienst und vormittags in der Küche der »Hermann-Jülich-Lebens-und Werkgemeinschaft für Seelenpflege-bedürftige Menschen«, schob nach zweistündiger Mittagspause Gruppendienst im Haupthaus bis acht Uhr abends, ritt mein Torpedo-3-Gang-befeuertes Rad die 20 bzw. 25 km nach Großhansdorf bzw. Hammoor in die Probenräume, trank ein bis zwei Bier zu viel, ritt im dritten Gang nach Hause, baute noch eine Gute-Nacht-Fackel und lag um drei im Bett, um pünktlich um sieben

Uhr Wecken, Waschen, Anziehen, Füttern und Ähnliches zu erledigen, ehe der erste Kaffee mit Grippi, der göttergleichen Hausmannskost-Köchin, dran war. Welch ein Leben!

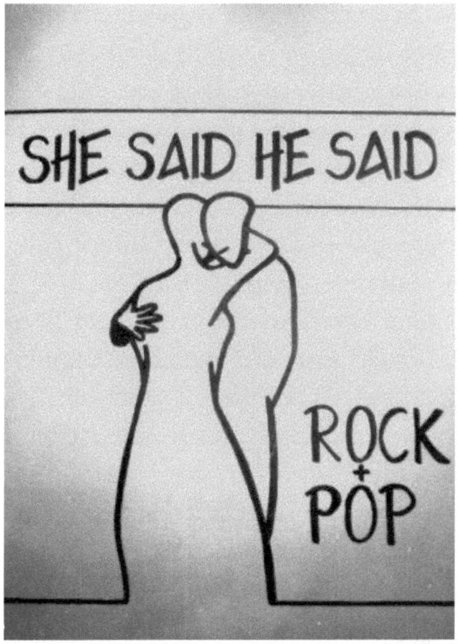

Als Plakate noch per Hand entworfen wurden und Computergrafik was für Außerirdische war: Mein eigentlicher Traumberuf war ja immer Schildermaler, aber so was gibt's ja heute auch gar nicht mehr

Dank umtriebiger Bandmitglieder sowohl bei der Hammoor-Posse als auch bei der Großhansdorf-Gang spielten wir oft, an unglaublich unterschiedlichen Orten: LET THEM TALK spielten beispielsweise nach dem Audimax auf einer Gartenparty in Hamburg-Lokstedt vor ca. 40 Gästen. Ein fragwürdiges Gebilde aus Wohnwagenvorzelt und Partypavillon bildete hier das »Audimax«, und dort mussten Gäste, Büffet und Bühne reinpassen. Logistisch betrachtet kann man dem Veranstalter nur dazu gratulieren, dass ich theoretisch nach jedem Song zu einer Frikadelle oder einer gefüllten Zucchini hätte greifen können, ohne mein Mikrostativ loszulassen, und die Stimmung war auch super. Enge schafft Intimität ..., bis die ordnungshütenden Kalkmützen wegen Anwohner-Beschwerden dem Treiben ein Ende bereiteten, nachdem LET THEM TALK das erste und einzige Mal spontan einen Coversong in deutsch zum Besten gegeben hatten, nämlich »Polizisten« von EXTRABREIT.

SHE SAID HE SAID spielten wenig später im etablierten »Logo« in Hamburg und danach auf dem Treckeranhänger einer Land-WG-Party mit Rockern, Brokdorf-Blockierern, Punks, Pillenschmeißern und Bierkistentrinkern. Dieser Gig auf dem »Franzosenhof« bei Elmshorn wird mir insofern als unvergesslich in Erinnerung bleiben, weil die sich im Laufe des Abends entwickelnde Eigendynamik der Feier in der Vielfalt der vorhandenen Rauschmittel begründet war. Alle BesucherInnen soffen, es gab eine Pillen-Fraktion, eine kiffende Abordnung, die LSD-Gemeinde und Absinth-Trinker. Je später der Abend, desto elektrischer die Luft zwischen den verschiedenen Rausch-Zuständen, und abgesehen vom groben Dosenbier-Humor einiger Kuttenträger mit schrankwandbreiten Schultern, die Salatbar-Diving spielten und dafür von einem Brokdorf-Blockierer auf Speed (1,60 m groß, schmal und strähnig) zum sofortigen Küchenputz verdonnert wurden, kam es zu keinerlei Übergriffen. Dafür rollte ein Valium-Hippie samt Schlafsack in den Gartenteich, eine Auspuffrohr-Purpfeife feierte Premiere, die Absinth-Trinker starteten eine Ameisenpolonäse durch den Garten und machten dabei fleißig »hihihi«, der Strom fiel mehrfach aus, und das alles nach einer Woche Bierprobe in Mainfranken, auf Kosten des Deutschen Paritätischen Wohlfahrtverbands, mit kaum Schlaf: Da ich nämlich vom Zivi-Lehrgang aus Würzburg anreiste, und die örtliche Dorf-Brauerei täglich (!) die gelieferten Kisten auffüllte, hatte ich eine fucking great time in Burgrothenfels hinter mir, u.a. mit Zivis aus Heilbronn und Pforzheim, die dort den Metal- und Hardrock-Acker durchpflügten, mit beeindruckend professionellen Demos. LET THEM TALK verkauften das Logo im zweiten Anlauf fast aus – und muckten zwei Wochen später im »Lütt Huus« vor zwölf zahlenden Zuschauern auf, Oldtime-Jazz-Fans allesamt. Sönis Ansage war super:

»Hambuuuuarg, – wie seid ihr drauf?!?«

Antwort des Wirtes Lüdel, hinterm Tresen:

»Geht so.«

Gäste: Schweigen.

Ein Open Air vor 3.000 Leuten folgte, die Wesseloer Stoppelfete: Ich brach extra meinen Cornwall-Urlaub mit Freundin Berit ab, denn als erster Support von Dreien vor dem Headliner VITESSE zu spielen, das wollte ich mir nicht nehmen lassen – sie waren die Band des Abends bei meinem ersten Open Air als Besucher gewesen, in der Norderstedter Kiesgrube. Dieser Kreis wollte geschlossen sein! Schulfeste in Hamburg mit SSHS, enge Kneipen und weiträumige Vereinsheime mit LTT, wieder mit SSHS in einem JuZe, dann im …, und so weiter, und so weiter. Vielleicht waren es meine intensivsten Jahre, nicht nur wegen der vielen Gefühlswechselbäder vor Publikum oder im Probenraum, in zwei verschiedenen zumal, sondern auch, weil ich viel über Selbstdarstellung, Selbstbewusstsein, meine körperlichen Grenzen und all diese unterbewussten Sachen lernte. Die Bands waren zudem eng verbunden mit Beziehungen, Freundschaften, dem wer-mit-wem-Kram halt. Die bisher unsichere Bühnenpräsenz jedenfalls, die war nun fast schon routiniert.

Was auch noch in diese Zeit fiel, war die Gründung der Ahrensburger Jugendkulturinitiative, kurz und bündig JuKi genannt. Vornehmlich befreundete Bands, denen ständig eine Anlage für Auftritte fehlte, aber auch malende Schreiberlinge wie Saufkumpan Floyd zum Beispiel, oder bildende Künstler jüngeren Alters sollten hier ihr Forum finden. Als Gründungsmotoren fungierten Faite Main-Jens und Joachim M.-T., mein Ex-Chefredakteur der Schülerzeitung. Die Gründungssitzung unterzeichneten außerdem die Rest-FAITE MAINer, Teile von ELORIA NOYESI, EXZESS, CANDY STORE und weitere interessierte FreundInnen und Einzelpersonen. Mittlerweile betreibt die JuKi in Ahrensburg in direkter Bullen-Nachbarschaft (clever gelöst, liebe Stadt!) ein neu gebautes JuZe selbst, mit eigenen Probenräumen, eigener Anlage, Konzertsaal und allem Zipp und Zapp. Als dieses Gebäude eröffnet wurde, empfand ich zwar einen gewissen Stolz, diese Entwicklung mit angeschoben zu haben, aber auch rapide fortschreitendes Alter: In Anbetracht der alten Zeitungsartikel an der Wand (ich faltenlos mit Vokuhila-Frisur) fragte mich ein jetziges Mitglied: »Und was haben Sie auf dieser Veranstaltung verloren?« Peng! Das saß: gesiezt und nicht wiedererkannt … Profitiert habe ich im Übrigen kaum von der JuKi, außer vielleicht insofern: Mit Floyd schrieb ich das erste und einzige Theaterstück meines Lebens, einen Einakter über Menschen an einer Bushaltestelle morgens um fünf. Wir besiegelten zudem – ganz künstlerkonform – dieses Werk mittels Bildertausch. Ich erhielt seinen in Ölkreide gefertigten »Turmspringer«, der seitdem in geschätzten zehn Wohnungen jeweils zentrale Plätze einnahm, und Floyd bekam das stark vergrößerte Foto eines verrosteten Zählwerks einer irischen Tankstellen-Zapfsäule. Floyd organisierte u.a. eine Vernissage seiner Bilder im Schlosskirchensaal, mit musikalischer Untermalung von GET THE HALF. Für jemanden, der eigentlich bei Springer an der Tiefdruck-Rotation stand und seine Freizeit an den Theken der Stadt verbrachte (oder zockend auf dem Kiez oder mit Anzug und Krawattennadel bei Boxkämpfen), war das recht beachtlich. Dass wir die zu verkonsumierende Summe unserer monatlichen Saufabende jeweils um 100 DM erhöhten, ließ uns irgendwann beim Gegenwert eines gebrauchten Kleinwagens (also 700 DM) landen, und um das an einem Abend versaufen zu können, fuhren wir auf die Reeperbahn, weil in den einschlägigen Etablissements Preise und auch Atmosphäre angemessen für derlei Vorhaben waren. Ja, mit Floyd konnte man durchaus Zerstreuung finden, und dabei sehr schön über dieses und jenes philosophieren. Schade nur, dass es meist im Fiasko endete, weil unsere alkoholbedingten Ausfälle einer unterschiedlichen Reihenfolge folgten (Floyd: erst das Sprachzentrum – dann die Beine – zuletzt das Hirn, ich: 1. Hirn, 2. Beine, 3. Sprache …). Missverständnisse, Kontroversen und Wiedervertragen binnen weniger Minuten in unzurechnungsfähigsten Zuständen bildeten meist das Finale furioso.

Zwischendrin ging der Zivildienst zu Ende, ich hatte beschlossen, meine soziale Ader zukünftig dem Verlagswesen vorzuziehen, und weil die Meldefrist für die Heilerzieher-Schule abgelaufen war, verdiente ich mein Geld für zehn Monate wieder bei Springer Urvater, der Mutter aller Verlage. Parallelwelt, here we go again. Wahrscheinlich sind geistig behinderte Menschen manchmal so herrlich schief in die Welt gebaut, wie es in der Welt der »Normalen« nur Künstler und Kreative sein dürfen. Also auch Musiker, und ein solcher war ich. Die Welt der Sozialberufler kommt dem Ich-sein-dürfen da doch wesentlich mehr entgegen als die der Kaufleute. Bis heute, wie ich finde. Vom Zivi zum Anzeigendisponenten: Mein Gehalt vervierfachte sich! Nie wieder war ich so vermögend, oder: Hätte es sein können. Nein, ich lebte immer noch für das Jetzt. Kein Bausparvertrag, kein Fond, kein Aktienpaket, Riestern war noch nicht erfunden. Stattdessen verschliss ich diverse VW Käfer mit hohen Reparaturkosten und vielen Kilometern, doppelte Probenraummiete, Plakatdruckkosten, Porto für Demoversand, auswärts essen, das viele Bier, das bisschen Dope. Ich merkte nicht so richtig, dass der störende Job tagsüber den fiktiven Job abends und am Wochenende finanzierte. Musiker zu sein, Sänger zumal, kostete mich viel Geld. Vielleicht war ich zu ehrlich und zu wenig abgezockt, vielleicht war ich aber auch einfach an diesem Schnittpunkt zur zweiten Berufsausbildung zu feige, um das Angestelltenleben aufzugeben und zu sagen: Jawohl, ich kann singen und Texte schreiben, und davon kann ich leben! Es wäre ein unbequemes Leben gewesen, und das konnte und mochte ich mir nicht so recht vorstellen. Ich lavierte mich also weiter durch das Ende der achtziger Jahre, navigierte mich durch die Untiefen der lokalen Musikszene, und während ich den Profi-Traum versuchte zu leben, bröckelte so ganz langsam und nebenbei die DDR und diverse Beziehungen mit Frauen, die jemand verdient hatten, der weniger leicht reizbar, weniger übernächtigt, flexibler in der Zeitplanung oder eher zu einer Beziehung in der Lage war. Eine intensive Zeit in Parallelwelten, wie schon gesagt … Und weil ich damals so überzeugt von mir war, möchte ich mich an dieser Stelle bei Susanna, Julia, Anne, Jutta D., Berit und Kiki in aller Form entschuldigen für meine übermüdete Selbstgefälligkeit, meine miesen Launen, meinen Dickkopf und all den anderen Scheiß, den ich gemacht oder eben nicht gemacht habe.

In diese Zeit fiel auch meine erste Tour ins Ausland. Unsere Heimatstadt war in einer Art Verschwisterungs-Wahn, und sie streckte die Europa-Tentakeln nach Spanien, Estland, Österreich und der Noch-DDR aus. Anlässlich der Städte-Verschwisterungs-Zeremonien im katalonischen Esplugues, fragte die Bürgervorsteherin ausgerechnet SHE SAID HE SAID-Gitarrero Sören, ob er wohl eine Band, so als Jugendkulturbeitrag, wüsste … tja, wusste er, und organisierte gleich los: Also mit der offiziellen Delegation fliegen, das ginge ja wegen der Frachtkosten für die Instrumente gar nicht. Da sei das Anmieten eines Transporters für Equipment und Band wohl günstiger. Wir würden dann zwei Tage früher los und … die Stadt Ahrensburg sagte bei soviel juvenilem Enthusiasmus ja. Wir liehen uns von Gerd einen bedingt vertrauenserweckenden, aber stilvollen Ford Transit, Mixer/Manager/Roadie Ente, hauptberuflich Zollfachwirtsanwärter, kümmerte sich hochwichtig um die nötigen Grenzübergangs-Formulare, und außerdem machte er unterwegs noch einen Gig in der Zollfachschule in Münster klar. Zwei Gigs in sechs Tagen also, davon ca. drei Tage on the road, mit Hotelbetten, offiziellen Empfängen und dem ganzen Zeugs, wie sich Klein-Tilli immer den großen Rock 'n' Roll-Schwindel vorgestellt hat. Wow!! Und los gings: Sängerin Uschi musste schon nach einer Dreiviertelstunde pinkeln, was unseren Zeitplan bis Esplugues bei Intervall-Beibehaltung immens verschoben hätte, und Ente, der nicht nur Zollfachwirtsanwärter, sondern auch HiFi- und Technik-Freak war, hatte in der Aula der Zöllner tüchtig aufgetischt: 48-Kanal-Mischpult, feinste Boxenturm-Kombinationen, acht Monitore, Podeste – alles! Wir wurden (zumindest von Zollfachwirtsanwärtern in Münster) als das next big thing aus Hamburg gehandelt, und vor uns mochten Zöllner mit ihrer Zollfachwirts-Feierabend-Kapelle ihre BRYAN ADAMS-Cover zum Besten geben. Das Catering fiel mit rheinischem Sauerbraten o.k. aus, Bier gabs genug, und im Zöllner-Internat standen sechs Einzelzimmer mit Frühstück für uns bereit. An diesem Abend lernte ich viel: Zöllner können unglaublich viel Bier trinken, Zöllner kiffen, Zöllner sind gar nicht so trocken-humorlos wie man bei den Kontrollen immer denkt, und Keyboarder sind zerstreute Menschen. Tastenmann Dirk K. warf mich nachts aus meinem Bett und gewährte mir nach eingehender Diskussion huldvoll Asyl in meinem Zimmer – schlicht in der Zimmertür geirrt, der Mann. Die erste Nacht auf Tour verbrachte ich also unter einem Standard-Schreibtisch, eingewickelt in Hotel-Auslegeware, gegen den suffbedingten Schüttelfrost. Und unser Keyboarder lag halt in meinem Bett …

Die Grenzkontrolle in den Pyrenäen erwies sich als Infragestellung des gerade Gelernten: Die dortigen Zöllner waren anhand der Dope-Reste in meinem Personalausweis trocken-humorlos interessiert, nämlich a.) an einer intensiven Personenkontrolle meinerseits, inklusive Darmausgang und Baumwollsocken, b.) am Zerpflücken des gesamten Ford Transits samt Inhalt, und c.) an der Fragestellung, ob solche kaputten Deutschen wie wir überhaupt ins Königreich Spanien einreisen sollten.

Sie fanden nix, wir durften. Da ich der einzige Kiffer in der Band war, fand die Rest-Band das alles nur mäßig witzig. Außer dem Tastenmann, der dank meines Blank-Ziehens seinen imposanten Dosenbier-Vorrat unbehelligt, und somit unverzollt, über die Grenze bekam. Und weiter gings. Das erste Essen auf spanischem

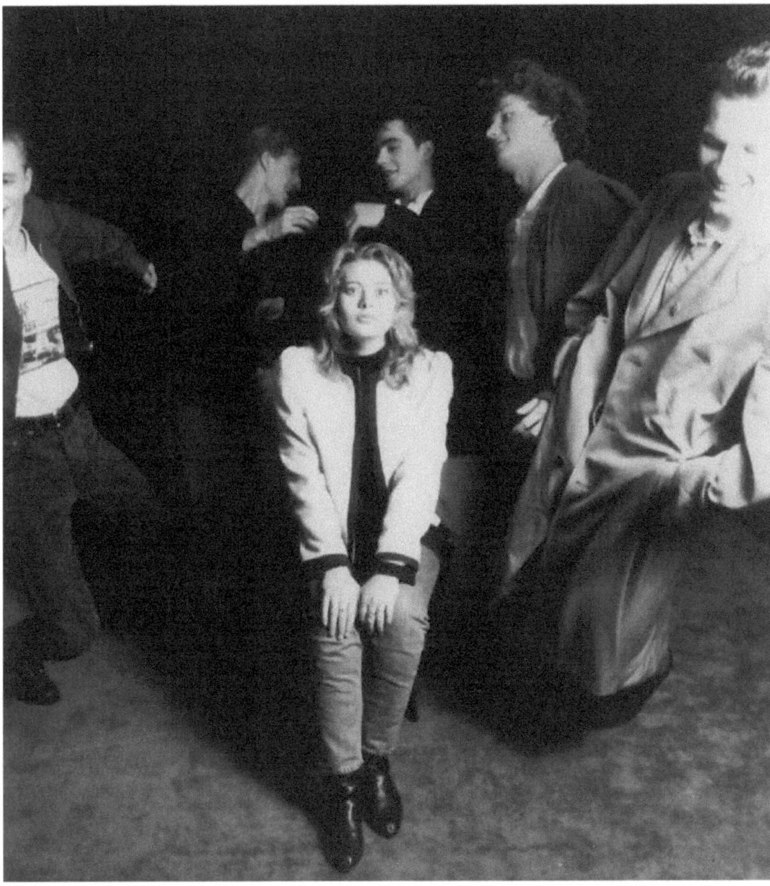

Foto-Session nachts um drei: She Said He Said, auseinanderfallend, außer Uschi – die sitzt

Boden sollte landestypisch sein. Die Wahl fiel auf Paella in einer Truckerkneipe. Der erste Biss war gleich ein Volltreffer: Eine leicht ölige 15er Mutter. Das war eher trucker- als landestypisch, so als Beilage … Der dazu gereichte Vino Tinto ließ uns keine Wahl: Wir zogen Streichhölzer, wer weiterfährt, und mir wurde die Ehre zuteil, einen alten, verrosteten Transit durch Kataloniens schwerste Regenfälle seit 30 Jahren zu steuern. Das überschwemmte Lloret de Mar, das bei Sonne bestimmt schöne Gerona, die zwölfspurigen Einfallstraßen in Barcelona mit der wolkenverhangenen Sagrada-Familia-Kathedrale konnten mich nach 20 Stunden Landstraße, Kaffee, Bier, Rotwein und Grass nur wenig begeistern. Der Empfang im Rathaus-Cafe in Esplugues schon eher: Rotwein und Espresso, und zahnlose Spanier flirteten die überforderte Uschi an. Uns wurde als Unterkunft in Esplugues ein Penthouse im sechsten Stock zugewiesen: viel billiger Marmor, Einfachverglasung, genug Platz für sechs partywütige Jung-Mucker, ein Kühlschrank für Dirks Bier, eine Dusche, kurzum: alles da. Wir verschliefen meist die vormittäglichen Verschwisterungs-Verpflichtungen, um uns dann abends bei irgendwelchen Banketten die Plauze voll zu hauen und Vino Tinto in rauen Mengen einzuatmen. Der Transit schuftete uns in die Sierra, an die Playa und ins barcelonensische Nachtleben. Unser eigentlicher Kulturbeitrag, ein Open-Air-Gig mit einheimischen Mosh-Metallern und einer Folklore-Stocktanzgruppe als Vorprogramm, fiel einem weiteren gigantischen Wolkenbruch zum Opfer. Kurzfristig spielten wir nun in einem Multimediasaal, und der dortige Hausmeister erkannte seine Chance, endlich mal den Videobeamer, die Diashow und die Beleuchtung richtig hochzufahren und auf Herz und Nieren zu prüfen. So wurde es ein frenetischer Abend vor kreischenden SpanierInnen, die vielleicht nicht uns, sondern das Multimedia-Spektakel auf der Leinwand hinter uns bejubelten, aber das war egal. Der Wein machte mich redselig, und mangels Spanisch-Kenntnissen setzte ich auf die fragmentarische Mischung aus Italienisch, Englisch und Französisch, die ich in meinem Zustand für Spanisch hielt, wenn ich die Songs ansagte. Die fragenden Blicke im Saal und auf der Bühne nahm ich nicht wahr. Der Abend endete damit, dass hübsche einheimische Stockfische in unserem Penthouse Nachhilfe in katalanischem Stocktanz gaben, allerdings auch in Spanisch und Catalan, bis morgens um sechs. Haben Keef und Mick jemals so bizarre Spielchen mit Marianne F., Anita P. und Uschi O. getrieben? Jaaa, das war Verschwisterungs-Rock 'n' Roll!!! Bei einem der Bankette verschwisterten Dirk K. und ich uns sogar mit zwei spanischen Alleinunterhaltern, die unsere Suff-Version von THE POLICE's »Every Breath You Take« allerdings in keinster Weise zu dechiffrieren wussten. Vom Weg zurück weiß ich noch, dass ich Lyon-Frankfurt nonstop fuhr und abgelöst wurde, nachdem ich alle vier Autobahnspuren in Frankfurt für mich zu beanspruchen gedachte, wegen der Müdigkeit. SHE SAID HE SAID – EUROPEAN TOUR – I SURVIVED. Dieses T-Shirt wurde leider nie gedruckt.

Keine Frage: Derartige Touren schweißen eine Band entweder zusammen oder sind der Anfang vom Ende. Bei uns galt vorläufig ersteres, untermauert auch durch gruppendynamische Reisen nach Südtirol, in die Wohnung von Sörens Eltern, ohne Instrumente, aber mit Skiern. Erst heute, während ich über damals nachdenke, wird mir klar, wie sehr sich in Schlönz am Dings (eigentlich Völs am Schlern) meine Koordinaten vermischten: Einmal waren wir dort mit Götz (CREME EXTREME/ BOSS BARNES), Bassi (LET THEM TALK), Steffi (Dirk K.-Sympathisantin), Berit (BARNES-Dunstkreis, ELORIA NOYESI, ein halbes Jahr später meine Liebste), Sören und mir (SHE SAID HE SAID). Gipfel war der Kampf um den Titel des »El Perverso« zwischen Götz und mir, der in einem Knödel-Wettessen kulminierte. Ich gewann und fuhr die 14 Stunden nach Hause mit derbsten Magenschmerzen und Faulgas-Alarm. Ein Jahr vorher hatte ich in Schlönz auch Bauchweh: Da galt es, einen One-Night-Stand mit Axels damaliger Freundin gerade zu rücken, der streng genommen keiner war – zu dem Zeitpunkt sang Axel noch bei uns …, aber genau darum ging es wohl: Musiker machen zusammen Urlaub, um mal nicht über Musik zu reden, sondern über den Rest des Lebens. Wie zum Beispiel Liebe, Zukunft, Weltanschauung, Freundschaft, andere Sachen eben als Strophe, Bridge, Refrain, Sustain, Click oder XLR-Stecker. Schöne Idee soweit. FAITE MAIN, also die Dinos, die die LEBENSECHT-Zeiten überlebt haben, machen so was heute noch jährlich, in Dänemark, rituell fast schon. Nun, bei uns reichte es nicht für die Ewigkeit.

Eigenartigerweise bröckelten LET THEM TALK und SHE SAID HE SAID genauso gleichzeitig auseinander, wie sie entstanden waren. Bei Letzteren war Uschi mittlerweile gegangen worden (zu GET THE HALF, Schabbis und Till W.s neuer Band) und durch Charlotte ersetzt, die Dirk K. und Sören vom Konservatorium, wo alle drei studierten, mitgebracht hatten. Lotte brachte die beiden Dirks (an Bass und Tasten) und mich schwer durcheinander: nett, musikalisch *und* attraktiv – das überforderte die jungen Twen-Synapsen. Tastendirks Charme machte schliesslich das Rennen in Sachen näher kennenlernen und so. Dem irrwitzig hohen Stücke-Output tat dies erstaunlicherweise keinen Abbruch, und es klang nicht mehr wie irgendeine Mischung aus Vorbildern; es war eigenes Zeugs. Dieser zufriedenen Feststellung folgte die Idee, Coversongs zu spielen, die dem Band-Stil entsprachen: DEACON BLUE, STING, aber auch eine Rockpop-Version von CROSBY STILLS NASH & YOUNGs »Love The One You're With«. Ähnlich ausgerichtet schien die Strategie bei LET THEM TALK: anderer Poprock zwar, aber hier: eigenes Zeugs only, hoher Output, unverwechselbar.

Kneipen, Live-Clubs, Stadtfeste, irgendwas war immer. Die Bands nutzten sich langsam ab, und ich mich auch. Auch wenn ich keinen Auftritt missen möchte, und auch wenn eine Band wie eine Beziehung zu sechst ist (die ganz intensive Variante!), so war es denn doch mal gut. Nicht zu unterschätzen ist hierbei auch, dass die bisher in diesem Buch kaum erwähnten zweigeschlechtlichen Kreuz-und-Quers zunehmend in die Bands hineinlappten. Dirk K. und Lotte, Stoppel und Dorothee (die in der NDW-Clique aus dem zweiten Kapitel mitgemischt hatte), Nina war eine gute Freundin von Berit, Söni hingegen begehrte mit Iris eine Frau, die auch eng mit Berit befreundet war – oh ja, bei einem so pickepackevollen Mikrokosmos war es denn aber wirklich mal gut. Heute weiß ich, dass manch ein Musiker einiges dafür geben würde, so einen intimen Kreis um sich scharen zu können. Diesen Vorteil des Vertrauens im Haifischbecken habe ich seinerzeit arg unterschätzt. Is' ja egal. Missen möchte ich diese Zeit jedenfalls nicht, wie den ganzen bisherigen

Rest meines bisherigen Lebens auch nicht. Außer vielleicht, mangels ausgefeilter Transportlogistik in einem überladenen VW Golf, die Bass-Drum auf dem Schoss, wehrlos Eifersüchteleien der Freundin am Steuer ausgesetzt zu sein, ohne gestikulierend wie ein italienischer Gockel reagieren zu können.

Auch trotz oder wegen derlei Scharmützeln ging das Leben weiter. Studierende Musiker diplomierten (als Konzert-Gitarrist und -Pianist bzw. Cellovirtuosin/Kulturmanagerin), andere gingen anderen Berufen nach (Geologe/Reiseführer, Historiker, Klärwerksexperte, Gebrauchtwarenhändler, Fischzüchter, Drummer, Grafiker, Barfrau), wieder andere widmeten sich Familie, Kunststudium oder sonst was. Ich fing einen neuen Beruf an (Heilerzieher-Schule) und finanzierte ihn mit einem weiteren (Taxifahrer), und wieder mal war die Luft raus.

Mit SHE SAID HE SAID nahmen wir sogar Demos auf, die zu ernsthaften Vertragsgesprächen mit Verlagen führten. Das erste Mal in meinem Leben befasste ich mich mit der rechtlichen Seite des Musikmachens, denn übers Ohr hauen lassen wollten wir uns nicht. An was man da alles denken muss! Ohne Management kann eine Band schnell zum Nervtöter werden, weil der Verwaltungsaufwand durchaus die Proben- und Auftrittszeit übersteigen kann. Sören, der sich seinerzeit sehr dahinterklemmte, machte das lange noch beruflich (die schärfsten Kritiker der Elche …? Nicht bei Sören: Er mag hart sein in mancher Aussage, aber er ist fair und gerecht. Das ist im Musik-Business nicht selbstverständlich. Mittlerweile ist er des Haifischbeckens allerdings auch überdrüssig und betreibt in Berlin eine Psychotherapie- und Coaching-Praxis). Zudem wurden meine englischen Texte das erste Mal nach drei Jahren von einem Schotten namens Mike Smith gegengelesen (mein Versuch, ihn anhand des Glasgower Telefonbuchs Jahre später aufzusuchen, war bei *dem* Namen zum Scheitern verurteilt, klappte aber durch Zufall doch!), und von uns gemeinsam korrigiert und umgeschrieben, auf Vermittlung unseres Studio-Engineers. Letztendlich scheiterte es an Stoppels erstem Vertrag als Profi, der ihn exklusiv band oder so, auch aber an der Ungewissheit, ob unsere Musik sich überhaupt verkaufen lässt. Gottfried, der Studiobesitzer und Verlagsinhaber in einem war, sah unsere

Musik eher im europäischen als im deutschen Markt, wie er nebenbei erwähnte. Der ist groß, und wir waren klein. Und: War es die Musik, mit der ich wirklich bekannt werden mochte? Damals: ja mit Fragezeichen. Heute: eher nicht.

Auf Stoppels Vermittlung hin ergab sich eine weitere Gelegenheit, im »Bizznizz« Fuß zu fassen. ERLEND KRAUSER, zu der Zeit noch ein deshalb exotischer Jazz-Gitarrist, weil er seine Strat mit Geigenbogen beackerte, suchte Gesang für deutschsprachigen Pop. Ich fuhr hin, sang wie ich eben immer sang, und erlebte eine Überraschung: Da saß mir doch das erste Mal jemand gegenüber, der die Grundharmonien des Songs nach dem Stimmumfang des Sängers ausrichten mochte! Wow! Kein grenzwertiges Brüllen wollte der, sondern lotete geduldig aus, von wo bis wo meine Stimme *entspannt* klang. Zum zweiten Termin kam es nie, ärgerlicherweise. Erst war Ostern, dann hatte ich die Nummer von Erlends Studio verdaddelt und als er denn von sich aus zurückrief, hatte ich Grippe (und keine Stimme). Das war's dann. Schade: Der Song hieß »Kein schöner Land« und hatte einen guten Text, mit einer orientalisch anmutenden Hookline, die mir heute noch manchmal spontan in den Kopf kommt – Ohrwurm. Kann also soooo schlecht nicht gewesen sein. Zuletzt war er Konzertmeister bei der JAMES LAST BAND, in der auch Stoppel trommelte. Chorsänger bei einem der legendärsten Bandleader dieses Planeten, das hätte ich mir via Vitamin B auch gefallen lassen …

Aber nein, meine Mitstreiter und ich verkauften wir uns doch lieber selber, bzw. unsere Seelen, nämlich als Cover-Band. Scheel am Bass blieb, Lotte auch, Sören auch, und Klaas (dr) und Malte (key) kamen neu dazu. Wir nannten uns GET FRUBI, wegen der Frubienzyme, und coverten nur Sachen, die wir gut fanden, machten aber auch Zugeständnisse an die Charts. Das Konzept ging nur bedingt auf, machte aber ungeheuren Spaß und schulte Ohren und Musikverständnis ungemein. Hier versuchte ich zaghaft das erste Mal in einer Band zu *singen*, und nicht zu *shouten*. Ich habe vergessen, ob GET FRUBI jemals wirklich hochoffiziell aufgetreten sind – die Vorbereitungen dazu gab es jedenfalls, indem wir eine Bühnen-Choreografie einübten, Bühnenklamotten aussuchten, Stücke-Übergänge bis zum Erbrechen ausfeilten und Demos und Schreiben

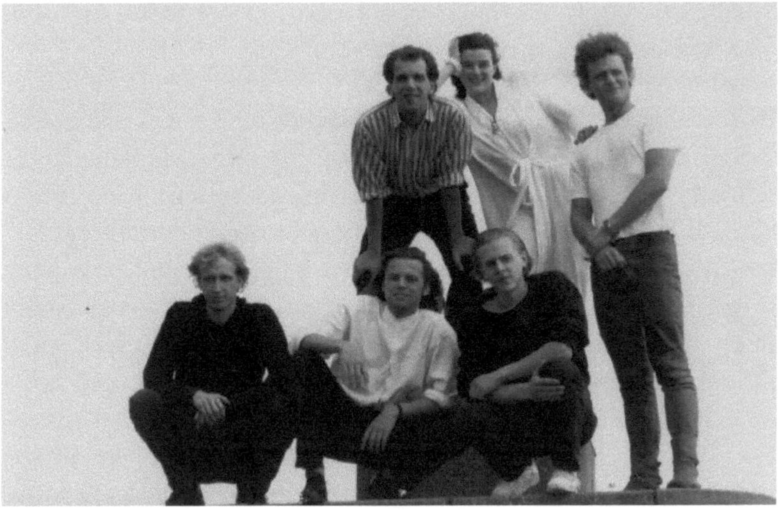

SHE SAID HE SAID minus Dirk K., plus Malte (unten mitte), minus Uschi, plus Charlotte (oben mitte) macht ...: GET FRUBI

ziemlich aufwändig betrieben. Da Tastenmann Malte ein Praktikum in den »Alster-Tonstudios« machte und dort am Wochenende Räume und Termine freischaufelte, nahmen wir dort Demos auf – als Cover-Band! Immerhin kann ich auf diese Weise behaupten, im selben Tonstudio wie die aus der »Kommode« aufgenommen zu haben. PANTHER und TON STEINE SCHERBEN. Kreise schließen sich ...

Wenige Monate später hatte es sich ausgecovert. Stoppel hatte inzwischen Klaas ersetzt, Malte und er wandten sich mit Janni, dem BOSS BARNES-Sänger und Probenraum-Mitnutzer bei LET THEM TALK, neuen Band-Ideen zu, die weitreichende Folgen haben sollten (SELIG, PLEWKA BAND, ZINOBA, TEMPEAU, RIO REISER REVUE). Sören war Teil eines Goethe-Institut-Projekts mit deutscher Musikkultur, das kurz vorm Start gecancelt wurde, und verschwand in den Tiefen des Regensburger Raumes (als städtischer Gitarrenlehrer/Musical-Gitarrist), Lotte schaffte am Konservatorium als Cello-Pädagogin, Dirk S. widmete sich verschärft seinen Flohmarkt-Deals, aber auch dem Studium der Biochemie. Ich war tagsüber Schüler der Heilerziehungspflege, nachts

Taxifahrer und dazwischen gab es plötzlich Zeitfenster. Zeit zum Luftholen.

LET THEM TALK gaben ihren Abschieds-Auftritt in der Kieler »Traumfabrik«, die für uns wirklich eine war. Dicke Gage, Rumpsteak satt mit leckerer Beilage als Catering, ein praller Kühlschrank backstage, vor dem Auftritt ins hauseigene Kino, First-Class-Bühne, nette Crew. Das Publikum tat was es konnte, um diesem Abend die nötige Würde zu geben. Es ging gut mit, es mochte Zugaben erklatschen, es tanzte zu – Achtung Unwort! – »tanzbarem Pop«. Tasten-Jochens Frau zeigte zu fortgeschrittener Zeit sogar ihre Möpse hinter der Bühne, warum auch immer. Es war ein würdiges letztes Mal. Bei SHE SAID HE SAID verlässt mich mein Sieb-Gedächtnis in punkto letzter Gig. Ich vermute, dass es im »Logo« war, mittelmäßig voll, relativ unspektakulär. Vielleicht lags ja an der optimalen Ausschöpfung der persönlichen und musikalischen Ressourcen, dass diese beiden Multi-Beziehungen sich »sauber« trennten. Egal: Nun hatte ich zu viel Zeit zum Nachdenken.

Und schon ist es wieder Zeit für:

Die gefühlten Charts der Jahre 1987–'90:

1.	**Del Amitri:** Nothing Ever Happens (Hymne der Endachtziger! Kein Lagerfeuer am Großensee, kein dreistimmiger Satzgesang zum Autoradio, keine Akustik-Session ohne diese Nummer).
2.	**Joe Jackson:** Big World (klarer Fall von Frauen-beeinflusstem Musik-Entdecken: Danke, Berit, dass Du mir Joe Jackson nahegelegt hast).
3.	**The Godfathers:** Birth, School, Work, Death (zu beachten ist der klar strukturierte Titel dieser fünf Herren aus England, der basis-soziologisch beschreibt, worum es im Leben wirklich geht. Drei Telecaster für ein Hallelujah: So mag ich das!).

4.	**Graham Parker:** Three Martini Lunch (würde ich ohne Götz nicht kennen. Ich nahm Mr. Parker als meinen persönlichen amerikanischen Billy-Bragg-Gegenentwurf wohlwollend zur Kenntnis, obwohl dieser Vergleich hanebüchen ist).
5.	**The Waterboys:** Rags (die Überband, die unglaubliche Konzerte spielte, und die neben den Pogues, den Cranberries, den Chieftains, U2, den Undertones und Van »The Man« Morrison »mein« Irland vertonten).
6.	**The Nits:** In the dutch mountains (Frauen-beeinflusstes Musikentdecken, Teil 2: Danke Anne, dass dies meine Aufwärmmusik nach einer Stunde Fahrradfahren im Winter war, oft und gern ...).
7.	**Immaculate Fools:** Sad (kamen meiner Vorstellung, wie die fiktive Traumband klingen solle, verdammt nah. Achtelbass, Melancholie, Melodie ... Und wer behauptet, das Wetter in England sei fein? Ich habe alle ihre Platten ...).
8.	**Rainbirds:** Blueprint (großartige Platte einer großartigen Band, dachte ich. Dann begann man zu munkeln, das sei denn doch nur eine Retorten-Band, wo Studio-Gitarrrist Peter Weihe ne Menge eingespielt habe. Egal: geiler Song).
9.	**John Hiatt:** Slow turning (Vorprogramm für die Immaculate Fools in der Freiheit 36 in Hamburg, und es war um mich geschehen. So eine Slide-guitar hatte ich noch nie gehört! Super Songwriter, stellte meine Britrock-Neigungen arg in Frage).
10.	**Deacon Blue:** Fergus Sings The Blues (SHE SAID HE SAID/ LET THEM TALK orientierten sich beim Line-Up klar an diesen famosen Schotten, vielleicht aber auch an z.B. Cock Robin. Jaja, so klangen sie, die späten Achtziger. Seeeeufz!).

Wie ich zum Bremer Stadtmusikanten wurde

Crazy human tracks/ See them floating slow
Accidents of love late begin to grow
Standing at the top/ Watching down on you
Tower's breaking down/ Nightmare's coming true

Times seem to get hard/ I'm your naked fool
Burn up all my clothes/ Call me private tool
See no helping hand/ Build our tracks alone
Try to milk some blood/ Out of heavy stones

That's been the power of your youth
You can't seek the one and only truth

(JUMP THAT WOOD: »The Power Of Your Youth«)

Wahrscheinlich kann solche Texte nur schreiben, wer seit ca. einem Jahr als rastloser Single durch die Gegend geistert und seine schwarzen Gedanken mit schwarzem Kaffee und Schwarzem Afghanen zu kompensieren versucht, gelegentlich elegant aufgelockert durch Schwarzbier. Mit dem heulenden Motorengeräusch eines 1200er Käfers (nein, nicht schwarz, sondern taubenblau) lacht der Sarkast in mir auf und murmelt: »Eigentlich ziemlich abgeklärt und positiv formuliert, diese persönliche Einschätzung des neuen Jahrzehnts.« (Noch was ganz Schwarzes: Das wiedervereinigte Deutschland wurde mit einem unberechtigten Schwalben-Elfmeter Weltmeister in dem Jahr, von dem hier die Rede ist!).

Ich erinnere mich, dass dieser Text während eines stürmischen Atlantikregens Anfang August am Fuße des Ben Gorms (Killary Harbour, Co. Mayo, Ireland, *man*!) in meinem von innen und außen beschlagenen, zum Einmann-Caravan umgebauten

Sechs-Volt-Käfer entstand, umgeben von Hunderten Mücken, die sich in den Heizungsschlitzen des Autos verschanzt hatten. Für welche nächste Band auch immer, und unter welchen Umständen auch immer: Ich brauchte neue Texte. Schreiben, wo ich englisch denke, träume und rede. Englische Texte … Und das alles endlich mal für mehr als zwei oder drei Wochen, also richtig lange. Es wurde unterm Strich ein knappes halbes Jahr draus. Langte.

Bevor ich dorthin geriet, genaugenommen im Mai des Weltmeisterjahres, ergab sich aus einer Session mit Thomi (ehemals Drummer bei THE WORK), Bernie (die graue Gitarren-Eminenz in der Gegend, u.a. vorher bei FRAGILE, HAMBURG BLUES BAND, ABI WALLENSTEIN) und Heiko R., einem der beiden verrückten MAYA-Bassisten, eine neue Band. Die Drei bildeten die Backing-Band für – Werner, der nun statt mir seine Schwägerin singen ließ (Netti war übrigens genauso wie Schwester Eva, Werners Frau, heißeste Anwärterin auf den Titel der ewigen Miss Stormarn), in Englisch. Sozialkritischen Schlager gibts in Englisch nicht, vielleicht darum, als Tarnung. Da dies sehr nach einer feindlichen Übernahme seiner Band durch mich aussah, grüßte Werner mich eine Weile ziemlich knapp, wenn ich den Bahnhofs-Griechen betrat, wie »Rigani«, das Sammelbecken der sozialdemokratischen und künstlerischen Kreise unserer kleinen Stadt, im Volksmund genannt wurde.

Sei's drum. Ich spielte nun noch eine Liga höher. Thomi und Bernie hatte ich jeweils mit ihren Bands im legendären »Auenland« in Sülfeld angehimmelt, und für Bernie war es das erste Mal als federführender Bandleader. Er hatte genaue Vorstellungen von Arrangement, Musiktyp, Klangfarbe und Songwriting. Er war ein Genie, dem wir manchmal nur mit Mühe folgen konnten. Zudem besaß er ein ausschweifendes Instrumentarium, und zwar nicht nur edelste Gitarren (nur die Originale, keine Nachbauten!), sondern auch Amps und E-Piano und Orgel und Rhodes und und und. Seine Vision sah auch einen Keyboarder der dezenten Art vor, der musiktheoretisch mithalten konnte. Es konnte nur Dirk K. sein, der angehende Konzertpianist, der Rockpop- und Band-bewandert war. Und Heiko war der erste Bassist in meinem Musikerleben gewesen, der kokste (damals in der Campehalle aufm Festival). Bassisten waren normalerweise die Ruhe selbst und hatten den Aktionsradius eines Bierdeckels, Highco nicht. Die ersten drei Stücke in dieser Bandzusammensetzung also waren »Looks Like You«, »I Count A Second« und »I«. Allesamt auch heute noch zeitlos schön und jederzeit veröffentlichbar. Das für mich Besondere an dieser Kapelle war, dass ich nicht nur wie üblich das Küken war, sondern (solange Dirk K. noch nicht am Start war) zehn Jahre jünger als der Rest. So stellte sich heraus, dass der Freundeskreis der drei »Alten« sich u.a. auch aus Bewohnern der legendären Vogelsang-Kommune rekrutierte, und natürlich sog ich Erzählungen darüber auf, wie die erste Zigarette nach dem Wochentaschengeld. Wochen später erst outete ich mich als eines der nervenden Nachbar-Blagen von damals, und erntete ungläubiges Staunen. So jung konnte ich unmöglich sein! Bei *den* Falten und *der* verlebten Stimme! Na, danke. Wobei: Ich glaube, es als Kompliment aufgefasst zu haben. Da außer Bernie und Dirk K. alle Probenraum-Nutzer kifften, und da dieser Probenraum in Tremsbüttel nicht nur einen Kühlschrank, sondern auch eine gemütliche Sitzecke besaß, salbaderten wir oft mehr, als uns intensiv ums Stückeschreiben zu kümmern. Ich lernte viel über den Glashausbau (Thomi jobbte in diesem Bereich, später in Sachen antike Möbel und Oldtimer-Armaturen, noch später als Musical-Beleuchter und -Tontechniker), Bernie kannte alle optischen Filmpannen der letzten 60 Jahre und wusste in spannender Manier von der Ersatzteiljagd für original »Vox AC30«-Verstärker-Teile zu berichten, und Highco war Fitness-Guru, Versicherungsfachmann und Bass-Beschallungs-Autodidakt mit gelegentlichen Praxisvorführungen seiner neuesten Boxen-Dämm-Ideen. Ich lernte wirklich viel in dieser Band, und der Altersunterschied machte, dass ich es für Lebenserfahrung hielt, wenn die Fraktion Ü30 den roten Faden verlor im Gespräch und dies mit ausschweifenden Themenerweiterungen überspielte. Da ich auch gern laberte und mich musikalisch weiterentwickeln mochte, war ich genau richtig in Tremsbüttel. Als wir eines Abends mal wieder schwadronierten, diesmal über die derbsten Mutproben unserer Jugend und über mögliche Bandnamen, erzählte ich davon, wie wir früher auf Tannenspitzen geklettert waren und sie so lange zum Schaukeln brachten, bis man zur Spitze des Nachbarbaumes wechseln konnte. Ins Englische adaptiert ergab das JUMP THAT WOOD, und die Doppeldeutigkeit darin konnte doch auch bedeuten, dass man auf den Brettern, die die Welt bedeuten, herumspringt und so. Tja, liebeR LeserIn, so kommen also weitestgehend sinnfreie Bandnamen zustande …

Tremsbüttel war nicht nur JUMP THAT WOOD. Die eingangs bereits erwähnten Sessions fanden in wechselnden Besetzungen statt, immer dabei waren eigentlich nur Thomi und Mike. Letzterer war ein Querdenker allererster Güte – anstrengend, aber liebenswert in seiner Verschrobenheit. Je nachdem, wie ihm die jeweilige Session gefiel, schien er sie als Session zu titulieren oder eben (wenn's denn nach seinen Vorstellungen lief) als »Projekt«, das »ja schon ganz gute Momente hatte und noch verfeinert werden könnte«. War die Session gut, hießen wir MILES TOMORROW, wenn nicht, waren wir eben eine Jam-Session. Es gab auch ein vorheriges Mike-Projekt namens X-MAS, davor die SESSION GROUP (ach nee …) und dort beteiligte Musiker taten manchmal auch mit, in Tremsbüttel: Reini, Carsten, Gregor (WG-Mitglied Vogelsang …), aber dann und wann auch Uwe, der eigentlich Tonmann beim »Cats«-Musical in Hamburg war. Uwe war der Chef von Timo (Highcos Bruder), der wiederum unseren Raum mit nutzte, als »gelernter« Bassist und gelegentlicher Schlagzeuger (… und Ex-Probenraum-Nachbar in Hammoor).

Eine Bauchentscheidung war auch, mit Mike ein Folk-Duo zu machen. Neben der Bandtätigkeit entwickelte sich in der WG von Thomi, Mike und Conny in den dortigen Dachgemächern ein recht regelmäßiges Afghanen-Rauchen mit anschließenden Sessions (mit Gitarre, Klarinette und zweistimmigem Gesang). Bisweilen waren auch Gastmusiker zugegen: Mikes Kumpel aus Indien-Zeiten, Ricky aus San Francisco, spielt z.B. auf einer mir vorliegenden Aufnahme Percussion auf Schokoladenpapier, während Miky nur zwei Gitarrenseiten benutzt und ich einen Text über zahnlose irische Stout-Trinker wispere. Viele skurrile Sachen sind unter den Songs, aber auch viele bündige und ausgereifte heimliche Hits. Leider fand Mike sie zu keinem Zeitpunkt fertig, sondern immer veränderbar und ausbaufähig. Für mich war dieses Projekt, THE FLOTTWELL CAMPAIGN (benannt nach seiner Oma, die im von meiner Mutter geleiteten Altenheim-Chor sang) eine logische Konsequenz des ersten Irlandaufenthalts. Intensive Fingerübungen mit Folk, und außerdem mal unplugged, was damals, Anfang der 90er, schwer in Mode kam. Für mich war es lehrreich, für Mike hingegen war es eine willkommene Gelegenheit, alte Session-Themen in noch wieder einem anderen Licht zu betrachten.

Mit Uwe, Timo und Highco nahm ich später jeweils noch im Rahmen ihrer jeweiligen Soloprojekte einzelne Songs auf – »Projekte«, denen einfach noch eine Stimme fehlte, und die war denn eben ich. Doch dazu später. Überhaupt »Cats«: Thomi diente sich dort später vom Lichtmann über Uwes Ton-Abteilung zum 2nd-Cast-Drummer hoch, Dirk K. übernahm dort zeitweilig Keyboard-Jobs, Mikes Schwester Sabine war in der Kostümabteilung, eine meiner Jugendlieben aus Ahrensburg, Ingrid, war dort Garderobiere, und Highco durfte auf keiner Backstage-Party fehlen, weil er auf durchtrainierte, gutgebaute und gutaussehende Frauen stand, und davon gibt's im Musical reichlich (Tänzerinnen!).

Aber zurück zu den Sessions: Für mich war es befreiend, einfach das Textbuch mit den unerledigten Fällen aufzuschlagen und nach Herzenslust herumzuprobieren, welche Strophe zu welcher Musik passt. Ich komponierte ja nicht, ich textete ja nur. Wurde mir das nach einer Zeit zu blöd, kramte ich meine gute alte Klarinette hervor oder eine Okarina oder meine tin whistles, um der Session eine neue Farbe zu geben – anything goes, dachte ich. Viel später erst wurde mir klar, was für einen Status ich da eigentlich hatte als Sänger. Bei den meisten Sessions herrscht nämlich endloses Gitarrengegniedel vor, jeder darf mal solieren, man verharrt halbe Stunden lang auf einem netten Akkord, lässt kleine Ideen groß ausufern, und bricht irgendwann mit einem Neil-Young-würdigen Schluss ab, weil die fragenden Blicke die musikalischen Ideen übertünchen. Ist aber ein Sänger dabei, der zudem seine Texte schön brav in Strophe/Bridge/Chorus unterteilt, kriegt eine Session ratzfatz Struktur, wenn nicht sogar eine Art Konzept. Da wurde Klein-Chaos also gern zu den alten Herren gebeten, akzeptiert wegen seines Selbstbewusstseins, und von vielen gebeten, doch die zuhause zusammengeschraubten Playbacks vielleicht mal zu besingen. So gingen mir langsam die Texte aus, und neu schreiben auf englisch funktioniert in heimischen Gefilden nicht so richtig. Die SHE SAID HE SAID- und LET

THEM TALK-B-Ware war alle, JUMP THAT WOOD-Songs gab es dank Bernies Output reichlich, MILES TOMORROW erforderte einen umfangreichen Fundus zum Ausprobieren, die Nebenbei-Projekte von Timo, Highco, Uwe und Session-Gitarrist Wolle … – ich musste schreiben!!!!!

Derweil verdiente ich mein Geld als Anzeigendisponent für die Hamburg-Ausgabe der »Bild«-Zeitung und beschloss, Heilerziehungspfleger zu werden. Vielbeschäftigter Sänger zu sein ist nämlich eine Sache, davon zu leben eine andere. Bei Axel Cäsar Springer verdiente ich gut, aber ich war einfach kein Büro- und Kaufmannstyp. Too much Magengeschwür, baby! Für die Heilerzieherausbildung fehlten noch einige Monate Berufspraxis. Ich buchte ein freiwilliges Praktikum genau da, wo ich sowieso schon immer mal hin wollte, nämlich Irland. Ich praktizierte in einem ehemaligen Mönchskloster am Fuße der Wicklow Mountains und betreute dort eine Gartenkolonne mit *mentally handicapped people*, um die Fertigstellung des Jonathan Swift Memorial Parks voranzubringen. Seit langem mal wieder hieß ich Till und nicht Chaos. Ironischerweise verließ Freundin Berit drei Tage nach meiner Ankunft die grüne Insel, ohne dass wir uns gesehen hatten – sie war mit ihrem Musik-Leistungskurs in Sachen Abi-Reise in den Wicklow Mountains unterwegs, ich wurde umgehend nach meiner Ankunft beim Hospitality Order Of St. John Of God eingearbeitet … Till also. Funny joke, that: Im Dorfpub hieß ich schnell mit Nachnamen Tomorrow (vielleicht auch, weil ich täglich wieder kam?), stellte ich mich irgendwo vor, kam meist zur Antwort:

»'til what?«,

und ein Patient aus der Gartenkolonne mit entzückender Glasbausteinbrille zuckelte Stunde um Stunde dicht hinter mir her und murmelte fortwährend:

»Tilly and Tully, Tully and Tilly. Tillytully! Tully and Tilly, Tilly and Tully. Funny, that. Tilly. Tully. Tilly and Tully. Tully and Tilly.« (Drei Jahre später mietete ich ein Cottage an der Westküste, in einem Dorf namens Tully. Tilly and Tully come together. Funny, that, too.)

Ich lernte, dass beim ersten Regentropfen jeder unter freiem Himmel arbeitende Ire reflexartig, aber auch gelassen, die nächstbeste Teekochgelegenheit mit Dach, Ofen und scones aufsucht, um gelassen irgendwas wie: »It's just a passing shower, don't you worry. It can pass for minutes or for weeks« zu murmeln. Oder: »In Ireland, it rains only once a year – but constantly.«

Ich lernte, wie man in Stadt und Land Polizeistunden umgeht, wie man mit Linkslenkung schnittig links fährt, dass ein einziges Paar durchlöcherte Cowboyboots bei aller Coolness einfach zu wenig ist für diese klimatischen Bedingungen, und ich fühlte mich mit all dem verdammt wohl. Ich dachte viel über mich nach, und ich schrieb Texte in Irland, einen ganzen langen Sommer lang, in Celbridge, Co. Kildare, wohnte im rauen North District von Dublin und urlaubte mich anschließend die liebe lange Westküste runter, von Mizen Head bis Baltimore. Das Textbuch füllte sich wie von selbst, da ich englisch dachte, redete und träumte, ich lernte viel über traditional celtic folk, eignete mir flugs etwas Grundwissen auf der tin whistle an, und ich stürzte mich in eine ganz andere Art von Sessions: Allabendlich, in einem der Singing Pubs. Allerdings war ich nun nicht gefragt und außergewöhnlich, sondern ein kleines, unerfahrenes Licht, das quasi nichts konnte. Ein wahres Highlight war da wirklich, in Crolly, Co. Donegal, in »Leos Tavern« den »Hamborger Veermaster« und »Dat du mien Leevsten büst« zum Besten zu geben, begleitet von Leo am Akkordeon. Er heißt übrigens Brennan mit Nachnamen, und hat Teile von CLANNAD, aber auch ENYA in die Welt gesetzt. Die goldenen Platten wurden von den Kindern stets brav in Papas Pub abgegeben, zum Wände tapezieren, und bei Gott: Die Wände funkelten! Schön war auch in »Hughes Pub« in Spiddal, Co. Galway, die Session am Kaminfeuer: Ich hörte schnell auf mitzuspielen, da ich weder Tempo noch Melodien zu folgen vermochte. Ungefähr acht Pints später ahnte ich warum.

Man fragte, woher ich käme – »Hamburg«, antwortete ich.

»Barry, wie hieß nochmnal dieser kleine Club, in dem wir in Hamburg gespielt haben? Irgendwas mit Hafen … jaaa: Docks! Kennst Du den Laden?«

Ich kannte ihn – da gehen ca. 1.000 Leute rein, und ein Club ist für mich denn doch einige Nummern kleiner … Tja: Ich saß in Spiddal mit Teilen der CHIEFTAINS, der WATERBOYS und von DE DANNAN, und da muss man vielleicht nicht folgen können.

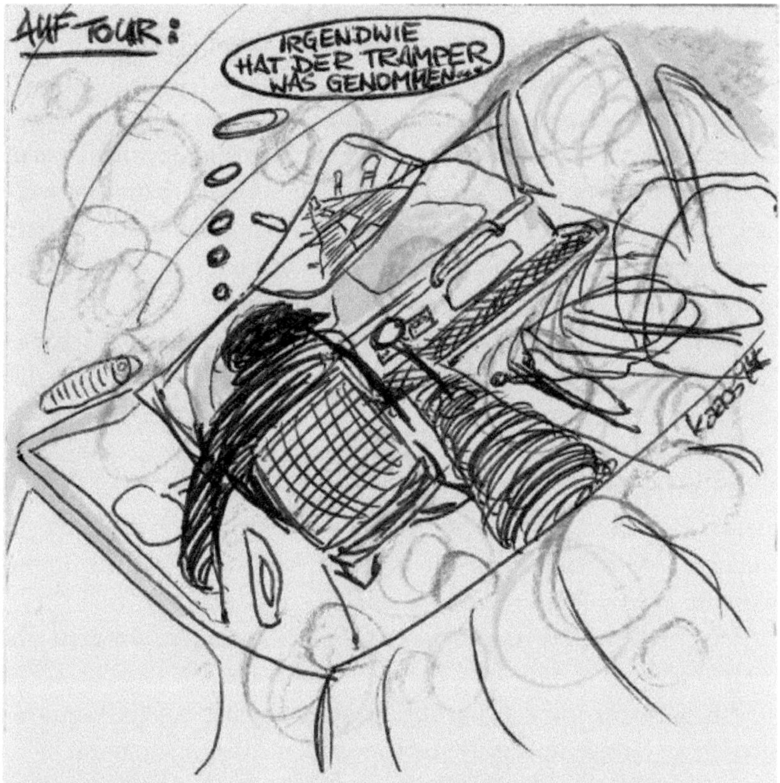

Auch Karikaturen entstanden in Irland, nachdem ich in der Nähe von Westport lernen durfte, dass nicht nur Guinness und Whiskey berauschen können – in der grünen Weite wachsen lecker Pilze …

Die Herren hatten zwei Feldwege weiter, am Rand des Dorfes, ihre Holiday Cottages stehen. In den folgenden Jahren bin ich oft zum Texte-Schreiben auf die grüne Insel zurückgekehrt, manchmal auch nach Schottland, aber nicht mehr zum Session machen. Das überlasse ich lieber Leuten, die es wirklich können, und davon gibt es in Irland genug. Um in den unzähligen local pubs anerkannt zu werden, musste man mehr als nur labern und salbadern – man musste was können, und das am besten sehr gut. Davon, und das war eine schmerzhafte Irland-Erfahrung, war ich meilenweit weg.

Als ich in einem Dorf unweit von Sligo mal kundtat, ich sei Sänger, wurde ich zum Stout trinken zitiert. Ich sollte die Sänger der Ortschaft kennenlernen.

Ich trank, und als erster stand ein runzliger, alter, zahnloser Mann auf. Die anwesenden Gäste verstummten, und ohne Instrumental-Begleitung gab er eine gälische Ballade zum Besten, die an Intensität, Melancholie, Spannung und Ausdruckskraft nichts zu wünschen übrig ließ.

Ich trank weiter, nun nicht mehr um zu trinken, sondern um nachzudenken.

Als nächstes stand ein grobschrotiger Farmer auf (in Gummistiefeln im Pub, kein Witz!) und toppte den Alten noch, mit seinem strahlenden Bariton, der ein Befreiungskämpfer-Lied in die rauchgeschwängerte Luft schleuderte, 14 Meilen von der inner-irischen Grenze entfernt, und nahezu alle im Saal stimmten wie auf Kommando in die letzte Strophe ein, auf gälisch, klar.

Ich vergoss Tränen der Rührung (wann, verdammt, hatte ich vorher zuletzt geweint?!) und trank weiter, um zu vergessen (… dass ich mich als »Sänger« bezeichnet hatte).

Wer auch immer folgte – es waren samt und sonders local heroes, die vom gebotenen Niveau her mindestens europaweit hätten bekannt sein müssen.

Ich trank weiter, um gesellig zu sein, und um darum zu ersuchen, lieber auf meinen Sangesbeitrag zu verzichten.

Dem wurde nach freundlicher und schwerzüngiger Diskussion nicht stattgegeben: Also warf ich eine schwerzüngige, extrem balladeske und bestenfalls zweistrophige Version von »Die Gedanken sind frei« in den Saal, recht wacklig und verunsichert. Meine unbeholfene Lobhudelei für den Rest des Abends wurde schließlich in trauter Runde mit Whiskey (beziehungsweise noch später mit Poitín) ertränkt.

Nie wieder habe ich mich auf der grünen Insel danach als »Singer« bezeichnet. Nicht wegen Feigheit, nicht wegen gekränkter Eitelkeit. Aus Respekt.

Passing the sea I see millions of colours
A few kinds of grey floating through acid waves
Someone tore clouds, now they're looking like black sheep
Falling apart into a fisherman's grave

I am cruising through my sea of minds
Feeling seasick for a while
Hope I don't sail circles all the time
I feel seasick for a while

Now there's a seamaid, she's looking unusual
Cutted her hair but the tail is alright
She's hunting a whale but it's already married
Watching that game 'til they get out of sight

Smoking another one, seems to be good dope
Now there are hills I saw never before
It is a craze to sail on in the mountains
So I turn 'round and sail back to the shore

(JUMP THAT WOOD: »Seasick«)

Mein Sechs-Volt-Käfer trug mich langsam und zuverlässig durch diese Zeit, und er hatte kein Radio. Wer nämlich vergisst, in einem Sechs-Volt-Gefährt das Radio beim Aussteigen auszumachen, der hat später das zweifelhafte Vergnügen, 785 kg Leergewicht anzuschieben, reinzuspringen, zweiten Gang rein, Kupplung kommen lassen, und hoffentlich .... brrrt – brrrt – brrr ... Vrooooommmmm! Kein Radio also. Viel Zeit ohne Musik, außer im Kopf vielleicht. Tat guuut. Das taubenblaue Schmuckstück schipperte mit mir auf den riesigen Fähren, über die Irische See und die Nordsee, in meinen eigentlichen Mikrokosmos zurück. Seekrank wurde ich nicht – dagegen hilft Stout. So hatte ich es nun gelernt, und bis Hamburg würde ich wohl schon wieder nüchtern werden. Keine leichte Umstellung, nach fünfeinhalb Monaten mit um die sieben Pints täglich. Kein Folk, sondern Song-orientierter Rock. Keine unscheinbaren Cracks, sondern die altbekannten Schnacker und Freunde. Kein gutdotierter Job mehr, sondern eine Schule, die Geld kostete. War es meine nüchterne Einschätzung der Lage, oder war es mein Anfang vom Ende als Musiker, dass ich nicht meine Stimme als Geldquelle nutzte, um die Schule und das restliche Leben zu finanzieren, sondern stattdessen einen Taxi-Schein machte? Ich hatte eine Band mit durchweg überdurchschnittlich guten Musikern, ich hatte diverse Nebenprojekte in Aussicht, ich hatte einen Namen in der Gegend (weil Sänger rar gesät waren), und anstatt Risiko zu gehen, fuhr ich Taxi! Auf den ersten Blick war auch das Rock 'n' Roll – Lederjacke, on the road again, Tagesrhythmus nicht vorhanden, ungesunde Ernährung, viel Rauchen, aber die Musik kam nicht von einem selbst, sondern aus dem Dudelsender im Radio. Es war eine richtungsweisende Entscheidung. Eine Entscheidung, die der Kopf gegen den Bauch gewann. Seitdem habe ich oft den Bauch entscheiden lassen, um zu retten, was von mir noch zu retten ist. Hat aber auch nicht immer geklappt, allein schon, wenn ich an die Patchwork-Familie denke …

Meine Textbücher waren ja nun wieder prall gefüllt, ich konnte also wieder verschwenderisch mit neuen Songs um mich schmeißen, und ich tat es. Bei Mike und auch in Tremsbüttel. Unplugged war das intensiv und leise, und plugged war das edel und laut. Spaß machte beides, und trotz Taxi und Schule mochte ich nix der beiden Sachen aufgeben. Da war doch mal was? Zwei Bands gleichzeitig? Ja schon, nur diesmal hatte ich quasi zwei Jobs parallel dazu: Taxi und Schule.

Jedenfalls knüpfte ich nahtlos an die Zivi-Zeiten an, in denen ich mit vier Stunden Schlaf täglich auskam. Diesmal sah der Alltagsplan folgendermaßen aus: Aufstehen um sechs, Mitschülerin abholen (Fahrgemeinschaft: halbes Benzingeld …), mit sechs Volt und neunzig Sachen auf der A1 nach Lübeck in die Schule, um halb zwei zurück, Schularbeiten, Telefonate, Unmengen Kaffee, um vier in die Droschke, um zwei Uhr nachts ins Bett (freitags und samstags um sechs, wegen der längeren Kneipen- und Disco-Öffnungszeiten), und wenn keine Droschke, dann Probenraum, und manchmal auch während der Schicht kurz mit der Droschke zur Probe. Ich sah nicht gesund aus in dieser Zeit, und ich war es auch nicht. Ich kiffte aber auch genug, um so ein Leben normal zu finden. Vom Koks ließ ich schnell wieder die Finger, so von wegen wach bleiben und so, im Gegensatz zu manch Droschken-Kollegen. Koffein-Pillen brachte ich mal aus Irland mit, aber die Wirkung machte mich so zappelig, dass ich bei Liverpool an einer roten Ampel vier Autos ineinander schob. Blieb nur schwarzer Tee mit tüchtig Zucker, der diesen Irrsinn erträglich machte. Außerdem baute ich mir kleine Fluchten ins JUMP THAT WOOD-Programm ein: Meine mitgebrachten Tin Whistles kamen bei drei Songs zu Ehren (»Seasick«, »All My Favourites«, »Fall«), und in den Texten drehte es sich oft um Begebenheiten an der Küste von Connemara oder dem Donegal. So konnte ich aktiv träumen, ohne zu schlafen. Highco widmete sich einige Monate später intensiv weiteren Schallforschungen an seinen Amps und Boxen, da Teile der Band doch mehr auf musikalische Flexibilität als auf einen wall of sound setzen mochten. Als Ersatz heuerten wir zunächst Dirk S. an, und als sein Studium der Biochemie Vorrang bekam, ersetzte ihn wiederum Bassi. So war das mit den Mucker-Netzwerken: Einfach die alten Seilschaften rauskramen, und der Rest passiert denn. Bloß keine blöden Auditions, wo keine der beiden beteiligten Seiten sich wirklich wohl fühlt. Es war angenehm: Die berühmten zwischenmenschlichen Differenzen waren rein musikalischer Natur in dieser Band, viele Auftritte gabs auch nicht, und während wir so vor uns hin dümpelten, schrieben wir richtig tolle, zeitlose Songs. Sicherlich hätte mehr daraus werden können, aber die entscheidende Entschuldigung, dass es eben nicht so kam, lautet: Alle Beteiligten waren keine jugendlichen Hallodris mehr, sondern mussten sehen, dass sie ihren Arsch an die Wand kriegen. Da bleibt nicht viel Zeit zum Berühmtwerden, wenn die ersten unehelichen Kinder kommen, Häuser gekauft werden, das Geologen-Examen vor der Tür steht, Piano-Diplome und Staatliche Heilerziehungspfleger-Anerkennungen abgeräumt werden.

Musik als Hobby. War es real jemals mehr? – nein. Fiktiv war es ALLES. Und zwar seit TRUCK STOP auf dem Anhänger bei der Aral-Tankstelle. Für mich …

Dass Bernie und ich uns kennenlernten (über Götz), war eigentlich ein Missverständnis. Eines Abends beim Bahnhofsgriechen tauschten wir uns über das Wirken und Schaffen von PETE TOWNSHEND aus, den wir beide sehr verehrten. Nur: Bernie meinte das geniale Album mit RONNIE LANE aus den Siebzigern, ich hingegen den großen Wurf »White City« aus den Achtzigern. Genauso aneinander vorbei redeten wir in Sachen ROGER DALTREY. Das Solo-Debüt von '73 stand gegen »After The Fire« von '85 – eigentlich ein Wunder, dass wir trotzdem einen musikalischen Draht fanden. Vielleicht hieß er ja THE WHO, obwohl wir mitnichten derartigen Stoff spielten. Nein, wirklich nicht, denn Bernie pflegte eher den wohlfeilen Stil eines ERIC CLAPTON oder ROBERT CRAY, während Thomi auf KING CRIMSON schwor und PETER GABRIEL auffällig oft erwähnte. Highco wollte schlicht sound, und zwar den dicksten, Dirk K. verehrte KEITH JARRETT (seine »Köln Concerts« spielte er schon 17-jährig besoffen auf Parties an, wenn ein Klavier greifbar war), und Bassi war wahrscheinlich der uneheliche Sohn von MARK KING (LEVEL 42). So, und darum verweigere ich wegen Befangenheit auch die Aussage, wenn man mich fragt, was für Musik wir denn nun machten, basta. Auch als Hobby-Band kann man ja durchaus seinen Stil pflegen und sich in keine der ach-so-verhassten Schubladen stecken lassen. Es war irgendwas mit Blues, Sixties- und Seventies-Anleihen und Rock. Wir spielten das, genau so, ganz stilvoll.

Um den Schein der Professionalität zu wahren, unternahm ich einige Verrenkungen. Zu Gigs in Hamburg fuhr ich bisweilen während der Taxi-Schichten, indem ich Kollegen ihre Funk-Touren (in die Nähe des Auftrittsortes) gegen kleines Geld abkaufte, weil ich sonst zu viele Leerkilometer hätte abrechnen müssen. Raus aus der Droschke, rauf auf die Bühne, nach der letzten Zugabe kurz noch die Ansage gemacht, dass Richtung Ahrensburg in einer halben Stunde noch ein Taxi frei vor der Tür warten würde, viel Kaffee, und günstigstenfalls mit Konzertbesuchern die schnelle Mark machen, indem der Sänger plötzlich wieder der Taxifahrer war.

Oder die Heilerzieher-Schule: Mein Platz in der Klasse war direkt an der Kaffeemaschine, weil ich so den Unterricht nicht durch ständiges Kaffeeholen störte und außerdem wach blieb, um dem Unterricht zu folgen. Oder ausgeschlagene Gig-Angebote: »Ja nöö, für unter 500 Eier treten wir nicht an« – man will ja einen gewissen Status haben. So blieb es bei privaten Veranstaltungen oder (in namhaften Clubs in Hamburg) bei 60 DM Reingewinn nach Abzug aller Unkosten, was für eins von drei Autos Benzingeld bedeutete. Wir dümpelten also schein-professionell vor uns hin, mein Leben dümpelte ebenfalls unentschlossen zwischen Taxi, Behindertenbetreuung und Probenraum hin und her, und mein Arsch war nicht wirklich an der Wand. Ich war so unentschlossen, dass ich nach erfolgreicher Heilerzieherausbildung eben nicht ins Behinderten-Business einstieg, sondern – yeees, Sir: nur noch Taxi fuhr, und zwar ein geschlagenes Jahr lang.

Ohne Schule blieb Zeit für anderes. Timo R. als »Cats«-Mixer und ich als Nachtschicht-Fahrer hatten quasi dieselben Arbeitszeiten, so dass wir vormittags seine (zuhause und in Tremsbüttel erstellten) Homerecording-Playbacks mit Gesängen versehen konnten. Für ihn ein Versuchsfeld jenseits des Operettenhaus-Alltags, und für mich die Gelegenheit, mich als Sänger weiterzuentwickeln. Fetteste Mixe voller treibender Beats mit opulenten Keyboard-Teppichen, frechen Bratgitarren-Samples, eingespielt von Bombi (Ex-WHAT'S SO FUNNY ABOUT BROTHERLESS), und dick aufgeblasenen Bässen waren nicht das Schlechteste, und Timo ließ mir alle Freiheiten, auf dieser Luxus-Welle passende Melodien zurecht zu surfen. Schlussendlich engineerte den Endmix Jan, der (wie sich so nebenbei herausstellte) früher mit Timo den Nachbarprobenraum von SHE SAID HE SAID hatte – die Welt ist ein Dorf! Jan mixte u.a. auch HOWARD CARPENDALE und NINO DE ANGELO, was nix heißen will. Die machen auch bloß Musik, nur eben nicht meine. Auf der Suche nach knackigen Chören für diese Aufnahmen gab es für mich nur eine Stimme, die geeignet schien: Charlotte. Auch hier griff das Netzwerk also …

Der große Timo-Bruder Highco mochte nun nicht zurückstehen, und erstellte Playbacks von seinen Lieblings-Bassthemen, und ob ich denn dafür auch eine Idee … Ich hatte, natürlich. Zwar waren das »nur« Achtspur-Aufnahmen (der »Lütte« brezelte mit 24er Pult auf), aber ich hatte die Möglichkeit, die Songstruktur meinem Text entsprechend zu gestalten. Eine Woche vor Weihnachten waren wir fertig, und – scheiß drauf! – ans Ende des letzten Stückes packten wir eine zarte Weihnachtsmelodie, weil ich da Bock drauf hatte. Highco machte das … Kaum waren diese drei Songs eingesungen, kam Session-Gitarrist Wolle aus der Kurve: Er hätte da auch noch so Gitarren-Ideen, und ob ich … ja. Auch achtspurig, wieder was ganz anderes: Da gab ein unauffälliger Sessiongitarrist seiner Strat mal so richtig die Sporen, allerdings in der Rolle des soften Rockers. Ich griff beim Chorus tief in meine Ideenkiste mit den Hymnen-Melodien, und auch Wolle war zufrieden. So sang ich und sang ich, aber nur für irgendwelche Privatarchive, deren Besitzer »da irgendwann noch mal was draus machen« wollten. Auch Uwe fragte an, und auch Uwe wurde bedient, allerdings erst, als ich schon aus dem Kreis Stormarn weggezogen war. Sparte einige Kilometer, denn Uwe wohnte in der Nordheide. Er hatte in diesem völlig anderen Dunstkreis zwei Bands laufen: die sogenannte »Haus-Band« und DOC DEE'S DYNAMITE. Das Dunstkreis-Prinzip war dasselbe in Heidenau/Wüstenhöfen/Tostedt: Man kennt viele Mucker, puzzelt mit deren Hilfe, Mischpult und Bandmaschine und ohne Zeitdruck und Stress zuhause vor sich hin, und irgendwann, wenn man des ewigen Endmixens überdrüssig ist, sagt man »Fertig. Und was mach ich jetzt damit?« und veröffentliche es nicht. Trotzdem cool: Weil Uwe den Gesangssound im Wohnzimmer der Wohnung seines Bruders besser fand, legte er das Multichor von seiner Butze die Treppe runter ins Erdgeschoss, ließ mich dort die Takes seiner drei Songs einsingen, und dann fiel ihm ein, dass es oben ja trockener klinge, da könne er besser die Raumeffekte seines Pults einsetzen. Also alles zurück …, auf der Suche nach dem Hall der Zukunft. An seinem Geburtstag war Bruders Wohnung dann voller Boxen und Musikinstrumente und Amps, und die beiden Bands und andere Gäste feierten bei stetig wechselnder Session-Beschallung vor sich hin … lustig, das. Und einmal mehr zeigte sich, wie grenzüberschreitend Musik doch sein kann – und sei es über die Distanz vom Kreis Stormarn in den Kreis Winsen/Luhe, die Distanz von Rockpop zum Fusion-Jazzrock, die Distanz von Käferfahrer zu Mercedes-Eigner, von

Berufsschullehrer über Tonmeister zum Heilerzieher, vom Kiffer zum Biertrinker. Mein Ruf als Session-Sänger eilte mir mittlerweile schon voraus, und an diesem Abend scattete ich nicht nur das erste Mal, sondern erhielt zum Abschluss zwei vollreife Tomatenstauden und zwei Handvoll frisch geerntetes Grass, ohne Nennung weiterer Gründe. Bargeldlose Gage vielleicht. Sehr nett, jedenfalls.

Everyone is crazy more or less in fact
I think not disabled ones are handicapped
Think of it again and again and again
Before your show has already ran

Believe in what you want to do
Get ready down to your big toe
Show your skills, what you can do

Show, show, show!

Hear a politician speak and you bark rant & rave
Chatting up much, but there's no essence to take
Listen to the braggers in your local pub
With half of day-dreaming they'd be ordinary workers

(UWE & CHAOS: »ShowShowShow«)

Komischer Text. Aber sehr typisch für mich zu der Zeit: Meine relevanten Themen Behinderte, Politikverdrossenheit, irisch Saufen und Bühnenleben in einen Text gequetscht, scheißegal. Viele Projekte erfordern viele Texte. Und: Auf englisch gesungen interessiert das sowieso keine Sau. Auf deutsch, jaaaa, da ist die Musik nebenrangig, da wollen sie alle nach dem Gig über Inhalte diskutieren, aber jetzt konnte ich meinen spinnerten Kopfinhalt mal so richtig ausmisten. Und dass da Vokabeln und Grammatik nicht immer passten, interessierte seit Mike Smith auch niemanden mehr. Bei allen meinen englischsprachigen Bands schien mir die Musik wichtiger als der Textinhalt, und ich baute mir lustige kleine Geschichten zusammen und reagierte verstört, wenn mal jemand fragte, was ich

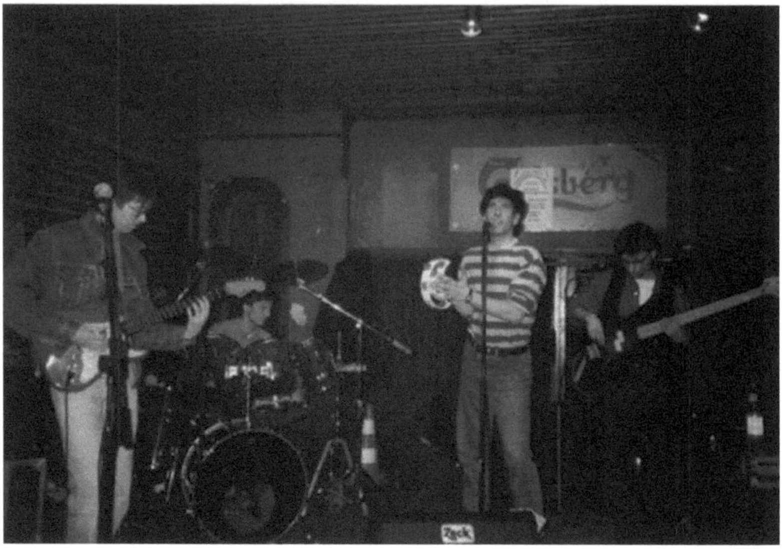

JUMP THAT WOOD während der letzten »Klönschnack«-Woche vor dem Abriss: v.l.n.r. Berni, Thomi, ein damals recht bekannter Ahrensburger Taxifahrer, Bassi; rechts aus dem Bild gefallen (aus Platzgründen, dem E-Piano und dem ganzen anderen Keyboarder-Geraffel geschuldet): Dirk K.

da eigentlich singe. Meine Mitmucker taten das nicht, außer Bernie, der auch als erster auf die Idee kam, erst Text und dann Musik zu schreiben. Vorher suchte ich immer den passenden Text aus meinem Fundus zur fertig komponierten Begleitung. Die Gretchenfrage, was zuerst da war, Huhn oder Ei, lautet also eigentlich: Was war zuerst da, Musik oder Text? – Für mich ganz klar: Musik. Also weiter im Text …

Das Tremsbütteler Probenraum-Konglomerat machte auch, dass ich Jörg und Uschi S., Freunde von Highco und Timo, kennenlernte. Daraus ergab sich eine langjährige Studio-Zusammenarbeit bei den beiden zuhause, ironischerweise just als ich meine Zelte in Stormarn abbrach und nach Bremen zog. Dadurch brauchten wir für die erste von zwei CDs satte fünf Jahre Produktionszeit, beziehungsweise Jörg brauchte, denn ich flog ja nur vierteljährlich ein, um jeweils ein bis zwei Songs einzusingen. Die Hoffnung, mit Sounds a la SANTANA und etwas Westcoast die schweigende Mehrheit jenseits der

Vierzig zu erreichen, erfüllte sich nicht, da Jörg offenbar die ganze Zeit glaubte, die Plattenfirmen kämen bei ihm zuhause vorbei, um Masterbänder gegen viel Geld zu tauschen, und das wär's dann. Vielleicht saß er einfach schon zu lange zu Hause, um das Tempo im aktuellen Musikbusiness gehen zu können, vielleicht ist man mit Ende vierzig aber auch zu schlapp, um aus der »Früher-war-alles-besser«-Haltung rauszukommen. Interessante Zusammenarbeit jedenfalls: Ich lernte viel über Geduld, sauberes Aufnehmen, richtige Abstände beim Einsingen zum Mikro, genaues Hinhören beim Abhören der Gesangstakes, veränderte Wahrnehmung durch Dope (und die verheerenden Folgen beim provisorischen Mix einen Tag später), und ich lernte, dass ich mich aus diesem Projekt viel früher als geschehen hätte verabschieden müssen, um freier atmen zu können.

In diesen Zeitraum fiel auch die Beerdigungsfeier des »Klönschnacks«, Ahrensburgs letzter und einziger Live-Kneipe. Dieses alte Bauernhaus, das seit über 100 Jahren schon Gaststätte war, davon die letzten ca. fünfzehn Jahre Fassbierkneipe mit legendärer Speisekarte (Croque Madame, Croque Monsieur, Salami-Flute, Schinken-Flute, Hirtensalat, Nizza-Salat, Toast Hawaii und nichts davon war eine schlechte Wahl!) und reichlich schweißtreibenden Konzerten, sollte einem Büroneubau weichen. Eine Woche lang jeden Tag Live-Mucke, bevor die Abrissbirne kam, viele Stammgäste nahmen sich dafür eine Woche Urlaub oder waren halt nur bedingt arbeitsfähig, und es war weit mehr als bloß eine Kneipenschließung. Hier ging ein dickes Stück Jugendkultur über den Ahrensburger Jordan, und für viele auch ein Stück Identität. Was dieser Beerdigungswoche sehr fehlte, war ein Auftritt der so richtig wirklich legendären Ahrensburger Beat-und Rocktruppe MADISON BOW. Wenn die im Klönschnack spielten, standen schwankende Stammgäste auf den Tischen, die Bedienungen im Saal leisteten Schwerstarbeit, und es versammelten sich diejenigen dort, die im Groben den Inhalt dieses Buches statt in den achtzigern in den siebziger Jahren durchlebt haben. Sie spielten nicht, weil einer ihrer Frontleute schon tot war (beim Saufen vom Barhocker in der »Wolfsschlucht« gekippt – eine Taxi-Fehltour, über die ich nicht sauer sein konnte ...). Als einziger stand ich in dieser Woche zweimal auf der »Klöni«-Bühne: einmal mit LEBENSECHT, und einmal mit JUMP THAT WOOD. Den Rest der Trauerfeierlichkeiten fungierte ich als Chauffeur der Gäste, wie sonst auch. Weinende Stammtischbrüder, hysterisch lachende Bedienungen mit Artikulationsschwierigkeiten, Stumme, die schnackten, redende stille Wasser, beihnahe poppende Pärchen auf dem Rücksitz, eindeutige Angebote von Frauen jenseits der Vierzig. Bizarre Taxi-Touren in einer solchen Häufigkeit hatte ich vorher und hinterher nicht, binnen einer Woche.

Meine Gedanken verabschiedeten sich innerlich von meiner Heimatstadt: Mein Kreis hatte sich geschlossen. Meine erste und meine (bis dato) letzte Band innerhalb von drei Tagen auf einer Bühne, die drei Tage später nicht mehr stand, und zwar inklusive einer meiner beiden Stammkneipen. In meiner anderen Stammkneipe, der »Engen Weste«, hatte ich Lokalverbot, weil ich beim Flippern gekifft hatte. Außerdem machte die auch zu und wurde durch einen Frisörsalon ersetzt. Wo das »Klönschnack« stand, klaffte nun eine provokante Baulücke, und zwar lange. Mit jedem Tag mehr stieg meine Wut, zweier liebgewonnener »Zweitwohnsitze« beraubt zu sein, bis ich beschloss, wegzuziehen. Hier war ich fertig. Dank der Taxi-Nachtschichten kannte ich wirklich jede schräge Type der Stadt, und Till hieß ich schon lange nicht mehr. Ich war Chaos, der früher mal bei LEBENSECHT gesungen hat und nun Taxi fuhr. Äh: die ganzen anderen Bands? Verlagskaufmann? Heilerzieher? War das nichts? – Ich war selbst schuld. Die erste Band hatte ich schwungvoll in den Kultstatus geredet. Ich hatte mich auch gern auf das coole Rock 'n' Roller-Dasein reduziert, und dabei das »echte« Leben stillschweigend geduldet. Bei jeder Band danach hatte es mich genervt, weiterhin nur fiktiv ein Star zu sein, so dass ich nicht mehr »rumkultete«. Das hatte ich nun davon! So konnten die anderen Bands offensichtlich nicht Kult werden. Jede verkackte Indie-Band, die natürlich »überhaupt keinen Bock auf dieses ganze Star-Gehabe und diese Anhimmel-Scheiße« hat, muss sich von mir die Frage gefallen lassen, wie sie denn wohl überregional irgendeinen Fuß an die Erde kriegen konnte. Ziemlich laute Koketterie vielleicht? Nach Erkundigungen bezüglich soliden Geldverdienens als Sozialbereichs-Tätiger im Ausland (Irland, Schottland, Bayern, Hessen, Holland) und einem Blick über den nordischen Tellerrand (Kiel, Husum, Bremen) beschloss ich, ein neues Leben als anständiger Heilerzieher in Bremen anzufangen. Als Till, als Single, mit nur einem Job, ohne Musik und Rock 'n' Roll, mit täglich acht Stunden Schlaf. Ich glaubte, dieser Schritt würde mich menschlich weiterbringen, mich erwachsen machen. Ich hätte ahnen müssen, daß ich mich damit quasi selbst belog.

Statt Lügen denn doch lieber die ehrlichen:

Gefühlten Charts der frühen 1990er:

1.	**U2:** Who's Gonna Ride The White Horses (»Achtung Baby« fand ich wegen dieses Trabbi-Berlin-Konzeptes erst doof. Später begriff ich, dass Iren so was durchaus dürfen, weil sie mitreden können in Sachen Mauern und Systemen, zweigeteiltem Heimatland, sinnlosem Polit-Konfessions-Gehabe und so).
2.	**Pearl Jam:** Alive (meine Mitmusiker hörten so was nicht: zu rockig-speckig-ungewaschen wohl. Holzfällerhemd und so. Ich sog sie auf wie ein Schwamm).
3.	**Nirvana:** Smells Like Teen Spirit (Erdbeben! Von wem ist das? Haben! Haben! Haben! ... waren meine ersten Gedanken beim ersten Mal Hören. Millionen anderer Erdball-Bewohner ging es genauso. Globaler Konsens also).
4.	**The Hooters:** Karla With A K. (wenn mir in Irland Reels und Jigs zu kompliziert wurden, hielt ich meine tin whistle solange in die Brandungsluft des Westens, bis wieder ein Hooters-Song mehr »lief«. Gute Playback-Band zum Üben ...).

5.	**Morphine:** You Look Like Rain (coolste Band, die ich jemals supporten durfte: Drums, Bariton-Sax, Zweisaiter-Bass, Gesang – muss reichen. Schwarze Anzüge, Kettenraucher. Während wir spielten, rauchten die drei New Yorker meine zwei filterlosen Camel-Schachteln backstage alle. Und wer starb mittlerweile an Lungenkrebs? Sänger/Bassist Mark Chapman).
6.	**An Emotional Fish:** Celebrate (Dublin 1990: Praktikum in der europäischen Kulturhauptstadt als Behindertenbetreuer. Die Umsonst-Bühne in der O'Connell-Street bot. u.a. auch diese Jungs. Dublin hat vielleicht irre Kapellen, dachte ich).
7.	**Hothouse Flowers:** I Can See Clearly Now (dass ich heute Coversong-Sammler bin, ist auch dieser Nummer geschuldet: einen Soulklassiker so zu interpretieren, das ist schon, äh, erstaunlich. Auch wieder: O'Connell-Street …).
8.	**Hamburg Blues Band:** Rocking Chair (als wir sie supporteten, mit Jump That Wood, fand ich den Song deshalb am Coolsten, weil er diesen Orgasmus-Sologitarrenpart hatte – und weil »mein« Gitarrist Bernie ihn produzieren durfte).
9.	**The Black Crowes:** Hard To Handle (Großer Retro-Bahnhof im Sound von heute. Dass ich den Sporthallenmitschnitt vom NDR besitze, macht mich glücklich, obwohl alles schwarz war an diesem Abend: der Kaffee, der Afghane, das Bier, der Bandname. Vielleicht auch deshalb: tolles Konzert).
10.	**Selig:** Bruderlos (Potztausend, wer hätte das gedacht? Popper Jan mutiert zum Hippie. Und Stoppel schmeißt alle Stewart-Copeland-Ideale über Bord. Und Malte wird zum Matten-Schüttler. Sachen gibt's!).

Wie das Leben kein Frühstück im Freien wurde

I been hanging 'round on a golden beach
I been looking like a melting piece of cheese
Not any noise around cracking up my mood
And my belly got lots of splendid food

Fell in desperation caused by things around
No one to chat but all activities allowed
No rules to follow, no mistake to make
Now that I'm out of trouble: was it all a fake?

I placed myself in the middle of nowhere
Good place to be, bad place to share

It's hard to get the blues
When everything's alright
Take off your walking shoes
To hold your good times tight

(CAROLINA BLUES CONNECTION: »Hard to get the blues«)

Bremen war für mich untrennbar mit dem Begriff Punk verbunden: Hier spielten die Hamburger SLIME noch, als ihre Heimatstadt keine Auftrittsmöglichkeiten mehr bieten konnte, und ich fuhr Anfang der Achtziger extra hin. Die Besetzer-Kneipe im Ostertor-Viertel von damals gab es noch, jetzt legal als »Wiener Hofcafe«, und auch das gemütliche »Litfaß« gab's noch. Das Ostertor-und Steintorviertel, zusammen kurz »das Viertel« genannt, war alt und verranzt wie eh und je, nur eben nicht mehr im Häuserkampf befindlich wegen einer Mozart-Trasse, sondern ein pupsnormales Studentenviertel mit linksalternativer Schlagseite. Es mag so im Groben die

Zeit von Herrn Regeners »Neue Vahr Süd« gewesen sein, als ich in den beginnenden Achtzigern dort war, dünkt mir im Nachhinein … Der »Schlachthof« war um eine Riesen-Konzerthalle ärmer, wegen Abriss unter fragwürdigen Umständen, aber die Kesselhalle war und ist bis heute eine meiner liebsten Konzert-Locations. Ein Jahr vorm Umzug hatte ich Heilerziehungs-Mitschüler Andreas B. und seine Sabine in HB-Walle besucht und mir sowohl die Arbeitsmöglichkeiten im Sozialbereich als auch die Stadt selbst schön geguckt. Andreas war Punk, seines Zeichens Ex-Bassist der Eutiner HOLSTEN AG, und seine Kulturtipps waren entsprechend … Sehr schön!

Neue Stadt, neues Glück. Alle alten Seilschaften weg, keine Musik-Klüngelei mehr, schön seriös Behinderte betreuen, ein ruhiges Leben führen, bei Null anfangen. Ohne Band(s) – so war mein Plan. Es hätte klappen können, denn hier wusste ja keiner, dass jetzt das Chaos über Bremen hereinbricht. Hier war ich Till. Dann aber das: Die AWO Bremen, Kreisverband Süd, konnte mir den mündlich zugesicherten Arbeitsplatz leider erst zwei Monate später als geplant anbieten. Na toll! Keine Kohle, fremde Stadt, Kaution und Courtage für eine fußkalte Kellerwohnung gezahlt, und nix war's mit Leben genießen und so. Das Beste an Bremen war also zunächst mal die Autobahn nach Hamburg, wo ich Wochenend-Taxi-Schichten fuhr und im direkten Anschluss bei Jörg oder Uwe aufnahm. Ja, und gut war auch die Nähe zu Groningen, wo ich noch eine ganze Menge »lekkerer« Koffie-Shops aus alten Spontan-Tramper-Zeiten kannte. Manchmal übernahm ich auch schon Nachtwachen in meiner zukünftigen Behinderten-Wohngruppe, um die Bewohner kennenzulernen. So sah mein Sommer '94 aus: heiß, pleite, allein. Da sich mein persönlicher Rock 'n' Roll nach wie vor im Kreis Stormarn abspielte, und da ich ja seriös werden wollte, sah ich fürs Erste keine Veranlassung, mich in der Bremer Musik-Szene umzusehen, wobei ich natürlich reflexartig zuallererst die Konzertspalten in den lokalen Stadtmagazinen aufgeschlug. Suchtverhalten war das wohl. So stieß ich u.a. auf die »Breminale«, einer Mischung aus umsonst & draußen-Festival, Stadtteilfest und Blues-Meeting. Ich lag also bei mildem Wetter samt mitgebrachtem Bier auf dem Osterdeich und goutierte das Gebotene. SWIM TWO BIRDS fand ich

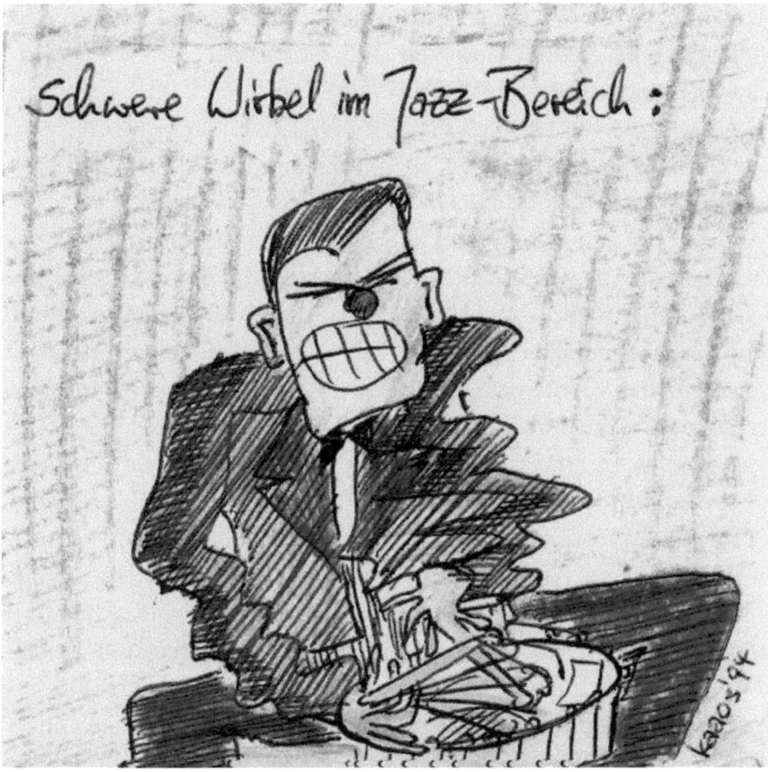

Neulich bei der MIB Bremen: Wer als Metal-Drummer Gleichgesinnte treffen möchte, hat dort erstmal ne Menge zu lernen

nicht nur wegen des von Flann O'Brien entliehenen Namens geil, sondern auch, weil sie den Mut und die Wucht hatten, ein ganz eigenes Ding zwischen Jazz, Punk, Blues und Rock zu machen. Im »Wehrschloss«-Zelt sah ich GREEN DAY ein Jahr vor ihrem großen Durchbruch und wusste danach, das sie eben diesen haben würden. Wer permanent dermaßen kesselt, rockt und hyperaktive Tendenzen zeigt, drei außer Kontrolle geratenen Flummies gleich, ohne dabei gute Laune vermissen zu lassen, schafft das (und ob in Roskilde, aufm Highfield, Bizarre oder Hurricane: Jedesmal geht automatisch die Zeitmaschine an, so nach dem Motto »hach damals im Zelt ...«, wenn die Mainstream-Maschine GREEN DAY heute losknattert). Andreas, der alte Punk, war ein willkommener Begleiter in den ersten Monaten, und Sabine auch. Trotz schmalen Geldes ließ ich mir weder die GOLDENEN ZITRONEN im »Wehrschloss« noch CHUMBAWAMBA im Schlachthof entgehen, und dank meiner beiden Kontaktpersonen war mein erster Geburtstag in der fremden Stadt auch nicht so einsam und deprimierend wie befürchtet: Wir feierten in der »Schauburg«, einem famosen Programmkino, in meinen Geburtstag hinein, und das Ständchen spielte (auf der Bühne, unwissend, im Rahmen ihres Auftritts beim »Women in emotions«-Festival) die großartige ANI DI FRANCO, die an diesem Abend ihren ersten Bremen-Auftritt gab, weswegen mein Reinfeiern mitgeschnitten wurde und nun auf Tonträger erhältlich ist. Ja, da lacht das Musikerherz ironisch auf – an bisher zwölf Bands und Projekten beteiligt gewesen und nicht eine offizielle Veröffentlichung in elf Jahren, aber (wenn auch ohne Nennung in den credits) das 26. Wiegenfest ist dokumentiert ... Das ironische Lachen hallte lange nach, denn von hundert auf null in wenigen Wochen machten die Bremsbeläge meiner Sänger-Synapsen nicht mit. So fand ich mich eines Abends in der Musiker-Initiative Bremen wieder, von der ich mir Kontakte und vielleicht sogar eine neue Band erhoffte. Doch: Oh weh und ach, ich sah mich einem Haufen eingebildeter Jazzer gegenüber, die vor allem dem modern jazz, free jazz, cool jazz und allen erdenklichen Zwischenstufen fröhnten. Obwohl als wöchentlicher »Musiker-Treff« in der Presse angekündigt, schien ich bei einer elitären Session zu stören.

»Was machst Du denn so?«, wurde ich beiläufig gefragt.

»Ich singe«, gab ich vorsichtig zur Antwort.

»Jaaa ..., denn ..., ääh ... kannst du uns ja nach dem dritten Solo mal was scatten.«

Auch wenn ich offen für alles bin, das tat ich nicht. Kleiner Tipp im Nachhinein, Jungs: Nennt Euch doch zukünftig einfach Jazz-Initiative Bremen. Das ist nicht so anmaßend, wie Musik im Handstreich einfach auf Akademiker-Gegniedel zu reduzieren. Ich suchte weiter in der Rubrik »Band sucht Sänger«. Neue Stadt, neues Glück: Rockpop oder Singer-Songwriter-Sachen sollten es nun nicht mehr sein, ich wollte einmal in meinem Leben eine Band hinter mir haben, die es *richtig* krachen lässt. Rock in Rohform sozusagen, und das gab's zu der Zeit nicht. Cover-Bands suchten, Funkrock-Bands suchten, Blues-Bands suchten, Samba-Truppen, afrikanische Weltmusiker deutscher Zunge, Selbsterfahrungs-Trommler, selbstverliebte Gitarristen, Barber-Shop-Chöre, die notorischen »Wir-machen tanzbaren Rockpop«-Truppen, aber keine Rocker, die für eigenes Material Texte und Stimme brauchten. Blieb also weiterhin nur die Autobahn nach Hamburg, genauer gesagt nach Tremsbüttel zu vereinzelten Sessions, und zu Jörg und Uschi. Es war Selbstbetrug, das war mir klar. Das war kein neues Leben, und seriös und ruhig auch nicht, und wieder sprang ich zwischen Parallelwelten hin und her: hier die AWO, da der Probenraum. Hier das blanke Konto, da der durstige VW Käfer und die Groninger Genüsse. Ich musste Farbe bekennen. Mal wieder ...

Mittlerweile studierte ich die Suchanzeigen so regelmäßig, dass ich mir den Wortlaut der wiederholt geschalteten Gesuche locker aufsagen konnte. Spitzenreiter mit vier Monaten in Folge war »Blues-Band m. Raum u. Anl. su. dringend neuen Frontmann. Programm u. Gigs vorh. Tel ...«.

Ich bekam Mitleid mit diesen armen Würsten, deren Dringlichkeit so lange dauerte, und befand, dass auch Blues kein Poprock ist. Warum also nicht? Andererseits: Blues? Ist das nicht auch so eine wertkonservative Gemeinde wie die Jazzer, wo man gefälligst die 30 bekanntesten Standards im Schlaf zu können hat? Und vor allem: Für Gitarristen und die *rhythm section* mögen die Blues-Schemata ja was Feines sein, aber was sind sie ohne einen mitreißenden, leidenden, schwitzenden, das-Innere-nach-Außen-kehrenden Frontmann?

Und noch viel mehr: Kann ich den Blues leben? Kann ich der Erwartungshaltung von Bluesern, die seit vier Monaten dringend suchen, gerecht werden? Ha! Und: Warum stelle ich mir plötzlich so komische Fragen? Zumindest das letzte Fragezeichen vermochte ich auszuradieren. Es war das erste Mal seit LEBENSECHT, dass ich vorsingen musste, weil mich hier keine Sau kannte und entsprechend erübrigte sich auch das beliebte name-dropping der inneren Zirkel des lokalen Musik-Gefüges. In Bremen war ich nichts! Letztendlich besann ich mich meines Selbstbewusstseins und meines bisher gesanglich Erarbeiteten und rief die angegebene Nummer an. Kein Jack-Daniels-getränkter Rauschebart meldete sich, sondern eine freundliche, junge Stimme mit westfälischem Akzent namens Stefan H. Ein Tape mit fünf Stücken (zwei Standards, drei eigene) kam per Post, und zwei Wochen später lernte ich die Jungs in ihrem »Raum« kennen. Der »Raum« war eine mit Gaffa-Tape markierte Ecke eines Fernsehstudios des Offenen Kanals Bremen, wo die Kulissen für die »Rosa Nordschau«, ein Gay-Magazin, herumstanden: Ein riesiges Doppelbett mit Tüllgardinen und Beistelltisch (für den Sekt und die Zigarette danach?), Gipstorsos muskulöser griechischer Götter, Latex-Masken und Lederriemen sowie natürlich schweineteure Kameras, Studiobeleuchtung und Heizlüfter (wahrscheinlich, um die Kulisse lustvoll nutzbar machen zu können …). Mit Argusaugen wachten die OK-Jungs im vorderen Bürotrakt darauf, dass wir die Demarkationslinie achteten, schließlich wurde ja nur für die Ecke Miete gezahlt.

Die Blueser waren zunächst recht wortkarg und verschlossen: Basser Thorsten, Rhythmus-Gitarrist Markus, Lead-Gitarrist und Harpman Stefan sowie Drummer Hans. Wir schrubbten die fünf Nummern runter, legten noch »Sweet home Chicago« nach (also bitte: Die »Blues Brothers« hab ja sogar ich als Kino-Muffel gesehen!) und rauchten draußen eine. Dann musste ich alleine wieder rein, damit draußen das Daumen-hoch-Daumen-runter-Spiel beginnen konnte. Oh, wie ich das hasste! Schon von der anderen Seite her fand ich es scheiße, aber als Objekt der Begierde war es noch scheißer. Die Daumen gingen mehrheitlich hoch, und nun war ich offenbar auch befugt, den Grund für die anfängliche Reserviertheit zu erfahren. Die CAROLINA BLUES CONNECTION hieß so, weil ihr bisheriger

Sänger, ein schwarzer, ehemaliger Bremerhavener GI, aus North Carolina stammte. Nun hatte er vorgegeben, back to The States zu wollen, was aber nicht stimmte. Es war mehr ein Vorwand, aus der Nummer rauszukommen, um woanders als Frontmann anzuheuern. Gigs fürs nächste Dreivierteljahr waren gebucht, mit Blues ließen sich anscheinend satte Gagen aushandeln, also musste es auch ohne Blues-authentische Hautfarbe irgendwie weitergehen. Ich war Kandidat Nr. 30, und wäre ich genau so ein Spinner wie die 29 vorherigen gewesen, hätte sich die CAROLINA BLUES CONNECTION in Wohlgefallen aufgelöst. Die Erzählungen jener Auditions machten mich mitleidig, und mir fiel ein Woody-Allen-Film ein, »Broadway Danny Rose« mit Namen, in dem ein Künstleragent u.a. einen einbeinigen Steptänzer und einen taubstummen Papagei zu vermitteln versucht. Es waren viele Steptänzer und Papageien angetanzt in der Studio-Ecke: Country-Sänger mit Spiegelbrille, ein senegalesischer Percussionist, eine Heavy-Metal-Frisöse, ein Sozialhilfe-Empfänger mit sozialkritischen Gedichten ohne Melodien, eine Dreizentner-Fregatte, die piepsstimmig nicht einen Ton traf, und so weiter und so fort. Und dann kam ich, gab Vollgas von der ersten Note an, wusste dem Zwölf-Takt-Schema zu folgen und hatte mich mit dem Tape offenbar intensiv beschäftigt. Erstaunlich, wer sich sonst noch für einen dringend gesuchten Blues-Frontmann hielt …

Der erste Gig fand sechs Wochen später statt, und bis dahin musste ich mir das 20-Stücke-Programm draufschaffen: zehn bluesrockige Eigengewächse, ein bisschen Chicago-Blues, aber auch die »All Along The Watchtower«-Version von irgendwem, LIVING COLOURs »Love Rears Up It's Ugly Head«, ROBERT CRAYs »Right Next Door«, GEORGE THOROGOODs »Bad To The Bone« und andere Perlen der Tonkunst. Meine Plattensammlung belief sich bis dahin auf ca. 200 LPs und ca. 40 Audio-Cassetten, aber Blues war nicht dabei, und ich kannte außer den grandiosen VERNON REID-Getreuen nicht eines der vorgegebenen Werke. Was tun? Die Bremer Plattenhändler verdienten in den nächsten zwei Wochen sehr gut an mir, und ich geriet in einen mehrjährigen Vinyl-Sammel-Rausch. Nicht nur das große Rhythm'n'Blues-Einmaleins, sondern auch all die NDW-und Siebziger- und Achtzigerjahre-Verbrechen, die ich mir als Schüler nicht leisten konnte, stehen seitdem im Regal (oder sind wegen häufigen Umzugs-Geschleppes schon wieder verkauft; derzeitiger Stand: 1.032 Scheiben, 512 CDs, 170 Audiotapes). Wäre vielleicht schlauer gewesen, erst die Platten und dann die Idee zu haben, welche Art von Musik ich machen will, aber dafür war es schon lange zu spät. Ich hatte (und habe!) das Gefühl, dass ich deshalb immer ein Suchender, aber als Sänger nie (sich selbst) Findender war. Aber back to blues: Wenn ich mal nicht gerade arbeitete oder die Weser-Metropole erkundete, hörte ich mir Stück für Stück, Floskel für Floskel, Wort für Wort aus zerkratzten Rillen die Texte raus, lernte sie auswendig und machte mir Gedanken über das Bühnenoutfit. Ich hasse Kostümierungen, ja, man kann sagen, dass ich ein Karnevalsmuffel bin. Auf den Blues-Vinylen stellten sich nun aber noch die letzten Schabracken im schwarzen Anzug vor die Kamera! So was hatte ich nicht einmal als Springer-Bürohengst besessen, aber mir war auch klar, dass gewisse Texte ohne eine solche performance schlicht verpuffen:

On the top of the wild horse I ride across the line
A couple of girls around and I kiss them all the same time
Take 25 or 30 from all out of rate
Cause me and all of them walk to all of the states

Cause I'm the gangster of love
Gangster of love
When I walk in a bar
All girls from near and far say I'm the
Gangster of love

Walk around the contest for the best 1st place women
Following me for a big steak and dinner
I kick out the girl for a new special price
I stood up and told her: You have to realize that I'm the

Gangster of love
Gangster of love

(JOHNNY GUITAR WATSON: »Gangster of love«)

Um derart aufschneiderische Frauenfresser-Geschichten zu erzählen, musste ich mich einfach kostümieren, denn wer im Zeitalter der Gleichberechtigung aufwächst, kann eine solche antifeministische Weltanschauung nicht aus tiefster Seele und überzeugend darbieten, und schon mal gleich gar nicht in der Gleichgeschlechtlichen- und Linksalternativen-Hochburg Bremen! So kam ich also zu meinem ersten kompletten Nadelstreifenanzug in schwarz (meine Konfirmation fand mit blauem Sakko, weißem Stehkragenhemd und grauer Hose statt – welcher Geschmacksteufel hatte mich da bloß geritten?), natürlich aus Geldgründen nicht auf Maß, sondern bei H & M. Um der Authentizität willen versuchte ich mir einzureden, das sei das Kürzel für HOWLIN (WOLF) & MUDDY(WATERS). Auf weißes Hemd und schwarzen Kulturstrick verzichtete ich: Meine modische Seele mochte ich denn doch nicht verkaufen. Nun brauchte ich bloß noch eine andere Hautfarbe und einen Sack voll Soul, und dann konnte es losgehen, denn das Textelernen, so lernte ich während des Lernens, ist beim Blues nur die halbe Sache. In der Regel bestehen die Strophen aus zwei seeeehr gedeeehnt gesungenen, sich wiederholenden Zeilen, und dann kommen mal eine, mal zwei erläuternde Zeilen dazu, um dann eine bis zwei kurze Chorus-Zeilen zu penetrieren, und ggf. darf dann noch nach Herzenslust die Bluestonleiter rauf und runter gejodelt werden, vor allem beim Schlussakkord. Eigentlich ganz einfach, auch wenn die Puristen unter den geneigten LeserInnen mich jetzt steinigen mögen.

An den ersten Gig erinnere ich mich noch sehr gut: Wir waren für eine Kohl- und Pinkel-Tour in der »Grünen Gilde« in Hagen-Grinden gebucht (für Nicht-BremerInnen: Da geht man draußen bei Schweinekälte spazieren, um an jeder Straßenecke Sauf-Spiele zu machen, und kurz bevor einem vor lauter Alkohol die Muttersprache abhanden kommt und einem die Gliedmaßen abfrieren, kehrt man in eine Wirtschaft ein, um sättigenden Grünkohl, fette Pinkelwurst, Wellfleisch, Mettenden und Unmengen von Kartoffeln, Bier und Korn einzufahren. Wer dann noch tanzen kann, tut das. Endziel scheint der Verlust sämtlicher gesellschaftlicher Verhaltensmaßregeln zu sein, was bei Beachtung der genannten Kohltour-Regeln kein Problem ist, und meist schon weeeiiit vor Ende der Veranstaltung eintritt … Der zuletzt Essende kriegt einen Schweineknochen um den Hals und darf nächstes Jahr die ganze Scheiße von vorn organisieren). Das Catering für uns »Tanz-Kapelle« wurde vorab gereicht: Kohl, Pinkel, Bier und Korn. Wir hatten eine Menge Kurzweil und losten irgendwann aus, wer das Band-Mobil zurückfährt. Die Vorband trat spontan aus der Mitte der Kohltour-Gäste zusammen und auf, und sie intonierte mit Klarinette, Synthesizer und Western-Gitarre Songs von JOAN BAEZ, PINK FLOYD und WESTERNHAGEN, was darauf schließen ließ, dass sie 1. nicht von diesem Stern kamen, und 2. (anhand der dargebotenen Qualität) sich auf einer Endlos-Kohl-und-Pinkel-Tour befinden mussten (obwohl, Stichwort »Endless Tour«, nix von Bob Dylan dabei war). Sei's drum. Dann kamen wir, und die reichlichen Getränke ließen meine frisch und hart erworbenen Textkenntnisse weitestgehend in sich zusammenfallen. Das war dem Publikum aber sehr egal, im Gegenteil, vor allem die mit Inbrunst sechsmal wiederholten Zeilen riefen Jubel hervor. Wir hinterließen ein schwankendes, schweißgetränktes Publikum und einen Wirt, der uns nicht wieder buchen mochte, weil »der Schwatte« ja nicht mehr dabei sei. Das blieb in Folge unser großes Problem: Mein Vorgänger konnte zwar nicht die Bohne singen, aber er war ein begnadeter Unterhalter, und er war ein Schwarzer mit Nadelstreifen, und das war für normalsterbliche Bremer, Ostfriesen und Ammerländer eben Blues. So arbeiteten wir die gebuchten Gigs ab, hatten danach eine bescheidene Auftragslage, und wieder mal entwich einer Band die Luft.

Der Flicken, den wir ansetzten, war diesmal einer, den ich sonst vom Start weg benutzt hatte: eigene Texte, eigene Musik, ein neuer Bandname. Und wieder: viele schwachsinnige Vorschläge und ein bedingt mehrheitsfähiger Entschluss: SORRY FLATMATES. Unter diesem Namen hatten wir noch einen Auftritt. Als akustische Untermalung eines wöchentlich am Weserufer stattfindenden Flohmarktes für dicke Gage gebucht, spielten wir vier Sets a dreißig Minuten, bei 32 Grad im Schatten, und zwar während des ersten Ozonalarms in der Geschichte Bremens … Ich erwähne nur, dass im Radio vor übermäßiger körperlicher Anstrengung im Freien gewarnt wurde, und ich streue noch kurz ein, dass die Bühne, auf der sich fünf bluesrockende Herren den Arsch aufrissen, in der prallen Sonne stand. Nach jedem Set wurde mir schwarz vor Augen, und das

Publikum stand in sicherer, schattiger Entfernung, matt klatschend, weil das Radio gewarnt hatte vor übermäßiger …, aber das hatten wir ja schon. Gegen das Schwarz-vor-Augen-Syndrom schien Bier nicht zu helfen, denn während der vier Sets holte der Krankenwagen zweimal konsumierendes Publikum ab. Motivierend war das nicht. Und der große Schwenk in Richtung »eigen« klingen war das auch nicht. Rückblickend war ich der Bypass für den Infarktpatienten, aber das Herz war schon zu schwach. Nichtsdestotrotz hatte auch diese Zeit ihr Gutes: Die eklatante Erweiterung meiner Plattensammlung beispielsweise, die Geschichte des Blues als sechswöchiger Crashkurs (mit mir selbst als Eleve, und diversen Flohmarkthändlern als Dozenten), einen CD-Player sowie ein Elch-Verkehrsschild. Zu den beiden Letztgenannten kam ich so: Guitarman Stefan, seine Frau und sein Sohn wanderten kurz nach der Band-Auflösung nach Neuseeland aus. Ihren Hausstand verlosten sie im Freundeskreis bei einer Art Fernsehshow-Performance, verkleidet als Quizmaster und Assistentin, in ihrer schon leeren Wohnung. Hauptgewinn war ein dreizehnjähriger VW Golf Diesel ohne TÜV, und so gesehen hatte ich verdammt viel Glück. Der CD-Player wurde von Gitarrist Markus für den Preis zweier Flaschen Jack Daniels repariert (ja, der Blues bestimmt den Preis …), und das Schild fungierte lange als Campingtisch auf Open-Air-Festivals, ob in Roskilde, Köln, Weeze, Haldern, Stemwede, Lohfelden oder Burg Herzberg. Oh ja, und dieser Band verdanke ich auch die Möglichkeit, endlich mal ein Stück über meine Schuhgröße geschrieben zu haben (48, auf englisch: »Boots in size 13«).

Und wieder blieb zum Musikmachen nur die Autobahn nach Hamburg. Eigentlich war es für mich günstig, dass Jörg ein Perfektionist an den Reglern, seine Regler aber nicht immer perfekt waren. Wie im vorigen Kapitel schon erwähnt, zog sich dieses Projekt hin. Uschi kochte immer lecker und meist vegetarisch, die Rauchwaren waren meist vom Feinsten, die Ruhe auf dem Lande im letzten Haus vorm Ende der Welt (das Ende in Gestalt eines Nadelwaldes und einer hör-, aber nicht sichtbaren Bundesstraße) war vor allem im Sommer eine Labsal, und der selbstgemachte Tunfisch-Salat zum Frühstück half tatsächlich zuverlässig gegen den Kater, der nach zehn bis 14 rauchgeschwängerten Aufnahmestunden eben um die

Ecke geschlichen kommt. Besser als nix, und für mich nach wie vor ein feines Testfeld. Und doch war es zu wenig – von dem, was mir Musikmachen bedeutet: Interaktion, Kommunikation, Öffentlichkeit, Austausch, Eigenes Verwirklichen. In einer Band mit regelmäßigen Auftritten, zumal in einer, wo ich die generelle Richtung mitbestimmen kann, sind diese ganzen hehren Dinge wesentlich wahrscheinlicher als in einem Heimstudio im letzten Haus vorm Ende der Welt. Andererseits fiel mir, völlig ohne aktive Musik in Bremen, die Decke auf den Kopf. Ich zog aus meiner Souterrain-Wohnung in der Bahnhofsvorstadt in eine 5er-WG im Steintorviertel. Kaum dort eingezogen, rief Hans an: Er würde ja jetzt bei seinem Neffen (!) in einer HipHop-Band (!!) spielen, hätte noch nicht mit den Rappern gesprochen, aber könnte sich wohl noch einen Chor (!!!) dazu vorstellen. Ob das was für mich (!!!!) wäre? Der Probenraum war 5 Fußminuten weg, im »Lagerhaus«, dem Kulturzentrum des Viertels. Gute Wahl: Mehr mittendrin ging nicht. Und: Auch Hip Hop fehlte noch in meinem Stilistik-Portfolio. Ich sagte zu.

20 hours of chats and moves
And no one cares 'bout drug-abuse
Not your neighbour sleeping well
Not your lad who rings the bell
You're at home but you're not there
2nd ringing-you don't care
A path of clothes before your bed
Neither happy nor you're sad

(LIFE'S NO PICNIC: »Rastaman«)

Wie scratcht ein Drummer? Wie breakt ein Gitarrist? Können Keyboarder Tags sprayen? Ich wusste es nicht. Ich konnte mir nicht einmal vorstellen, wie Hip Hop ohne turntables und MC funktioniert. Wenn man aber das erste Mal in den Vorraum des einen von zwei »Lagerhaus«-Probenräumen tritt, möbliert mit einer mattbeigen Cocktailsessel-Gruppe und einem runden, mit leeren

Beck's-Buddeln vollgestellten Tisch, und zwei minderjährig wirkende Pickelfressen sich gerade einen 50cm-Bong vorknöpfen, während der stets übergewichtig-rotgesichtige Hans gerade seinen (kaum fünf Jahre jüngeren) Neffen Jens lautstark zusammenfaltet, beobachtet von einem blonden BRYAN FERRY-Double und einem knollennasigen Schlaks mit Kuhbrille, dann kann man sich einiges vorstellen. »Äh, hey, bist Du der Backing-Sänger? Cool. Wir sind die JELLEN CREW.« – Angenehm. Brüggemann. Ich bau erst mal einen. Und das war auch nötig, um zu kapieren, was für eine durchgeknallte Versammlung das hier eigentlich war. Ein übergewichtiger, arbeitsloser Lehramtsstudent, der auf Werbetexter umschulte, saß am Schlagzeug und genoss in Göttingen mit LILIENTHAL und den PANZERKNACKERN, aber auch mit den FRIENDS OF CARLOTTA Kultstatus – Hans. Sein unwesentlich jüngerer Neffe machte einen bisweilen recht kauzigen Eindruck, entpuppte sich aber immer wieder als brillanter Stimmen- und Geräuschimitator, genialer Soundtüftler und überaus mannschaftsdienlicher Keyboarder (und das ist beileibe nicht selbstverständlich bei Keyboardern!) – Jens »Keymaster J/J. Kacken«. Die beiden Pickelfressen waren Marc und Romano, sozusagen der street-credibility-Anteil der Kapelle: Sie machten auf derart rührende Weise auf dicke Hose, Gangsta-Rapper, Fulltime-Kiff und alles, dass das Klischee der Getto-Jugend fast schon überzeichnet war. Am Bass stand ein Mann mit Mecki-Frisur, besagter Knollennase und einer Brille mit dicken Gläsern, deren Horngestell das Muster einer Schwarzbunten trug. Er war Mitglied im »Lagerhaus«-Rat, baute sich gerade eine eigene Computerservice-Firma auf und hatte ständig unausgegorene Super-Geschäftsideen – Roland. Und dann war da noch der stille Bauingenieursstudent André, der vom Typ her eher ein experimenteller und introvertierter Jazzgitarrist hätte sein müssen (und wahrscheinlich eigentlich auch war und ist). So, und da sollte nun der leider-nicht-Schwarze von der Blues-Verbindung Background-Chöre singen, aha. Hansens Vorliebe für BLACK SABBATH und seine Erfahrungen als Top40-Drummer kollidierten mit Rolands Erfahrungen als Afro-Bassist oder Begleiter zweier Celli, Jens hatte als erste Band die vom ERUPTION-Sänger vorzuweisen, und André war bei einigen Bremer Bands (u.a. YELLOW CAKE) gewesen, die Fusion-Rock und so Sachen machten. Das Ergebnis dieser Kollision hörte sich erstaunlicherweise nach Soul, G-Funk, Beatbox und richtig gutem Groove an. Die rappende Fraktion gab einen Scheiß auf Arrangements und Abläufe, weil sie ständig an ihren Phrasierungen feilten und Ganja-bedingt unkonzentriert waren, hatten aber durchaus *skills*, wie man das in ihrem Alter/Umfeld wohl nennt. Ich hörte mir einfach ihre prägnantesten Zeilen heraus und versuchte, daraus einen Schwebeteppich im Hintergrund zu machen: eingängige Melodie möglichst, nicht zu kompliziert, und an den Instrumentalisten orientiert. Es konnte nicht gut gehen. Die Rapper waren verstört, weil ich nicht mit ihnen battlelte, sondern sie unterstützte, und die Herren Playback-Lieferanten stutzten, weil ein Mundbenutzer plötzlich zuhörte, was genau sie da eigentlich taten, und auf sie ein ging ich auch noch! Relativ zügig wurde zumindest Romano immer dickhosiger und somit von Starallüren befallen, Marc folgte ihm zwar nicht im Verhalten, wohl aber in der Richtung recht bald, nämlich: raus aus der Band. Zack kam es so, dass nach acht Wochen nur noch der »Chor« übrig war – ich. Nun boten wir für all die anderen Bronx-Kids Bremens die monatliche Möglichkeit an, zu Livetunes zu rappen, zu battleln, sich den anderen zu präsentieren. Wir bauten im Lagerhaus-Konzertsaal im Publikumsraum unser Geraffel auf, die Rapper aus Gröpelingen, Walle, Osterholz, Huchting und wasweißich bauten sich und ihre Egos auf der Bühne auf, und ich fand es so geil, endlich wieder in der zweiten Reihe zu singen, und gleichzeitig lernte ich fix, was einen guten von einem schlechten Rapper unterscheidet, bzw. wie dieser Mikrokosmos funktionierte, der aus streetgangs, respect, kryptischen Handzeichen und dissen, beefen und all dem Kram bestand. Nicht meine Baustelle, aber interessant. Unter anderem begleiteten wir auf diese Weise die MUTLU-Sisters und Teile von CRIBB 199, die wiederum von meinem WG-Zimmer-Vorgänger Vicente produziert wurden – Bremen, Dorf mit Straßenbahn.

Das »Lagerhaus« lebte von öffentlichen Fördergeldern und musste ein- bis zweimal jährlich was richtig Dickes auf die Beine stellen, um von öffentlichen Förderern auch weiterhin die Absolution erteilt zu kriegen, Faulenzer-Planstellen besetzt zu halten, brasilianische Conga-Tanz-Workshops, kurdische

MigrantInnen-Gruppen oder Techno-Netzwerke zu beherbergen und – um schlicht weiter zu existieren. Ein regionaler Tausendsassa des Theaterwesens wurde mit der Durchführung eines Projekts betraut, das wirklich irrwitzig war: THEATRE DU PAIN-Mitglied Hans König sollte im kompletten Haus, unter Einbeziehung der Nutzergruppen und einiger externer Schauspieler, das Thema »Hölle« szenisch, tänzerisch, musikalisch und sonstwie umsetzen, was bei vier Stockwerken und 120 Mitwirkenden, die inmitten der umherwandelnden ZuschauerInnen agieren sollten, kein Zuckerschlecken war. Aus den Keller-Probenräumen erklärten wir Hip-Hop-Backing-Band uns als einzige von insgesamt sechs Kapellen bereit, was zu machen. Die Klasse unserer Band zeigte sich erstmals in Form der Antwort auf die Frage, was denn für uns die Hölle sei. Regisseur König bekam zur Antwort: »Die Hölle ist die Volksmusik.« Um den unaufgeräumten Vorflur nicht auch noch in die Logistik mit einbeziehen zu müssen (also ihn aufräumen zu müssen), schlugen wir die letzte freie Fläche des »Lagerhauses« als Bühne vor, nämlich den Vorraum der Toiletten. Dort standen wir also, als Toilettenwärter verkleidet (weißer Kittel über Rollkragenpullover), den Porzellanteller mit dem »Danke«-Schild auf dem Beistelltischchen am Eingang postiert, auf einem roten Teppich, von einem roten Spot beleuchtet, und immer, wenn jemand pinkeln ging, stimmten wir je eine Minute »Blauer Enzian« und »Tulpen aus Amsterdam« an, um dann zu sterben, indem Jens täuschend echt Herztöne auf dem Synthie simulierte, die schlussendlich zum Dauerpiepton mutierten, während ich die Wand heruntersackte. Eine Performance im besten Sinne also … und es war wirklich die Hölle! Nicht mal auf Klo hatten die sichtlich mitgenommenen BesucherInnen ihre Ruhe vor der Hölle: Sie wurden nämlich auf Rindenmulch bei Fackelbeleuchtung durch die »Lagerhaus«-Etagen, von graukitteligen, »weiter, weiter!« rufenden Führern per Megaphonen, von einem Thema zum nächsten gehetzt (u.a. simulierten zwei Schauspieler anhand von Sahnetorten auf einem Podest den Esszwang, inkl. kotzen!) und landeten schließlich bei einer dämonischen Großmasken-Vorstellung des höchst löblichen Bremer »Blaumeier«-Ateliers im überdachten Hinterhof, inklusive Schauspielperformance nahezu aller Mitwirkenden. Da uns keine Rolle zugedacht war und beide Abende brechend voll waren, gingen wir, um auch was vom Rest mitzukriegen, in weißen Kitteln mit Sonnenbrillen im Fackelschein durch die Menge, und riefen bei Bedarf: »Lassen Sie mich bitte durch! Ich bin Arzt!« Fürwahr, diese überforderten Zuschauergesichter werde ich nicht vergessen. Ein höllischer Spaß, diese »Bremer Höllen«. Sie waren auch die Geburtsstunde von LIFE'S NO PICNIC. Denn:

Die Toilettenperformance nahm Roland zum Anlass, eine Idee zu Ende zu denken. Man könnte doch mal auf Toilettentour gehen in den Läden, wo man sonst auf der Bühne auftreten würde, aber dann mit »richtiger« Musik. Aus den Rapper-Playbacks schraubten wir binnen acht Wochen ein einstündiges Repertoire sogenannter Groove-Rock-Stücke zusammen, Hans werbetextete eine ansprechende Pressemitteilung, und ein Junkie, der sich eigentlich in Seelenruhe einen Schuss auf der Lagerhaus-Toilette setzen wollte, wurde von uns verdonnert, vorher bitte schnell noch Bandfotos von uns im weißen Kittel zu machen. Die Drummerin unserer Probenraum-Mitnutzerinnen LINDA POTATOES, Moni Gray, moderierte bei Radio Bremen, was uns sogar Live-Airplay einbrachte, die »taz« brachte im Regionalteil einen längeren Artikel, und die Szenemagazine fuhren auch drauf ab. Yeah! So wird man also Local Hero: Man geht auf Toilettentour, und mit dem Bandnamen dazu konnte es auch nur zünden, so nach dem Motto »Das Leben ist nicht leicht, aber so tief wie wir kann man gar nicht sinken«. Wir druckten sogar Tour-Shirts, und wir brachten gleichzeitig (von meinem Doppeltapedeck in nächtlicher Sisyphus-Arbeit aufgenommene) Weltpremiere-Toilettentour-Live-Mitschnitte auf den Markt. Als Betreiber dieses Merchandising-Stands fungierte mein gelangweilter WG-Mitbewohner Ronald, der unser Bügelbrett wirklich sehr hübsch dekorierte, als Verkaufsstand der platzsparenden Sorte. Das Authentischte an der Tour war aber, dass es uns wirklich schlecht ging. Wir suchten die Scheißhäuser, die ja meist kalt und gekachelt sind, in der Vorweihnachtszeit heim, und mindestens einer von uns hatte jeweils Grippe, und zwar richtig, mit 40 Fieber, schön reihum, aber keiner von uns ließ auch nur einen Gig ausfallen. Ich fing an, von einer traumhaft guten Bandchemie wie bei FAITE MAIN zu träumen, und neben erneuter Buchung der Club-Besitzer (»Aber denn auffe richtigen Bühne, nä Jungs!«) kam es zu

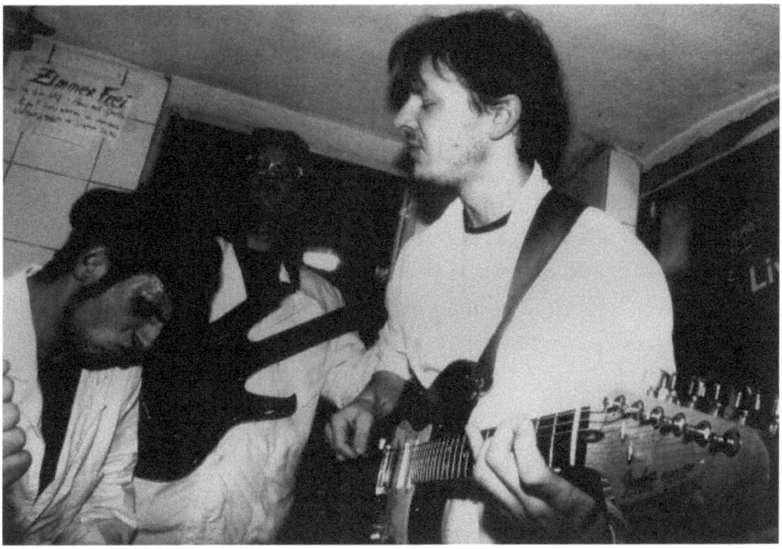

Weltpremiere der LIFE'S NO PICNIC-Toiletten-Tour im Bremer »Eisen«. Links der Autor, mittig Roland. Nicht im Bild: Trommler Hans (in einer der Damen-Kabinen), Jens (er vor, sein Keyboard auf dem Zigarettenautomaten). Grippe-Inhaber an diesem Tag: André (rechts im Bild)

mancherlei erfreulichem Zwischenfall. So spielten wir auch wieder auf der »Lagerhaus«-Toilette, als zeitgleich im Konzertsaal HAVE MERCY, eine Bluesband, spielten. In deren Pause kam der Gitarrist zum Pinkeln runter und ahnte nix Böses. Es war der alte Ahrensburger Jürgen S., der bautz erstaunt war, a.) mich in Bremen zu treffen und b.) eine Band auf einer Toilette spielen zu sehen. Ging also mit Fragezeichen im Gesicht zurück zu seinem Gig in den ersten Stock, erzählte »seinen Jungs« davon, und nach ihrer letzten Zugabe wollten sie gucken kommen, ob Jürgen diese hahnebüchene Geschichte von der Band auf Toilette nur erfunden hatte, aber wir hatten schon abgebaut und waren weg, im Keller, unserem Probenraum. Vermutlich haben sie Jürgen geraten, mal vielleicht andere oder gar keine Drogen zu nehmen. Im »Meisenfrei« kam eine alternde Nutte mit Zuhälter im Schlepp aufs Scheißhaus und setzte eine Wurst in die Schüssel, die uns geruchsbedingt zur Zwangspause zwang, trotz Tür dazwischen, und auch und vor allem in Zusammenhang mit ihrer Parfüm-Marke.

Im »Eisen« ging ein Alki kurz vor Gigbeginn scheißen und traute sich erst nach Beendigung des Programms wieder raus, weil ihn während der Sitzung eine Art Paranoia ereilte. Im »Schlachthof« schließlich verfolgte ich singend die Herren auf dem Weg zur Latrine, damit die Frauen draußen zumindest mal hören konnten, was aufm Männerklo so abgeht. Tja, nichts, solange ein Sänger das Mikro während des Pissens lauthals zum Fragenstellen missbraucht oder an den Strahl halten will … Männer sind nämlich zu doof zu begreifen, dass in Mikros normalerweise keine Kamera eingebaut ist. Ich habe an dem Abend nicht ausprobiert, ob Frauen diesbezüglich schlauer sind, um die Antwort auf die logisch folgende Frage mal gleich vorweg zu nehmen. Allein schon, damit das Mikro trocken bleibt, so strahltechnisch. Den letzten Tour-Gig spielten wir Silvester, und ich war dran mit 40 Fieber. Antibiotika, Grass und Sekt waren eine wahrhaft betörende Mischung für meinen von Watte umgebenen Kopf, und die gute alte Taktik des 100%-Gebens beim Singen ergab an diesem Abend eine Ton-Trefferquote von ca. 40%. Als ich um zwei Uhr morgens in meine WG zurückkehrte, um noch eine Mütze Schlaf zu erhaschen vorm Frühdienst im Behindertenwohnheim (Krankmachen ging nicht, weil die KollegInnen teilweise auf Klo mitfeierten – hätte einen schlechten Eindruck gemacht), war das unmöglich: Meine temperamentvolle italienische Mitbewohnerin hatte genügend temperamentvolle italienischstämmige BremerInnen um sich geschart und ließ es richtig krachen. Der Frühdienst erforderte dann viel Routine und Nerven aus Stahl. Mein Fahrrad ließ ich am Wohnheim stehen und schlief in der Taxe auf dem Nachhauseweg ein.

We played the toilets of a fishtown
In some cold december nights
Rocked some tidy cold toilet rooms
And awful flu was on our side

We made you sweat during a piss
And tried to give you what you miss
Gave you the chance to dare a kiss
On your strange neighbours lips

Worst influenca ever had since
I lost my voice in '89
And tried to heal myself with whiskey
I stayed unsane but I felt fine

We had some pot to stay in mood
we made you rolling in the hood
Hope you bought some of our goods
And you enjoyed our kind of soul food

Bad cold
Once came over me
Bad cold
Is deep inside of me

(LIFE'S NO PICNIC: »Bad Cold«)

Auf Jens und Andrés Veranlassung hin unternahmen wir einen letzten Versuch, ein wenig Hiphop in die Band zu bringen, indem wir per Anzeige »SängerIn/ RapperIn für Band m. Raum u. Gigs« suchten. Die antanzenden Damen waren aller Ehren wert: Eine Heavy-Metal-Braut mit getönter Pilotenbrille wartete vier Stücke lang darauf, dass wir »auch mal was von den SCORPIONS spielen«, denn das könne sie wohl singen (war die nicht auch schon bei der BLUES CONNECTION da gewesen? Hans mochte sich »lieber nicht mehr« erinnern). Eine andere verließ gleich wieder den Vorraum, ohne einen Ton gesungen zu haben, weil sie unser Bandlogo zu sexistisch fand (ein verbundener Zeigefinger in einem Getrieberad – wie viel Phantasie muss man haben, um daraus einen frauenfeindlich erigierten Penis zu erkennen?), und außerdem unterstellte sie uns »chauvinistische Tendenzen«, was humorbedingt sehr stimmte:

«Die kam bestimmt aus Mecklenburg. Bei den Vorpommern, die die hatte!«, so war der einhellige Band-Kommentar. Den Vogel schoss aber eine superknusprig gebaute 19-jährige Afrodeutsche ab, die ratlos die ersten drei Stücke anhörte, ehe wir sie zum Rappen aufforderten.

»Wie, ich soll jetzt dazu rappen?«

»Ja, deswegen biste doch hier.«

»Achja.«

Und dann tanzte sie, dass es vor Erotik nur so knisterte. Rappen war das nicht, aber ihre Nummer behielten wir noch einige Wochen, um vielleicht mal die gute alte Tradition der Gogo-Girls wieder aufleben zu lassen … Nun gut, wir entschieden uns denn doch für ein Dasein als konventionelle Rockband, ohne Gogos, ohne RapperIn, aber dafür mit blöden Altherrenwitzen. Schwein gehabt, Rapperin, harhar! Tschuldigung, war nur ein Scherz …

Nach Auskurieren der letzten bandinternen Grippeviren reifte in Rolands geschäftigem Gehirn schon die nächste Bombe: die Baggersee-Tour für den Sommer. Ein Diesel-Generator für den Strom, ein 7,5-Tonner für den Transport, Sponsoren (Stadtmagazine, Radiosender) oder Bratwurstverkauf wegen der Refinanzierung des Ganzen – mehr braucht es doch nicht, so war der Plan. In der Praxis fiel der Laster weg, weil wir unseren Kram auch mit PKWs transportiert kriegten, die Sponsoren fielen weg, weil »Bremer« und »Prinz«, die örtlichen Szene-Magazine, jeweils Exklusivrechte einforderten und Roland sie so geschickt gegeneinander ausspielte, dass keines der Magazine mehr Interesse hatte, und auf Grillen nach dem Auftritt hatte keiner von uns Bock, und die zumeist überrascht-überforderten Badegäste auch nicht. Blieben also Kosten und Spaß. Am Unisee in Bremen war Premiere bei bestem Wetter: Die Badegäste in unmittelbarer Nähe nahmen es gelangweilt zur Kenntnis, dass da so'n paar Verrückte am Strand Boxen und Instrumente aufbauten, um Krach zu machen. Der FKK-Strand hingegen, 500 m weiter weg, beschwerte sich über den infernalischen Lärm. Verständnislose Spaziergänger, die kopfschüttelnd versuchten, ihre durchgedrehten Hunde im Zaum zu halten, und eisleckende Kinder, die endlich mal von Nahem sehen konnten, wie ein Schlagzeug funktioniert, rundeten das gemischte Publikum ab. Am Stuhrer Silbersee gab's den Strom von der DLRG, das Bier von Jensens Mutter (also Hansens Schwester), und immerhin ca. 20 Badegäste bequemten sich vom Badelaken zu uns, um etwas abzufeiern. Mehr Baggerseetour war nicht, denn im Gegensatz zur Toilettentour fanden wir in der Presse diesmal nicht statt, und außer dumm-überraschten Gesichtern hatten wir kaum

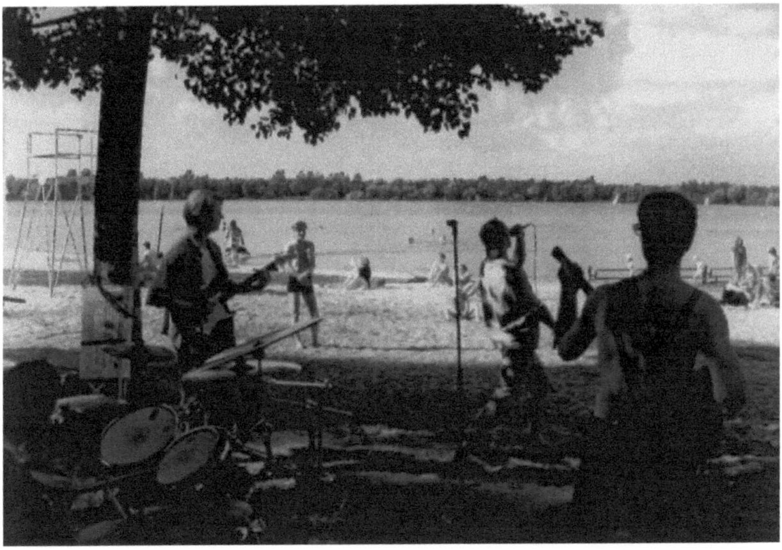

So ekstatisch kann Bremen sein: Der Mob tobt, als fünf Bekloppte eine weitere obskure Tour-Idee in die Tat umsetzen. Mögliche Ursache: der obenrum nackte Bassist Roland. Im Hintergrund, nicht von der Kamera eingefangen: wütende FKK-Gäste, deren Entspannung dabei Schaden nahm

Resonanz. So ist das eben, wenn man die Radiosender und Stadtmagazine im Bestreben des Optimal-Sponsorings so verärgert, dass sie einen totschweigen … Andererseits: Das ganze als Radiosender-Werbeveranstaltung mit einem hyperaktiv-durchgeknallten Außenreporter durchzuziehen, hätte nicht halb so viel Klasse gehabt.

Zumindest hörten die Völker unsere Signale am Silbersee-Tag, denn wir spielten an jenem Tag auch noch auf dem Sommerfest der Bremer Linken, die seinerzeit noch PDS hießen. Die Sozialisten zahlten sogar Gage. Aber unlocker waren die: Offenbar hatten sie ein Problem mit englischsprachiger Musik (vor uns waren irgendwelche Rapper aus der Bremer Bronx, nach uns ein Multikulti-Orchester), und die Übersetzung des Bandnamens bei der Ansage des führenden Bremer Genossen Klaus-Rainer Rupp lautete folglich: »Das Leben ist kein Frühstück im Freien«. Ja klar. Und ein Otto-Motor ist ein Viertaktzerknalltreibling … Ham die Nazis mal so gewollt, diese Sprach-Germanisierung, liebe Linke!

Andere Motto-Touren hätten von mir aus gern folgen können, denn LIFE'S NO PICNIC hatten genug Selbstironie und Stehvermögen, um ihrem Namen auch weiterhin alle Ehre zu machen. Leider sahen das Teile der Band anders. Ein FETTES BROT-Zitat traf Hansens Vorstellungen korrekter Gigs am Besten:

»Am liebsten spielen wir in intimen Stadien …«.

André schritt seinem Bauingenieurs-Diplom entgegen und wirkte zunehmend fahrig und unkonzentriert bei den Proben. Seine Belastbarkeit hatte die berechenbare Sollbruchstelle annährend erreicht, was unkonventionelle Auftritte betraf. Meine nicht: Cats-Uwe fragte an, ob ich Bock hätte, bei DOC DEE'S DYNAMITE auszuhelfen. Detlev, Zahnarzt in Meckelfeld, gönnte sich zum jährlichen Dorffest immer eine eigene Bühne auf dem Parkplatz seiner Praxis, fuhr zur Stammband noch Bläsersatz und Chor auf, lud Hamburger Rockgrößen zusätzlich ein (in diesem Falle: Ex FRUMPY-Drummer Carsten Bohn und Ex-B.SHARP-Gitarrist Rainer Baumann), und spielte dann seine Favoriten. Geprobt wurde in seiner Ärztevilla in Maschen (Flashback zum 2. Kapitel: TRUCK STOP wohnten nebenan!), und zwar in seinem zum Probenraum umgebauten – Swimmingpool! Im großzügigen Wohnzimmer stand seine gesamte Auflage an DOC DEE-CDs im Regal (zum Verschenken!), und beim Gig diente sein Penthouse über der Zahnarzt-Praxis in Meckelfeld als Backstage-Raum – mit Fahrstuhl zur Bühne quasi. Ich fand, dass solch kostspielige Hobbies unterstützt gehören, und sagte für 300 Mark Festgage plus Benzingeld zu. So stand ich dann im Chor, durfte »Mustang Sally« und »Superstitious« als Frontsau grölen, und in den Pausen zwischen den Sets genoss ich Prosecco, Schnittchen, frisch gedrehte und gehackte Substanzen und den Blick über Meckelfeld.

Eher halbherzig unternahmen die Picknicker derweil Versuche einer Bahnhofsgaststätten-Tour (das »Muddy's« in HB-Vegesack war ein schon von der Toilettentour bekannter Blues-Laden im dortigen Bahnhof, »Mama's Rock-Café« im Tostedter Bahnhof vermittelte Cats-Uwe, der stillgelegte Bahnhof zu Trittau wurde nix, doch dazu gleich mehr), sowie eine Heimatstadt-Tour: André und Jens waren als Bremer bzw. Stuhrer Gewächse schon abgehakt, aber

Roland (Münsterland), Hans (Bückeburg/ Göttingen) und ich (siehe vorherige Kapitel …) standen noch aus.

Ich machte den Anfang und buchte einen Bahnhofsgaststättengig im »Alten Bahnhof« in Trittau sowie einen in Ahrensburgs einziger verbliebener Live-Kneipe, dem »Avalon«. Meine Euphorie war groß bei dem Gedanken, als verlorener Sohn der Stormarner Band-Szene triumphal mit einer wirklich tight rockenden Truppe aus dem norditalienischen »Ausland« südlich der Elbe zurückzukehren. Ich mobilisierte die alten Seilschaften – und stellte fest, dass die ziemlich reserviert reagierten, oder aber gar nicht mehr in der Gegend wohnten. Der Trittauer Veranstalter vergaß zudem das Plakatieren und zahlte für den deshalb ausfallenden Auftritt immerhin die Hälfte der vereinbarten Gage. Heute wäre das anders: Dank eines neuen Besitzers »brummt« der Bahnhof wieder, allerdings müssten wir jetzt StandUp-Comedian sein, denn es finden dort entsprechende Nachwuchswettbewerbe statt, damit noch mehr dumme Fernsehshows noch mehr abgeschmackte Flachwitz-Erzähler zeigen können.

Blieb also das »Avalon«. Hier hatte ich auf mündliche Vereinbarungen vertraut, und das stellte sich als naiv heraus. Wegen Autobahnstaus schlugen wir später auf und bekamen gerade noch mit, wie der Besitzer des Ladens, ein öliger Schnee-Rüssler, unsere Plakate von der Wand riss, da er eine Abendgesellschaft erwartete, die offenbar mehr Geld in seine Kassen spülte als ordinäres Rock-Publikum. Was tun? – Kerker, der (als einziger Vertreter der Heimat-Mucker-Fraktion übrigens!) glücklicherweise früh da war, wusste Rat: Der gefeuerte Koch vom »Avalon« betrieb nun das »Cheers« und wartete nur auf eine Gelegenheit, seinem Ex-Arbeitgeber eins auszuwischen. Binnen zwei Stunden plakatierte der Ex-Koch nun in den einschlägigen Kneipen, richtete seine Kellerkneipe gig-gerecht her und sorgte zumindest für leckeres Catering. Die Gage ergab sich aus einem herumgereichten Hut und deckte die Benzinkosten. Es wurde voll, aber eine triumphale Rückkehr war es irgendwie nicht, eher enttäuschend, und peinlich gegenüber der Band, in der alten Heimat so einen Reinfall zu erleben: Von zwei gebuchten Gigs fand letztendlich ein halber statt. Hans spielte daraufhin in Göttingen lieber Reunion-Gigs mit LILIENTHAL, als sich eine ähnliche Blöße zu geben, und

Roland verhandelte vergeblich mit einem italienischen Restaurant am Münsteraner Aasee: Wir sollten dort, auf einer venezianischen Barkerole schippernd, die Lokaleröffnung vom See aus beschallen – wie gesagt, vergeblich ... Stattdessen hatte Roland aber was anderes Feines im Köcher. Sein Schwager, ein knochentrockener Jura-Student aus Hannover, wollte eine Party in seiner Wohnung geben. Wir waren das Geschenk von Rolands Frau. Das Wohnzimmer der Dreizimmerwohnung war nach dem Aufbauen halbvoll, und für einen Soundcheck war keine Zeit. Umgeben von ca. 40 Juristen und diversen weiteren FreundInnen des Gastgebers rockten wir später das Haus in einer Mehrfamilienhaus-Siedlung – und vergaßen dabei leider, das Fenster zu schließen. Die wegen Ruhestörung gerufenen Ordnungshüter drangen nicht zu uns durch, da sich das Treppenhaus flugs mit nicht wirklich lärmempfindlichen Nachbarn gefüllt hatte, die mitzufeiern gedachten. Wir rockten also unbehelligt zu Ende und erfuhren erst danach vom grün-weißen Besuch, als wir draußen Luft schnappen wollten. So bekamen die wartenden Nachbarn uns dann auch mal zu Gesicht, was sehr erbaulich war, denn es hagelte ernstgemeinte Tipps, wo man in Hannover (weil Messestadt: Bandintern »Fickstadt« genannt) als Band gut noch mal spielen könnte, und die tapfer durchhaltenden, stocksteifen Juristen in der Location hätten uns wahrscheinlich höchstens zum After Work-Club in der Schankwirtschaft »Zur letzten Instanz« vermittelt. Über André kamen wir woanders ran. Da sollte es auf der Insel Borkum eine »Reedeschänke« geben, wo viel Alternative Rock, Reggae und psychedelische Musik liefe, fürs Insulaner-Publikum, und wo dann und wann auch mal Live-Mucken wären. Die Konditionen klangen so unglaublich, dass wir einfach ja sagen mussten: Fährpassage inklusive Fracht frei, Kost und Logis von Freitag bis Sonntag frei, dafür keine Gage, volles Haus garantiert. Außerdem gäbe es in dem Laden Guinness und es sei direkt am Fähranleger, also logistisch lösbar. Das machten wir, und wir bereuten es nicht. Sämtliche Vereinbarungen wurden eingehalten, Booker und Wirt Andreas S. entpuppte sich als ein wirklich liebenswerter, kauziger Typ, den es nach Grenzöffnung aus Sondershausen auf die Insel verschlagen hatte, die fünf Ritter des Altherrenwitzes gaben von A bis Z alles, und der Borkumeraner an

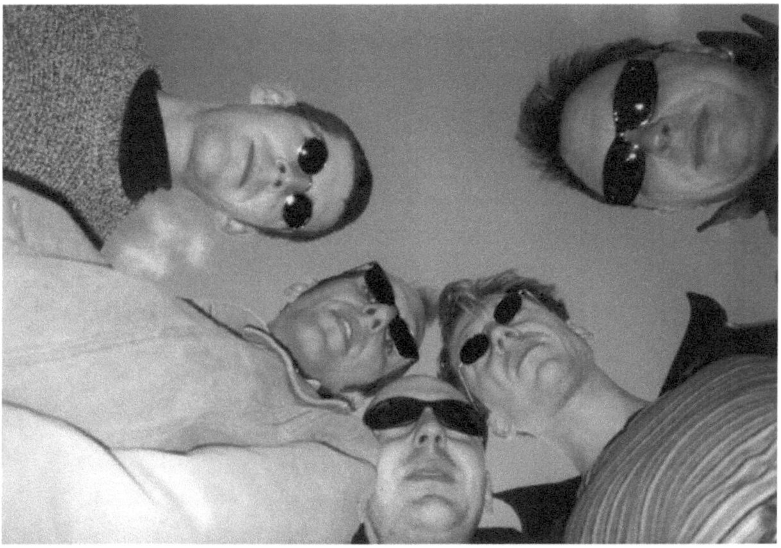

Das verkaterte Herrengedeck-Kompetenz-Team am Strand von Borkum: von 2 Uhr nach 10 Uhr: Hans, André, Sven, Till B., Jens »Keymaster G. Kacken«. Gut zu erkennen: die inseltypischen Augenringe

sich klatscht erst, wenn das reguläre Programm vorbei ist, so richtig ekstatisch, dann aber hartnäckig. The Borkum Experience.

Nach all diesen köstlichen Auftritten, von denen ich gern noch einige mehr gemacht hätte – scheiß auf Kohle, Spass soll es machen – tendierten Teile der Band doch mehr und mehr zu einer professionelleren Herangehensweise. Ein offizieller Tonträger musste her. Also: konventionelle Gigs, konventionelle Gage, damit Studio und CD-Pressung bezahlt werden können, ohne die Privatschatulle plündern zu müssen. Das Problem dabei: ohne CD keine konventionellen Gigs; an ungewöhnlichen Orten für kein Geld allerdings jederzeit gern …

Egal: Die Maxi »Say Picnic!« mit vier Stücken entstand unter der Regie von Rolf K. im »Alien Style«-Tonstudio zu Bremen-Walle. Den Titel wählten wir, weil es mit beiden Zeigefingern im Mundwinkel klang wie »Hey fick mich«. So war er eben, der Bandhumor. Passend dazu war direkt neben dem Studio die »Ramona-Bar« beheimatet, die mit folgendem genialen Slogan warb: »Kühle Drinks, nette Frauen, Freude am Leben!«

Was soll man mehr erwarten von einer Oben-Ohne-Bar? Oder gar vom Leben an sich? Der LIFE'S NO PICNIC-Humor setzte sich sowieso aus Altherrenwitz, pubertärem Sexismus, selbstironischem Größenwahn und geistreichem Flachwitz zusammen. Eine Mischung übrigens, die sich Unbeteiligten nie wirklich erschließen mochte, mir zumindest jedoch oft glückselige Kopf-Implosionen verschaffte. Wer zum Beispiel macht schon Hitlisten für die schönsten Kraftausdrücke der siebziger Jahre? Wer sagt, egal ob es passt, am Ende einer jeden Diskussion, dass am Ende doch der kleine Mann alles bezahlt? Wer macht schon aus der Bibel einen Sex-Roman, indem »das Wort« einfach durch »Pimmel« ersetzt wird (vgl. »das Wort halten«, »Wort im Munde umdrehen«, »Im Urbeginne war das Wort, und das Wort war bei Gott«, etc.)? Wer hat schon einen Keyboarder im Schweinepestbeobachtungsbezirk wohnen – und macht das bei Auftritten öffentlich? Wer hat Onkel und Neffe in der Band, und der Neffe muss sich permanent vom Oheim maßregeln lassen?

Aber ich schweife ab: Die CD entstand in beachtlichen drei Tagen, dank sensationellem Engineering von Rolf, der eigentlich als Gitarrist bei THE PACHINKO FAKE, SWIM TWO BIRDS und (auf Tour) bei JOACHIM WITT (»Hierrr kommt die Fluuttt«) wirkte. Von 500 gepressten Exemplaren behielten wir 150, den Rest sollte »Starfish Music«, ein Bremer Kleinstlabel, vertreiben. Unsere Gewinnspanne der eigenen Exemplare war gut, aber der Rest wurde außer in Bremer Plattenläden gar nirgendwo vertrieben oder beworben. Ich lernte, dass man nur dann nicht draufzahlt, wenn man alles selber macht. Dafür war es nun zu spät. Schade.

In diesem Zusammenhang entwickelte Roland eine weitere geniale Geschäftsidee: Er wollte in Bremer Szenekneipen umfunktionierte Zigarettenautomaten aufhängen, die CDs, Tapes und LIFE'S NO PICNIC-Zigaretten enthielten. Die Kippen würde eine Fabrik in der Ukraine herstellen und einen Automatenhersteller habe er auch schon an der Hand. Hans war mittlerweile ausgelernter Werbetexter und als solcher vermutlich in seiner Kreativität gekränkt bei jeder Idee, die nicht von ihm kam. Jedenfalls bekam diesmal Roland einen seiner cholerischen Anfälle ab, und nicht sein sonst als Zielscheibe dienender Neffe Jens. Am Ende stand, dass Roland die Band verließ, wegen »musikalischer und persönlicher Differenzen«, wie es bei etablierten Bands immer so schön heißt. Der Text dazu geht so:

You apologize for being overloaded
And you're hypnotized by the pressure in your veins
You don't hesitate and you speed up while you're loaded
Some times you celebrate those ice-cold business games

I've made my deal in a little man's world
And you don't take for real what really matters all around you
When you're faced with it you wipe off what occurs
Not a little bit sense for What's It all About

Lay back and get down
Before you're struggling down
Lay back and get down
You're the most nervous guy around

(LIFE'S NO PICNIC: »Lay back and get down«)

Auf Bassisten-Suche erlebten wir wieder ein Bewerberfeld, dass ein Panoptikum des bizarren Humors war. Vom Trucker, der ungefähr drei Töne mit Namen kannte und eigentlich nur alle zwei Monate, wenn er seine 30 Tonnen türkische Schafshälften sicher in Bremen hatte, diese drei Töne in geselliger Runde einflechten wollte, über den Elektrotechnik-Studenten, der wegen Lötkolbenarbeiten mit seinen sensiblen Fingern den tonnenschweren Bassverstärker von seiner zierlichen Freundin in unseren Keller tragen ließ, bis hin zum ganzkörperbehaarten Landfreak, der viel Spielfreude, aber leider null Rhythmus- oder Timing-Gefühl hatte, war alles dabei. Dann jedoch kam mit dem glatzköpfigen Sven (frisch eingetroffen in Bremen, aus Göttingen, ursprünglich Lübecker) jemand, der unserer Band-Chemie, der explosiven, gewachsen sein konnte. Er trug nämlich eine Baseball-Kappe mit Statler und Waldorf drauf. Altherrenhumor, den wir voll und ganz teilten, zumal der Gute ein gelernter

Metal-Bassist war, offen für manches. Wichtiger aber: Er war neutral, neu im Club und keine Heißdüse wie Roland. Allerdings stellte sich auch bald heraus, dass mit Roland das Hauptantriebsaggregat der Fregatte LIFE'S NO PICNIC weg war. Die Fahrt verlangsamte sich, unmerklich zunächst. Gigs wurden weniger, Bequemlichkeit wurde mehr, im Vorraum saßen und palaverten wir öfter, als dass wir im eigentlichen Raum groovende Rocker entwickelten. Es war die beste Band, die ich jemals hatte, musikalisch betrachtet. Ein unglaublicher Druck, ein souverän durchdachtes Songwriting, eine gut funktionierende, auf wenige Gitarren- und Keyboard-Sounds beschränkte Klang-Charakteristik. Es war meine wirklich allerletzte Chance, mit Musik Geld zu verdienen, mit eigener Musik. Diese Chance packte ich ein weiteres Mal nicht beim Schopf, vorwiegend wegen allgemeiner Müdigkeit und wegen mangelnder Risikobereitschaft. Das begriff ich aber erst viel später. Vorerst träumte ich ein bisschen weiter, ohne die Realität zu missachten. Der Markt für regionale Bands mit Eigenkompositionen brach innerhalb weniger Jahre weg. Zumindest im Großraum Bremen.

Gut, dass es die »Reedeschänke« auf Borkum gab. Wir checkten ein drittes Mal samt Freundinnen bei Andreas und Kompagnon Martin ein, freie Kost und Logis, *all inclusive*, mein Sohn im Bauch meiner damaligen Lebensabschnitts-Begleiterin dabei, und meine spätere Lebensabschnitts-Begleiterin (und Mutter meiner Tochter) fungierte seinerzeit als Kindergartenkollegin und Band-Chauffeurin. Prickelnd, rückblickend. Wir rockten die Inselfriesen einmal mehr, es gab zu trinken, Onkel Hans las zur guten Nacht noch ein wenig Max Goldt vor, der gesamte Tross wurde zum qualitativ hochwertigen Verprassen der ausgelobten »All-iclusive«-Gage von Andreas geradezu aufgefordert, und auf der Heimfahrt wurde, per Bordlautsprecher vom Käpt'n der Fähre persönlich, ein gewisser Schröder zum Kanzler ausgerufen, vermutlich, weil er auf Borkum ein Ferienhaus hat, oder weil der damalige Bundesinnenminister Seiters von der Insel stammt. Einige Wochen später erhielten wir eine Einladung zur Beerdigung der »Reedeschänke«. Natürlich fuhr eine Abordnung der Picknicker hin, um eine von Hunderten von Teelichtern beleuchtete Kneipe zu sehen, in der Reste-Trinken angesagt war – bis alles alle ist. Inselfriesen sind versiert in solchen

Sachen, und als ich nach drei unruhigen Stunden Schlaf in der Nähe der Lokalität (als Guinness und Kilkenny alle waren, widmete ich mich den Wodka-Resten) an die frische Luft ging, verließen die letzten Gäste gerade das Schlachtfeld. Es war morgens, bleischwere Melancholie lag über der Szenerie, Borkum hatte keine Rock-Kneipe mehr, und uns fehlte so'ne Art Lieblings-Auftritts-Ort.

Es war Ende September, der Himmel war grau, die Touristen waren schon weg, und ich dachte ans »Klönschnack«. Sven und ich versuchten noch, weitere Auftritte an Land zu ziehen, Jens auch, wir wollten Rock 'n' Roll, und ein neuer Tonträger musste her. Die Vorbereitungen dafür zogen sich hin, die Finanzierung stand auf wackligen Füßen (als Erziehungsurlauber ernährte ich meine Kleinfamilie von Sozialhilfe), und der Herr Werbetrommler schien dem Größenwahn zu frönen, was Vorstellungen eines optimalen Studio-Aufenthaltes betraf. Es wurde ein Fiasko. Der arme Engineer (er hieß Koma mit Nachnamen, das weiß ich noch …) war mit unseren internen Streitigkeiten und den unklaren Vorstellungen bezüglich Musik und Produktion überfordert, Hans hatte offenbar den richtig dicken Profi raushängen lassen, dabei aber leider die entsprechenden Entlohnungstarife gnadenlos gedrückt – ja, die Luft im »dub-city«-Studio war elektrisch an diesen drei Tagen im Mai. Sie blieb es auch danach, im Probenraum. Anspruch und Wirklichkeit lauteten die Plus- und Minus-Pole, die für Spannung sorgten. Drei Mucker hatten die Idee, wenn schon wenige Gigs zu spielen, dann doch wenigstens vor vielen Leuten, wegen der breiten Streuung, vor allem aber wegen des neuen Tonträgers, aber wenn der Herr Gitarrist bei Regen nicht auf einem Open Air spielen mag, und wenn der Herr Trommler auf Festivals keine nächtlichen Auftrittszeiten akzeptiert, »weil dann eh' keine Sau mehr da ist« (Ich so: »Hääh?«), dann sollte eine Band über ihre Chemie nachdenken. Wir taten das mit Altherrenhumor, lautstark und hässlich, und als meine Bemühungen, Festival-Gigs zu buchen, als »hirngefickte Hippiescheiße« abgetan wurden, verkündete ich meinen Ausstieg, packte umgehend meine Sachen und verließ die Lagerhaus-Katakomben. Aus dem Gig im Maisfeld-Labyrinth alter Ahrensburger Kumpels wurde nix, was zwei Wochen vorher – die Programme waren gedruckt – in Sachen Gig absagen nicht so prickelnd war. Ich fuhr hin, und während einer der verantwortlichen Veranstalter mir wegen Unprofessionalität Schläge androhte, holte Maislabyrinth-Designer Harry eine Flasche Whiskey raus, und meinte nur: »Wenigstens auf dein Chaos kann man sich verlassen, Chaos.«

Ja. Dann becherten wir, und zwischendurch erklärte ich den ganzen Altkadern aus Ahrensburg, warum sie nun schon wieder keinen Chaos mit Bremer Band sahen (im »Avalon« war das ja schon mal schiefgegangen). Was blieb, war ich als Hausmann mit zehnmonatigem Sohn, Sozialhife-Empfänger und Teilzeit-Sänger bei Jörgs Endlos-Studioprojekt, wo ich alle Vierteljahr mal hinfuhr, ohne wirklich dahinterzustehen. Die Beziehung zu des Sohnes Mutter kriselte kräftig, bei Jörg ging nix voran, und meine Unzufriedenheit wurde auch durch den Wiedereinstieg ins Arbeitsleben nicht besser.

FAITE MAINer Axel wohnte mittlerweile auch mit Kind und Frau in Bremen, in der Nachbarschaft lebte ein netter Drummer namens Taco (wie André auch Ex-YELLOW CAKE), und so versuchte ich, mit den beiden sowie Sven, Sessions zu machen, um vielleicht eine Band draus werden zu lassen. Es wurde nix draus: Die Beziehungen von Axel und mir gingen in die Brüche, wir wurden also beide getrennt lebende Väter – was eine ausgeklügelte Privat-Logistik erfordert, die mit dreijährigen Kindern noch wenig spontanes Mucker-Leben zulässt. Der nette Drummer von nebenan wohnte wenige Monate später mit meinem Sohn und meiner Ex unter einem Dach, und er war ein Mitauslöser für unsere Trennung. Band aufgelöst, Neustart schiefgegangen, mit Bremen innerlich abgeschlossen, aber einen zweijährigen Sohn. Ich entschied mich per Bauch, zurück in die alte Heimat zu ziehen, unter großen Schmerzen desselben. Abstand, Neustart, Sammeln, klare Kante für alle Beteiligten, so dachte ich mir das. Eigentlich dieselbe Nummer wie anno '94, nur diesmal als Rückfahrschein. Ein weiteres Mal hatte ich die Möglichkeit, mir intensive Gedanken über mein bisheriges Leben zu machen, und die Vokabel »scheitern« bretterte im Kreis durch meinen Kopf und fand die Ausfahrt nicht. Schön war was anderes.

Und was fehlt? Richtig:

Die gefühlten Charts 1994–2001:

1.	**Ani Di Franco:** Buildings And Bridges (nicht nur, dass diese Frau schier platzt vor musikalischer Intensität, nein, einen wahnwitzigen Output an Veröffentlichungen hat sie auch noch. Und denn alles in Eigenregie: Respekt!).
2.	**Dead Moon:** Diamonds In The Rough (jährlicher Konzert-Pflichttermin: Ein altes Ehepaar an den Saiten, und des Drummers ewiges Licht auf einer Jack Daniels-Flasche über der Bassdrum postiert, und Gitarren in Pappkartons, und alles nach kaltem Kippenrauch stinkend, und ... ach, Rock 'n' Roll eben!).
3.	**Jingo de Lunch:** Lies (für mich ein ständiger Begleiter in der ersten Bremen-Zeit. Vielleicht bringt meine Jingo-Baseball-Cap ja irgendwann mal richtig Asche bei ebay!).
4.	**The Cranberries:** Zombie (Tränen der Rührung bei ihrem Roskilde-Auftritt: Die Stimme engelsgleich, die Dynamik im Zelt wie eine Lawine – und ich in drei Metern Höhe darüber, mit zwei vorgebauten Tüten auf einem Halteseil stehend – artistisch geradezu!).
5.	**Engelbert:** Lesbian Seagull (Remeniszenz an den Bandhumor von LIFE'S NO PICNIC. Entstammt dem Soundtrack von »Beavis and Butthead do America«. Exakt der Film zum Humor, quasi!).
6.	**Soulwax:** Much Against Everyone's Advice (Bizarre-Festival 1999: So möchte ich auf jedem Festival geweckt werden! Wahnsinns-Band, leider meist im Nachmittagsprogramm zu sehen. Soulwax als Headliner, das wär's ... schon allein wegen der Neonröhren an den Mikro-Stativen).

7.	**Skunk Anansie:** Charity (was diese Kapelle in der Harald-Schmidt-Show verloren hatte, wo ich sie zuerst sah, ist mir schleierhaft. Festivals passen besser).
8.	**Motorpsycho:** Vortex Surfer (gern wäre ich Norweger gewesen, um zum Jahrtausend-Wechsel 24 Stunden lang nur diesen Song im Radio zu hören – geile Idee ...).
9.	**Stoppok:** Twentours und Seniorenpass (feiner Deutschrock, seinerzeit mit der Hamburg-Blues-Band-Rhythm-Section unterwegs. »Ich bin jetzt schon knapp über dreißig, war im Leben noch nie richtig fleißig ...«. Ja eben!).
10.	**Harald Juhnke:** Es War Ein Gutes Jahr (das Beseitigen von WG-Party-Trümmern war mit diesem Soundtrack ein Klacks, und Silvester-Besäufnisse am Bremer Sielwall-Eck bekamen mit Harald eine ganz neue Note).

Wie alles anders wurde, aber irgendwie auch gleich blieb

Alone again, but this time it's different
We quit and split and I fell so deep
Been your decision and I agreed
My heart is stomping some sad slow beat

Walking round in circles, don't know what to do
I should organize myself
But I'm stone cold empty, I'm thinking about
Do we feel the same? Are you paralized, too?

How you feel
How you are, how are you doing?
Is it real?
Have we gone much too far apart?

(STILL TUNED: »How you feel«)

Anhand der Immobilienpreise im Hamburger Speckgürtel landete ich nicht wirklich in der alten Heimat Ahrensburg, sondern (nach Besichtigung von 42 preisgünstigen Wohnungen im ländlichen Umland) in Lasbek-Dorf. Die Wohnung war bezahlbar, aber sehr basic. Nicht nur Hamburg war mittlerweile wieder so teuer wie acht Jahre zuvor, nein, auch das dörfliche Umland mochte mittlerweile städtische Preise für Zweizimmerwohnungen mit Grün nehmen – und das sollte es denn doch schon sein, obwohl die Trennung, der Umzug und das Ungewisse, Kommende eigentlich nicht mehr als ein Einzimmer-Wohnklo zugelassen hätten, finanziell gesehen. Vorrangig dachte ich dabei an meinen Sohn. Wenn ich schon den Trennungsschmerz für diesen gerade mal zweijährigen Wurm verdoppelte, indem ich weit weg zog (was außer mir so ziemlich niemand verstand, ich heute auch nicht mehr ...), dann sollten die ausgehandelten Besuchs-Wochenenden doch bitte mit netten Rahmenbedingungen für Robinsohn und Papafreitag ablaufen, die da hießen: Kontrast zur Stadt, Kinder-Anschluss in Wohnortnähe und viel frische Luft. Die feuchte und fußkalte Behausung bot einen Blick auf Pferdekoppeln, Sonnenuntergänge und die A1 nach Lübeck, der Hinterhof des Gehöfts bot Rasen, Sandkiste, gefliesten Parkplatz zum Bolzen und Dreirad fahren, und der türkische Vermieter wohnte samt Sippe auch dort. So war es in der Sohn-freien Zeit mit der ländlichen Ruhe zum Nachdenken und Sammeln meist nicht weit her, denn der Anatolier an sich ist offenbar ein recht expressiver Gefühlsmensch. Er unterhält sich vornehmlich brüllend, hält seine Töchter kurz, gewährt seinen Söhnen dafür alle Freiheiten der Welt (solange sie minderjährig sind), vereinnahmt gern seine Mieter, indem er Hilfen anbietet, ohne dabei Ablehnung oder replikante Hilfen anzunehmen, und zeitliche Abmachungen oder baupolizeiliche Belange beim Ausbau des ihm eigenen umbauten Raumes sind ihm fremd. So schlug ich zwecks Platzgewinns für einen Küchentisch mit ein bis zwei Sitzgelegenheiten den Durchbruch einer Wand in meiner verwinkelten Küche vor, vorausschauend für den Sommer geplant, um Trockenheit und Wärme auszunutzen. Der Anatolier an sich denkt gern laut und lange über anatolische Lösungen von gestellten Aufgaben nach, in diesem Falle drei Monate, was weitreichende Folgen hatte: Bis zum vereinbarten Termin türmten sich vor meiner Eingangstür Maurerutensilien und Gerüstteile. Daraufhin räumte ich die Küche leer – und fuhr zunächst mal auf das Roskilde-Festival, einer alten Tradition folgend. Meine Katze übergab ich in die Obhut des Vermieters, er jedoch, offenbar die Katze als Ungeziefer betrachtend, beachtete sie nicht weiter, sodass sie sich vom Tauwasser des glücklicherweise abgetauten Kühlschranks ernährte, denn draußen auf die Pirsch gehen war wegen des mit Trockenestrich und Betonwannen voll gestellten Flures nicht möglich. Im Anschluss päppelte ich das arme Tier wieder auf Normalmaß und wartete zwei Wochen gespannt auf den Abriss der verschimmelten Leichtbauwand. Als dies geschehen war, lebte ich 2 1/2 Wochen in Schutt und Staub (trotz weiträumig installierter Abdeckplanen der anatolischen Sippe), wurde allerdings täglich mit

Bergen von Döner Pide, Reis und Schmalzgebäck aus eigener Herstellung gemästet. Erschwerend hinzu kam noch, dass nebenan eine altersdemente Frau wohnte, verwahrlost bis in die Haarspitzen, die bisweilen ihren Fernseher anbrüllte, was sie für ein schweres Leben gehabt hätte, und alle seien gegen sie gewesen, alle!!!, und wen interessiere das schon, wen?, wen???, undsoweiter. Die Wände waren dünn … und mein Nervenkostüm auch.

Ich lernte viel über Selbstbeherrschung in den ersten Lasbeker Monaten, auch wegen der Besuchs-Regelungs-Verhandlungen bezüglich meines Sohnes am Telefon – es gab viel dreckige Wäsche zu waschen offenbar. Der Arbeitsmarkt für Heilerzieher gab nur Himmelfahrts-Kommandos her, von denen ich mir das Durchgeknallteste aussuchte: Die Reintegration eines auto-, sach- und fremdagressiven frühkindlichen Autisten in Wohngruppe und Behinderten-Werkstatt, der neben ca. zwölf Allergien gegen alles Mögliche auch Diabetes mellitus Typ1 sein eigen nannte, ohne all das selbst regeln zu können. Klaren Strukturen zuliebe übernahm ich das Blutzucker-Regulierungs-Programm der Autisten-Mutter: täglich zwei Spaziergänge in Wald, Feld und Flur – Wetter egal –, zweistündliche Blutzuckerkontrolle, ansonsten Erhalt und Förderung der vorhandenen Fähigkeiten und Fertigkeiten, die wg. Sprachverweigerung schwierig herauszufinden waren bzw. sich als von der Mutter hineininterpretiert herausstellten. Von drei bewilligten Planstellen (je 30 Std.) wurde eine besetzt – durch mich, denn andere Bewerber sprangen kurz vorher ab oder erschienen gar nicht erst, nach reiflicher Überlegung. Ich tat, was ich kann: elf Tage Dienst, drei Tage frei, 48 Arbeitsstunden pro Woche. An den freien Tagen kam mein Sohn zu Besuch. Manchmal fuhr ich nach Feierabend Jörg und Uschi besuchen, die ewigen Aufnahmen vorantreiben, denn sie wohnten nur noch eine halbe Fahrradstunde entfernt, keine anderthalb Autobahnstunden mehr. Ansonsten war ich schlicht zu kaputt, um irgendwelche weiteren Aktivitäten bezüglich alter Seilschaften zu starten. Täglich acht Stunden topkonzentriert einen sprachverweigernden Autisten im Zwei-Meter-Abstand zu begleiten, und dabei aggressive Tendenzen im Keim zu ersticken und nebenbei Blutzucker, Ernährung und Elternkontakte zu regeln, das frisst an den Nerven. Wann bitte soll da noch ein Musiker-Gehirn frei aufspielen können? Nach drei Monaten bekam ich zur Entlastung eine Aushilfe zur Seite gestellt. Ein Monat behutsames Gewöhnen aneinander (Autist/Aushilfe), ein Monat vertiefendes Einarbeiten in die Materie (Aushilfe/ich), und dann ein Monat Urlaub für Seele und Körper.

Dieser Urlaub schien mir richtungsweisend für die zukünftigen Prioritäten meines Lebens: Ich schlief in der ersten Woche viel und aß dafür wenig, hatte in der zweiten Woche für satte sechs Tage den Sohn zu Besuch, den ich vor Jahresfrist noch erziehungsurlaubend nonstop betreut hatte, und in den weiteren 14 Tagen fuhr ich aufs HURRICANE sowie nach ROSKILDE, mit dem einzigen Ziel, das Gehirn abzuschalten und nicht zu denken. Das gelang so vorzüglich, dass ich im August dieses umstellungsreichen Jahres auf Anfrage einer Kindergartenkollegin und zeitweiligen Band-Chauffeurin aus Bremer Zeiten zusagte, sich doch mal auf dem ZYTANIEN zu treffen, einem kleinen Umsonst- und Draußen-Festival nahe Hannover. Ex-Kollegin Frauke hatte meinen Kumpel Stefan W. und mich schon aufs BIZARRE und eben aufs HURRICANE begleitet, und wir hatten lose Kontakt gehalten, unsere jeweiligen Söhne miteinander spielen lassen, nix ernstes also. Nun schalteten wir aber beide unsere Gehirne ab aufm ZYTANIEN, und so wurde nach fünf Monaten des Zauderns doch so was wie eine Beziehung daraus, genauer: eine Fernbeziehung. Einen weiteren Monat später wurde ich Wohngruppenleiter. Der Autist war der erste, der einzog, von insgesamt neun BewohnerInnen. Neues Haus, neues Team, freie Gestaltungsmöglichkeiten – eigentlich das Ziel eines jeden Heilerziehers, und eigentlich ein guter Zeitpunkt, sich endlich für die seriöse Variante des Lebens zu entscheiden, auch der eigenen Gesundheit zuliebe. Eigentlich. Uneigentlich holte mich zeitgleich die Vergangenheit ein, und ich Spacken rechnete wirklich nicht damit in der alten Heimat. Die Bremer Zelte weitestgehend abgebrochen, für ein Wiederaufflackern alter Rock 'n' Roll-Feuer weder Zeit noch Kraft, und die raren freien Wochenenden ohne Sohn bretterte ich nun auch noch nach Bremen, auf meiner eigentlichen zweiten Heimat, der A1, der Liebe wegen.

Im Zuge der Autisten-Begleitung war ich täglich in der Ahrensburger Behindertenwerkstatt zu Gast, wo einige Kumpels mal Zivis waren, und wo offenbar noch alte Seilschaften wirkten. So kam es, dass ein sympathischer Zivi heutiger Prägung eines Tages vor mir stand und fragte, ob ich der wäre, der auch Musik mache. Da Jörgs Endlos-Projekt von mir aus gern ein Ende haben sollte und der sympathische Zivi sich als des Mischens mächtig zu erkennen gab, sagte ich ja und vermittelte ein wenig meine derzeitige Lage als Sänger. Wenige Wochen später saßen quasi drei Musiker-Generationen Stormarns beieinander, in einem Heimstudio im letzten Haus vorm Ende der Welt: Jörg (50), Chaos (35) und Jo (21), besagter Zivi. Diese Kombination öffnete mir in vielerlei Hinsicht die Augen. Zum einen wurde mir klar, dass Jörg nicht nur an der Grenze seiner technischen Möglichkeiten war, sondern auch in gewisser Hinsicht gar kein Ziel vor Augen zu haben schien – der Weg war sein Ziel, und dieser Weg beinhaltete den Traum vom dicken Auftritt, das Lamentieren über die doofen Plattenbosse, den Glauben an die Musik längst vergangener Tage. Leider beinhaltete dieser Weg nicht die realistische Einschätzung der Vermarktbarkeit, ja, Vermittelbarkeit des Erschaffenen. Eine Westcoast-Santana-Latin-Blues-Mischung, mit der Technik von vor zehn Jahren aufgenommen, bei gleichzeitiger Dickköpfigkeit und Nicht-Finanzierbarkeit in punkto Neuerungen, ließ die Vorstände von Sony, WEA oder Universal nicht gerade an Jörgs und Uschis Tür klopfen, zumal sie nicht einmal die Adresse wissen konnten. Frisch gebrannte CDs wurden nämlich nicht etwa an Plattenfirmen, sondern an Schulter klopfende Freunde verschickt oder verkauft. Obwohl Jörg sich des lieben Arbeitslosengeldes wegen eine Umschulung zum Web-Designer hatte aufschwatzen lassen, gab es zudem keine eigene Homepage. Zum anderen entpuppte sich Jo als lichtschneller Checker jedweden Mischproblems inklusive sofortiger Lösung, zudem als guter Gitarrist, Bassist, Diplom-verdächtiger Drummer, kurzum: Ein Wunderkind (was Wunder, wenn sein Vater der heutige Großmogul des Musikfachbereichs meiner guten alten Stormarnschule, Dozent an der HfbK Hamburg und in der SHMF-Akademie in Salzau in Personalunion ist, und seine Mutter ähnlich hochbegabt als Lehrerin und Klarinettistin unterwegs war und ist … Gene sind die halbe Miete!). Ich setzte folglich Jörg ein dreimonatiges Ultimatum bezüglich Eintütung der zweiten CD, und da er dies erwartungsgemäss nicht schaffte, beendete ich die Zusammenarbeit nach Ablauf der Frist. Zwischenmenschlich war das schade und hart, aber musikalisch überfällig: Das war nicht ich.

Jo holte derweil seine Homerecording-Ergüsse aus dem Köcher, denen Gesänge fehlten, was ich ja irgendwie von früher schon kannte, spielte mir die Playbacks vor, die eine Mischung aus Trance-Gewaber und Hiphop-Loops mit viiiiel Liebe zum Detail darstellten (aha, so verbringt die kiffende Jugend also heutzutage ihre Freizeit, war mein erster Gedanke), und fragte, ob ich dazu denn wohl deutsche Texte beisteuern könne.

Deutsche Texte! Da waren sie wieder, und diesmal sagte ich ja, und die kiffende Jugend war begeistert. Außer Jo saßen in seinem Einzimmer-Appartement, in dem wir – von schwerhörigen oder schichtarbeitenden Nachbarn unbehelligt – aufnahmen, oft Bo, Jonas und Seb herum. Dadurch erhielt ich einen fundierten Einblick in die heutige Jugendkultur meiner Heimatstadt und gleichzeitig hatte ich eine völlig neue Rolle inne, denn nun war ich nicht mehr das ewige Band-Küken, sondern der alte Sack, der viel erzählt, wenn der Tag lang ist, der, der sich nicht mehr durch Großmäuligkeit beweisen muss, der, dessen konstruktive Kritik ernst genommen wird. Gleichzeitig war ich der Unwissendste von allen Anwesenden, denn als Einziger besaß ich keinen funktionstüchtigen PC, keinen Internetanschluss (wir schrieben das Jahr 2003!), hatte keinen blassen Schimmer von irgendwelchen Soundfiles, Sampler-Möglichkeiten und sonstwas. Ich war das eigentliche Fossil der Runde. Ich hinkte der Zeit gewaltig hinterher, und hatte keine Zeit, die Zeit einzuholen, weil Arbeit, getrennt lebender Sohn in Bremen und die alten Freundschaften in Ahrensburg und Bremen ihren Tribut forderten. Vielleicht war ich mittlerweile aber einfach auch zu faul, zu müde, zu wenig belastbar, oder mir war der notwendige Funke Begeisterung auf eine gewisse Art abhanden gekommen. Tja: Vielleicht war ich auch einfach ein bisschen zu schnell Mitte dreißig geworden.

Geh aus dem weg, Herbst
Hab keinen Bock auf trübe Tage
Es drückt mich runter
Dieses Grau in Grau ohne Farbvorgabe

Weg ist das Laub jetzt
Und kein Farbflash kitzelt meine Linse
Und es wird nicht bunter
Von diesem verrotzten Grippe-Leidens-Gewinsel

Geh aus dem Weg, Schmerz
Falls Du in mich fährst und in meine Glieder
Die Regler runter
Ja da sinkt die Laune und es steigt das Fieber

(MONONOM: »Herbst im Norden«)

Die erste Nummer war »Herbst im Norden«, die zweite »Vorbei«. Depressions-Bekämpfung und Trennungs-Verarbeitung, frisch verliebt und Hummeln im Hintern, und die Texte wurden vorher gelesen und ernst genommen. Ja wann hatte ich das bitte zuletzt?!? Oder jemals zuvor? Noch dazu wurde ich ermuntert, doch noch mehr emotionale Tiefe in die Texte zu bringen, und das in meiner Trennungs-Verliebtheits-Situation. Bleischwere Brocken schrieb ich mir von der Seele, immer zweifelnd, ob soviel geistiger Bodensatz wirklich gesungen und veröffentlicht werden sollte. Und der Sound: Die Aufnahmen dauerten ein Fünftel so lang wie bei Jörg, schienen vom technischen Aufwand her halb so schlimm, klangen aber zehnmal besser. Und noch geiler: Probenraum-Aufnahmen zufolge konnten die Jungs nicht nur Tastaturen bedienen, sondern auch mit richtigen Instrumenten ordentlich kesseln. In diesem Zusammenhang kam es zu einer Session-Besetzung im Keller von Flo's Eltern. Jo bretterte die Gitarre, der alte SHE SAID HE SAID-Basser Dirk S. reanimierte einige wenige Male seinen Darmträger, Flo (HIGHWAY ROCKERS) schluderte auf seinem Kitt herum und ich brüllte frisch geschriebenes Deutsches an die Kellerdecke einer altehrwürdigen Gründerzeitvilla in Ahrensburgs Alleengegend, die Flos Eltern gehörte. Dass Flos Vater Ex-Redakteur von Springers »Welt« war, ist dabei (Heimatkreise schließen sich: Probenkeller in Elternhaus, Verlagswesen als seriöses Konversations-Thema – Schabbis Vater arbeitete zu LEBENSECHT-Zeiten bei der Springer'schen

Haus-Spedition namens Overbruck) eine Fußnote am Rande. Um ein Haar hätten wir sogar in dem Maisfeld-Labyrinth gespielt, wo LIFE'S NO PICNIC eben nicht mehr spielten (wegen der Auflösung damals), und weil eine auftretende Band einen Namen braucht, erfüllte ich mir einen alten Traum und nannte uns DIE POPELFRESSER. Popelfressen ist eins meiner ältesten Hobbies, und wie Hape Kerkeling mal sehr richtig sagte: »Der Popel ist der Kaviar des kleinen Mannes.«

Leider traten wir aus verschiedenen Gründen in dieser Konstellation nie zusammen auf, auch nicht im Mais. Schade: Ich bin von diesem Namen immer noch überzeugt. Tja, und mehr war denn musikalisch auch nicht mehr in der alten Heimat. Trafen mich also alt- und teilweise schon graugewordene ehemalige LEBENSECHT-Fans auf der Straße:

»Ey Chaos, Alder! Und? Wann spielt ihr wieder mal?«

»Ja wie? Meinst du mit LEBENSECHT? Puh, man soll nie nie sagen …«

»Aller, däs waah sooou goiel, do, damals.«

»Hmmh.«

»Hab Dich läänge nich gesehn – warsse wech ausse Gegend?«

»Ooooch … jaaa … So knapp acht Jahre.«

»Eagn' wäs mit B, nä? Berlin?« »Na ja, mehr so Bremen.«

Während dieses Gegenüber also in der Regel Erfolg, Beruf, wohlgeratene Kinder und intakte Ehe zu bieten hatte (zumindest nach außen), so wusste ich nur äußerst kurz von meinem derzeitigen künstlerischen Œuvre zu berichten, spielte aber auch gern die seriöse Trumpfkarte des Titelinhabers aus: Wohngruppenleiter! Berufliche Neuorientierung gewissermaßen, und interessanter wurde ich so für alte Fans bestimmt nicht. Meist fügte ich noch an, für einen Sänger nun wirklich zu alt zu sein, »um noch so richtig durchstarten zu können« – was ein Stück weit vielleicht sogar stimmte, aber vom selbstdarstellerischen Aspekt her nichts mehr mit dem Chaos alter Tage zu tun hatte. Also wollten einige alte Fans mit mir nichts mehr zu tun haben, schien mir. Komisch: Es war mir egal! Kein Enthusiasmus, keine Eitelkeit regte sich mehr in mir. Es gab Wichtigeres in meinem Leben! Aber eine ganz wichtige Frage schwebte tonnenschwer über mir: War's das mit dem Rock 'n' Roll, der vor dreißig Jahren über mich kam?

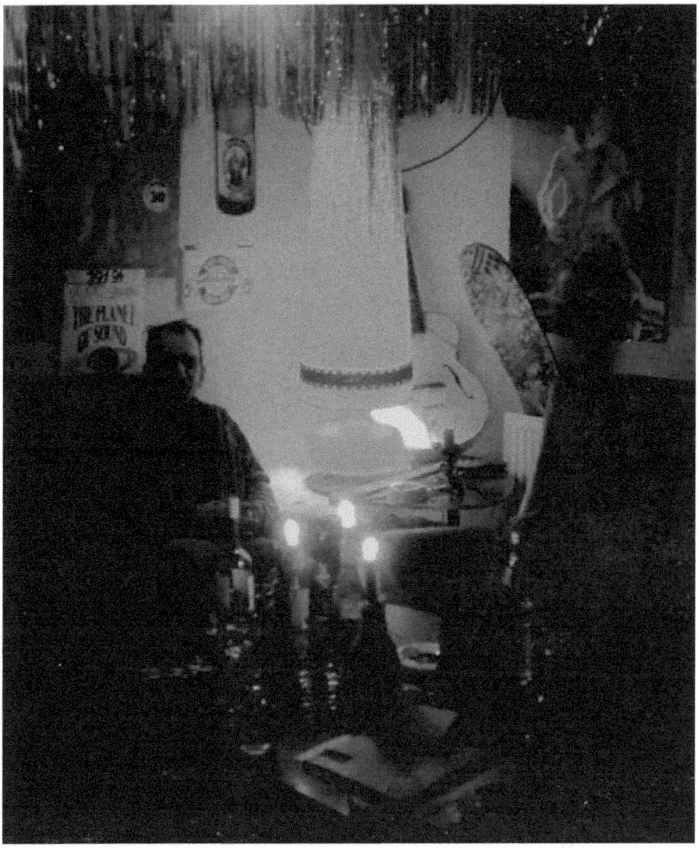

Vorbildliche Probenraum-Dekoration bei Flo im Keller: Angus Young hängt an der Wand, darüber die »Reval«-Girlande, das Beleuchtungskonzept ist durchdacht, Single Malt steht auf dem Tisch, und man kann in alten Speisekarten des »Klönschnack« blättern

Wie hatte ich überschwänglich zu Zivi-Zeiten noch gesagt?: »Bis dreißig ist Rock 'n' Roll, und dann mal sehen, seriös werden und so.« Wahrscheinlich trompetete ich das nach irgendeiner LET THEM TALK- oder SHE SAID HE SAID-Probe, in der »Bar Centrale«, umgeben von Mitmusikern und/oder FreundInnen, heraus. Fünfunddreißig war ich nun, das mit der seriösen Kleinfamilie hatte sich erledigt, aber immerhin ein seriöser Beruf war da. Ich kiffte vereinzelt noch ein wenig, rauchte statt 50 nur noch fünf Kippen täglich, trank merklich weniger Alkoholika, ließ alle anderen berauschenden Substanzen aufgrund jahrelanger punktueller Experimente (und mehrheitlicher Scheiß-Erfahrungen) komplett weg, und ich wechselte immer mehr die Seiten: statt selber spielen lieber beim Spielen zugucken. Und weil der Euro ein Teuro ist, und weil Einzelkonzerte zu zivilen Preisen Mangelware waren in Hamburg, besuchte ich mehr und mehr Festivals – soweit die Sohn-Wochenenden und die Gruppendienste dies zuließen. Viel Musik für vergleichsweise wenig Geld, und Danebenbenehmen und Klischees von bösen Rockertreffen, die auf Rockfestivals bestenfalls noch abgemildert und massenkompatibel stattfinden, sind inklusive. Ich wurde unmerklich zu einem, der ich früher nie werden wollte: einem Passiv-Musiker, einem Dauer-Nörgler, ja: zu einem Vertreter der Musiker-Polizei, der mit verschränkten Armen in der letzten Reihe steht und lästert. Immerhin kann ich dabei noch über mich selbst lachen, sodass statt Verbissenheit und Verbitterung eher Ironie und selbstverarschende Tendenzen Trumpf waren. Als Frontmann all meiner Bands hätte ich mir einen zahlenden Konzertbesucher wie mich nie gewünscht. Manchmal rief ich mir das auch ins Gedächtnis, und prompt konnte ich dann meine Coolness über Bord werfen und abgehen wie ein Zäpfchen (manchmal sogar TANZEN, was ich vorher nicht für möglich gehalten hätte …). Tja, aber ich komme eben immer noch nicht aus meiner Haut …

KETTCARs »Landungsbrücken Raus« beinhaltet eine Zeile, die den schönsten Sommer meines bisherigen Lebens bündelt:

2002 the year Schwachsinn broke
Jenseits von cool und raus aus Selbstmitleid
Will Sätze die sagen: Das war's.

Danke, Marcus Wiebusch: Genauso war's. Sicherlich war Dein Kontext ein gänzlich anderer, aber für mich passte es einfach. Sechs Wochen Urlaub, frisch verliebt, die Trennungs-Scharmützel über Bord geworfen, den inneren Frieden wiedergefunden. Mein Fallschirm ging in Form von exzessivem Festivaltourismus (in Tateinheit mit ausreichend Rauchwaren und Vitaminen) auf. HURRICANE, ROSKILDE, mein Geburtstag (im Kreise aller Freunde, die schon Kinder haben), NILS OPEN AIR, BURG HERZBERG, OMAS TEICH FESTIVAL, BIZARRE, STEMWEDE, ZYTANIEN, VLOTHO. Es war das bis heute letzte Mal, dass ich wirklich glücklich war über einen Zeitraum von mehr als 14 Tagen. Allerdings rötete sich mein Dispo auch bedenklich, denn mit einem ausgemusterten Rotkreuz-Transit derart viele Kilometer zu fressen, und dabei noch fürstlichst und reichhaltigst dieses und jenes zu konsumieren, das gereicht fast schon wieder Peter Hein und seinen FEHLFARBEN zur Ehre, die mit ihrer »Knietief im Dispo«-Platte den Soundtrack für die Zeit nach dem Sommer '02 lieferten – oder eben das Motto. Schöne Pointe jedenfalls: Meine neuen musikalischen Helden (Kettcar) legten vor, und meine alten musikalischen Helden (Fehlfarben) setzten passend einen drauf.

Es gibt auch andere alte Helden, die in der Neuzeit noch zu rocken wissen: Anlässlich des zehnten Jahrestages des »Klönschnack«-Abrisses organisierten Teile der alten Tresen-Crew eine Art »Weißt-du-noch-damals«-Nacht, und wer sonst wenn nicht FAITE MAIN hätten die Live-Beschallung vornehmen sollen? MADISON BOW? Die Lokalgrößen existierten (in Originalbesetzung) ja nicht mehr, allzu aufwändig durfte es auch nicht sein, und so kam es in »Harms' Gasthof« in Timmerhorn dazu, dass sich eine kleine exklusive Gemeinde für einige Stunden in die Zeitmaschine setzte und sich selbst feierte. Sogar die legendären Klönschnack-Croques wurden kredenzt, viele Holzfällerhemden spannten mittlerweile mächtig unter den unvermeidlichen Lederwesten, anhand von Vollbärten und Halbglatzen, aber auch aufgrund vieler postnataler Fettpölsterchen wurde das Gesichts- und Namensgedächtnis teilweise auf harte Proben gestellt – aber das Fetteste für mich an diesem Abend war, dass Jens, Kerker und Axel an diesem Abend auch ein Set mit MIR als Special Guest eingeflochten hatten. Mit LEBENSECHT-smash hits! Schon die eine einzige Probe in diesem unveränderten Probenraum unter der Mehrzweckhalle in Hoisdorf war nicht nur zeitmaschinesk, sondern auch beängstigend überflüssig: Es klappte jeder einzelne verdammte Song auf Anhieb, sodass wir uns zügig der Kiste Tuborg widmen konnten – wie damals … Und am Zehn-Jahre-Kein-Klönschnack-Abend, an dem sie alle, alle da waren, die üblichen Alt-Ahrensburger Tatverdächtigen, hätte ich bei den ersten Akkorden von »Auf Tour« vor Glück heulen können, weil ich das erste Mal bei LEBENSECHT-Songs sicher sein konnte, dass wir sie unfallfrei beenden, dass das Timing stimmt, dass es drückt, rockt, schiebt, und überhaupt. Für diese Art von Musik, so entpuppte sich bei diesen ersten Akkorden, scheint die Zeit wohl nie vorbei zu sein. Ich heulte nicht, denn direkt vor mir stand mein alter Gitarrist Till W., Komponist der meisten nun folgenden Nummern, und kriegte die Kinnlade ebenso wenig wieder hoch wie ich (außer wenn ich sang, natürlich), und nach der zweiten Nummer wusste ich, dass mal wieder einer der seltenen LEBENSECHT-Revival-Gigs in Bälde folgen würde. Frauke wohnte diesem Event bei, ohne wirklich verstehen zu können, welche Bedeutung die gefeierte Kneipe mal für die Feiernden gehabt haben muss, aber zumindest sagte sie, nun eine grobe Ahnung davon zu haben. Der Abend endete mit einem netten kurzen Plausch in der Küche der Wirtschaft: Peter H., früher permanent letzter Fahrgast in meinem Taxi und heute Gasthofinhaber, Rolf H., früher Wirt der »Engen Weste«, heute Kellner bei Peter, und Jürgen L., früher Wirt des »Lorkowski«, heute Taxifahrer, standen da mit Chaos, früher Stammgast in der »Engen Weste« (und manchmal im »Lorkowski«) sowie Taxifahrer, heute Heimleiter und nicht mehr LEBENSECHT-Sänger … Jürgen fuhr Frauke und mich dann zum Personaltarif nach Hause. Korrekt, der Mann.

Wenige Wochen später verdichteten sich nicht nur die Anzeichen, dass der o.g. Revival-Gig steigen würde, sondern auch, dass der Herr Heimleiter sein eigentlich in geordneten Bahnen verlaufendes Leben einmal mehr umstülpte. Meinem Herrn Sohn und Frauke zuliebe entschied ich mich, wieder nach Bremen zu ziehen, und diese Überlegung fiel mir bei gerade diesen musikalischen Umständen sehr schwer, aber was sollte ich machen? Nach so vielen Bauch-Entscheidungen wollte ich endlich mal eine Kopf-Entscheidung treffen, eine, die länger als zwei Jahre hält. Pro Familia sozusagen, und Anti Rock 'n' Roll. Seriosität gegen ständiges Rumgeeier. Endlich zur Ruhe kommen. Verdammte Kiste: Ich war Mitte 30, und wenn Jo mir BLUMENTOPFs »Norbert Mustermann« vorspielte, kriegte ich spätestens nach den darin geschilderten Drogenexzessen der Twenzeit kalte Füße. Ich hatte nämlich keinen Schwiegervater, der außer einer bildhübschen Tochter auch noch einen lukrativen Job zum Familie-Ernähren für mich hatte, nein, ich nicht. Noch nicht ... Ansonsten hatten diese schlauen Rapper aber ziemlich Recht, bis hierhin vielen Dank. Ansonsten fand ich es aber auch unfassbar, dass man in 7:20 min. ein ganzes Leben erzählen kann, und zwar so, dass ein Nicht-Hiphopper wie ich Tränen der Berührtheit vergießt.

Die Kopf-Entscheidung pro Bremen also. Der Mietvertrag war frisch unterschrieben, da flatterte nicht nur die Hochzeitseinladung des Ex-SHE SAID HE SAID-Keyboarders Dirk K. ins Haus, sondern auch die Ansage einer gepflegten Junggesellenverabschiedung für ihn, der mittlerweile in einer Coverband namens DOORS OF PERCEPTION spielte, und ein Studio in Berlin betrieb. Oh ja, es wurde nett, und wenn man mal davon absieht, dass der Bräutigam nach den ersten Bieren und Tüten den gemieteten Bus vollkotzte, und vom weiteren Abend eher wenig mitbekam, fühlte es sich gut an, mit Axel, Markus, Sören, Scheel, Janni, Marek und Götz alte Songs am Lagerfeuer runterzuschrubben. Eigene Songs, die wir auf der Hochzeit auch zum Besten gaben und zu fortgeschrittener Stunde im kleinen Kreis auch noch, und Frauke fragte mich, warum ich – bei solchen Freunden im Umfeld – nach Bremen gezogen bin. Hmm. Vielleicht, weil so beim Junggesellenabschied alle Chaoten Platz in meiner Wohnung hatten, denn das halbe Mobiliar stand schon in der Gneisenaustraße in der Bremer Neustadt und nicht mehr am Lasbeker Steindamm ...

However: LEBENSECHT trafen sich – ohne Henning, der war in Köln – im August in Schabbis Probenraum in Hamburg-Billbrook, einer ehemaligen Polizeiwache, in der nun Rapper, Crossover-Zottel, NuMetaller und Progressive Metaller wie Schabbis jetzige Kapelle, herumlärmten. Was früher aufregend war, schien nun Routine: Mal wieder einen Revival-Gig spielen, na ja, und man unterhielt sich nicht über die letztens gekaufte neue Scheibe, sondern über Kinder, Hauskauf-Tarife und die ersten körperlichen Zipperlein. Genau so hatte ich es erwartet, und genau deshalb hatte ich auf der Autobahn Bauchschmerzen. Was konnte Chaos, das alte Großmaul, eigentlich vorzeigen?: getrennt lebender Sohn, keinerlei Bodenständigkeit, kein Haus, kein Geld, kein Titel. Nicht mal ein Jackett an … Als wir dann aber endlich alles eingestöpselt hatten, alle gestimmt waren und die Tür von innen zu – das nötigte uns anwesenden Vieren dann doch ein breites Grinsen ab, wie uns die ersten Takte von »Auf Tour« förmlich hochhoben, wie alte Energien plötzlich durch unsere Adern schossen, wie alles nach 20 Jahren immer noch wie von selbst lief (bis auf den Schweiß, der lief schneller und reichlicher als damals). Das anschließende Bier nahmen wir an einer Tanke im Billwerder Industriegebiet, und saßen neben dem Autostaubsauger wie die lümmeligen Führerschein-Neulinge aufm Bordstein. Angezählt, asozial, aber glücklich.

Mit Henning, zwei Wochen später, war's nicht anders. Es konnte losgehen. FAITE MAIN als Vorband. Bei »Strehl am Freibad« im Saal. Wegen Jens, der sich und seine Jungs immer als optimale Schlussabräumer und Sahneabschöpfer sah, waren eigentlich immer wir die »Vorband« gewesen. Wir mussten also tatsächlich selbst unter eigenem Namen ein Konzert veranstalten, um diesen Status FAITE MAIN gegenüber loszuwerden! Unfassbar! Dirk E., mittlerweile Inhaber eines Heizungsbaufachbetriebs und als solcher in der Handwerkerinnung, leierte Innungsmitglied Axel S. bei einigen Bierchen den Saal aus dem Kreuz und versprach, trinkfreudiges, aber gesittetes Publikum mitzubringen. Axel S.' Skepsis wich wohl daraufhin der Aussicht auf gute Umsätze.

Die hatte er denn auch, seine Angestellten hatten gut zu tun, und weil alles so chaotisch wie damals organisiert war, schüttelten Diggi und ich an diesem Abend wirklich jedem der zahlenden 168 Gäste die Hand. Wir hatten zwar Schabbis Sandra und auch Frauke zum CD- und T-Shirt-Verkaufen delegiert, aber nicht an KassiererInnen gedacht … Dass die Tische weiße Decken hatten und direkt vor der Bühne standen, weil der Wirt es so wollte, konnte in letzter Sekunde noch geändert werden, und dass die bestellten Bühnenpodeste schlicht nicht da waren, zumal mit schmalerer Anlage als geplant, ließ sich nicht ändern. Dem PA-Verleiher aus alten

Zeiten, mittlerweile schwer am Expandieren (»Waas? Ihr spielt wieder? Jungs! Das mach ich persönlich klar! Freundschaftspreis, is doch logo!«), war eine Gala in München wichtiger, und er schickte zwei ... äh ... bemühte PraktikantInnen. So hörte ich also beim Karten abreißen, wie ein mir wohlbekanntes Hoisdorfer Trio akustisch mit »Griechischer Wein« von Udo Jürgens startete, auf deutsch, uns zu Ehren. Eine schweißtreibende Stunde später dann Umbaupause, gelassene Erwartungshaltung vor und auf der (nicht vorhandenen) Bühne – und es war wie immer. Unperfekt, untight, aber geil und nicht anders erwartet. Laut, verzerrt, die Leinwand für unsere große Videobeamer-Show mit Fotos von damals fiel nach dem ersten Song runter, sodass nix mehr zu erkennen war, die CDs verkauften sich gut, die Shirts weniger, und zum Schluss waren alle besoffen. TEMPEAU wohnten diesem Konzert inkognito bei, denn an diesem Tag beendeten sie die Aufnahmen für ihre erste Scheibe – alte Weggefährten. Jetzt berühmt, wir nicht, aber *die* himmelten an diesem Abend *uns* an! Komisch, das. Der Ex-SELIG-Sänger, der JAMES-LAST-Drummer, der Schauspieler und sein schauspielernder Bruder, und man munkelt, dass sie sich Dosenbier-bewaffnet am Hamburger Hauptbahnhof trafen, um diesen Abend stilecht wie früher in der Vorortbahn mit Saufen zu beginnen (was manch Selig- oder Gebr.-Harloff-Fan in jener Bahn mächtig ins Grübeln gebracht haben dürfte) ... Andere Alt-Fans fanden sich schlafend auf dem Gasthofsparkplatz wieder, eine Konifere samt Ballen-Topf im Arm, Frau Bürgermeisterin bedankte sich für einen herrlichen Abend (ja, auch sie soff in jungen Jahren im »Klöni«), und, und, und. Am Folgemorgen wurde ich von Gelächter geweckt: Meine Eltern hatten im heimischen Garten einen Brunch organisiert, mit Freunden meines Bruders und deren Eltern, die auch bei Strehl waren. Frauke fand das alles nett, und ich – seit fünf Wochen Wieder-Bremer, seit einer Woche in einer dortigen Wohngruppe für Asperger-Autisten beschäftigt, überdachte aufs Heftigste, ob ich jemals im Leben eine richtungsweisende, *richtige* Entscheidung treffen kann.

Ein Wochenende später erfuhr ich, dass ich noch mal Vater werde – aufgrund einer recht intensiven Badepause am See, zwischen Standesamt und Hochzeitsfeier von Keyboarder Dirk K. Mir schwante schemenhaft, dass ich nicht lange in der frisch gemieteten Wohnung leben würde. So kam es denn auch, und so ersparte ich mir, alte Bremer Klinken neu zu putzen, zwecks Rock 'n' Roll und so.

Warum irgendeiner dieser grottenlangweiligen Dudelsender der norddeutschen Tiefebene mich eines grauen Morgens in dieser Zeit ausgerechnet mit WESTERNHAGENs »Wieder hier« weckte, ist mir schleierhaft. Weniger schleierhaft ist mir, warum mich Westernhagen genau da das erste Mal berührte: Versteckt habe ich mich nie. Aber weg war ich oft. Mal hier weg, mal da weg. Nirgendwo richtig da. Und als ich merkte, wie wichtig es ist, Wurzeln zu schlagen, Erdung zu haben, da hatte ich keine Wurzeln und keine Erdung mehr. Ha, und mein Revier, das gibts nicht mehr. Das »Klönschnack«, die »Enge Weste«, die »Bar Centrale« – alles Kneipen, in denen ich wer war, in der »meine« Mitmusiker, FreundInnen und Sauf- oder Drogenkumpels verkehrten. Alle genannten Kneipen haben dicht gemacht (oder stehen gar nicht mehr). In Bremen – nicht meine Heimaterde – hatte ich einen derartigen Status eigentlich nie, und selbst dort gibt es einige Auftrittsorte heute nicht mehr: Die »Wüste Stätte« im Schnoor ist jetzt ein italienisches Event-Restaurant, das »Cafe Normal« ist eine der viel zu vielen Shisha-Bars, und das »Falstaff« setzt nicht mehr auf Discos, sondern literarische Ergänzungen zum Shakespeare-Company-Programm. In Kirchweyhe trat ich nie auf, weil ich hier (im Gegensatz zu Frau und Kind) keinen klingenden (Nach-) Namen habe. Dabei wohnte ich direkt neben dem Pastorat. Es gibt Bilder, wo die sehr junge, mit Afrofrisur in blond bestückte KATJA RIEMANN friedensliederklampfend davor sitzt. In ihrer Kindheit spielte sie oft auf dem Nachbargehöft von Fraukes Eltern. Ich nicht. Vielleicht hat das auch nix mit einer steilen Karriere beim Deutschen Film zu tun, wer weiß.

Allerdings war ich (anhand nach wie vor vorhandener Seilschaften) schlau genug, niemals nie zu sagen, denn für einzelne Songs mit Jo war nach wie vor Zeit, und ebenso liefen eine Zeit lang mal Planungen, eine Coverband mit Songs von Robert Palmer aufzuziehen, mit Picknicker Jens, der mittlerweile in meinem Handyspeicher als »IM Tastenbrigadist« geführt wird (gleich neben Ex-Reedeschänke-Borkum-Wirt Andreas alias »IM Inselwirt« übrigens). Angedachter Projektname, ohne geeignete MusikerInnen oder Probenraum oder erarbeitete Setlist gefunden zu haben: THE FIRST ROBERT

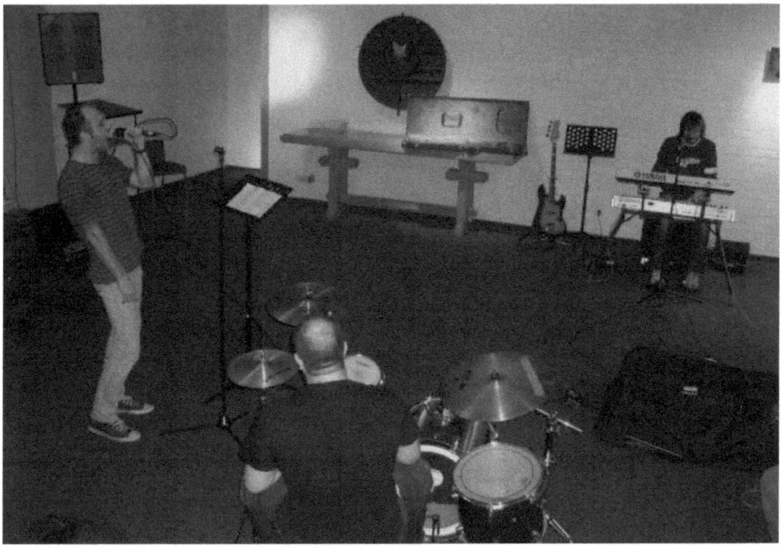

Die TEILZEIT-»Ursuppe« probt das erste Mal, und zwar im Altar-Raum der Freichristen Hamburg-Eilbek. V.l.n.r.: der Pastor in spe, Jo, Michael S. Mit Flo hatten wir dann später wieder einen richtigen Raum, und auch eine andere Instrumenten-Verteilung

PALMER COVER BAND ON THE MOON (1st RPCBOTM). Ja also, wenn *das* nix würde, dann wüssten wir's mit unserer jahrelangen Erfahrung (wie man's nicht macht z.B.) ja auch nicht ... Eine 1st FRPCBOTM gab es Authentizitäts-bedingt dann doch nicht. Lieber mochten Jens und ich eine DEL AMITRI-Coverband aus dem Boden stampfen. Super. Brauchte ich keinen Anzug zu tragen, keine Maskerade. Brauchte keine Texte zu schreiben. Musste einfach nur gut singen können, und denn auch noch richtig gute Songs! Es kann so einfach sein, aber das muss es auch erst mal werden. Es wurde nichts.

Ich fuhr vierzehntägig wieder zum Proben in die alte Heimat, in Flos Keller, vollgestopft mit Klönschnack-Erinnerungen. Konsequenterweise hießen die POPELFRESSER nun doch lieber TEILZEIT, auch, weil statt Scheel jetzt Michael S. den Bass bediente, ein hochsympathischer Chaot, der eigentlich Wasserballtorwart, Jungvater und profunder Kenner des Ostrock war, ach so, und eigentlich ja auch mehr Keyboarder als Basser, aber in 'ner Teilzeit-Kapelle ist das ja auch egal. Es rockte, machte Spaß, kostete mich allerdings für drei Stunden Proben jeweils vier Stunden Fahrtzeit (meine nunmehr irgendwie dritte Heimat, die A1, war mittlerweile Europas längste Baustelle – Staus und Unfälle verlängerten das »Vergnügen« merklich).

Die Jungs entschlossen sich wegen der dauerhaft entstehenden Benzinkosten, mir Gesangsboxen, Endstufe und kleines Mischpult zu schenken. Hammer: nach dreiundzwanzig Jahren Singerei die erste eigene Gesangsanlage! Danke, danke, danke! Ich hätte eigentlich selbst drauf kommen können. Nun kam es eben zu mir. Wir hatten exakt einen Auftrittt, auf einem Wasserballturnier im Naturbad in Hamburg-Langenhorn, umgeben von raubeinigen Wasserballern aus der ganzen Republik, die uns offenbar echt gut fanden – man warf extra für uns nachts um drei den Grill nochmal an, um als Mitternachts-Snack ca. dreißig Würste für die Kapelle aufzulegen. Den Weg zum Zelt fand ich, festivalerprobt, irgendwie, trotz gewaltigen Glimmers. Die Rest-Kapelle suchte mich wohl, im Naturteich, und drum rum. Ich fand: Super-Abend. Interne Streitigkeiten wegen vergleichsweiser Kinkerlitzchen ließen auch diese Kapelle ein halbes Jahr später atomisiert zurück.

Es war genau der Moment, wo ich dachte: Ok, das wars dann jetzt. Zu alt, zu kaputt, zu Familienvater. Ich hab ne Gesangsanlage, aber bin kein Sänger mehr. Ich schreib jetzt ein Buch über diese abgeschlossene Zeit. Seitdem schreibe ich dran, und eigentlich wäre das Buch exakt HIER zuende.

Aber: abgeschlossen? Wie bekloppt! Ich hätte es wissen müssen, ich Süchtiger.

Und selbstredend noch:

Die gefühlten Charts, 2001–2007:

1.	**Kettcar:** Landungsbrücken raus (Hamburch! Zurück in die Heimat! Und dann diese Zeile: »2002 the year Schwachsinn broke …« – nicht schlecht für einen reinen Musik-Konsumenten, der sich getrennt lebend in diesem Jahr neu verliebte).
2.	**Ash:** Walking Barefoot (gern lauf ich barfuß im Sommer. Gern genieße ich Power Pop an Festival-Nachmittagen. Die Summe dieser beiden Kriterien: ASH!).
3.	**Ezio:** The Further We Stretch (Freund Sören managte ihn eine Weile. So kam ich in den Genuss, das Ganze für lau live zu sehen. Dieser Song hat Lebensmotto-Potential!).
4.	**Archive:** Noise (auch das waren »meine« 00er Jahre: epische, emotionale, flächige Musik, die sich Zeit lässt, und die so intensiv ist, obwohl manchmal gar kein Gesang von Nöten ist. Wurden in Folgejahren noch von The National getoppt).
5.	**The Revs:** Time Slipping (und noch mal Frauenbeeinflussung: Time slippte, ich zeitweilig auch, und unterm Strich blieben Missverständnisse, Klöße in Hälsen, und ein unvergesslicher Sommer 06, Melli).
6.	**Turbonegro:** I Got Erection (deutsche Version: Frustbewältigung für Abstiegsgeschädigte St. Pauli-Fans wie mich. Eigentlich können nur PROLLHEAD mit »Misswirtschaft« und »Planwirtschaft« ihnen ansatzweise das Wasser reichen).
7.	**Beatsteaks:** Let Me In (hörte den Song in der Disco und dachte: muss ich live sehen! Tat ich dreimal. Werd ich öfter nochmal tun, weil es wenige so tighte Bands in Deutschland gibt).

8.	**Blumentopf:** Norbert Mustermann (nie wieder will ich was gegen Hiphop sagen: Ein Leben in 7 Minuten, und es berührt mich, und zwar sehr. Hut ab, Jungs!).
9.	**Fehlfarben:** Anders geblieben (... und dafür gehören sie geliebt: eben immer anders geblieben zu sein. Normalerweise gehört die komplette »Monarchie und Alltag« in die Gefühlten Charts der frühen Achtziger – nun mach ich das eben so. Lest das Peter-Hein-Buch »Geht so«! Es gibt kaum schönere Tourberichte).
10.	**Queens Of The Stone Age:** Song for the deaf (Hammer-Band, Hammer-Projekt, Hammer-Musiker: Einzige Band, zu der ich jemals crowdsurfte. Dave Grohl hatte einen guten Tag erwischt, Josh Homme war in Zerstörer-Laune und Nick Oliveri war mal wieder nackt unterm Bass. So kann man das machen, Jungs!).

Wie es denn doch immer weiter geht

Der vierzigste Geburtstag rückte näher. Freund Axel hatte für seine vierte Null mal die Idee gehabt, mit handverlesenen, wirklich guten FreundInnen da zu feiern, wo das Ambiente angemessen ist: an der irischen Westküste. Er hatte sogar ein Sparbuch dafür angelegt, aber wie es mit Lebensläufen manchmal so ist: Trennung, Patchwork-Leben und andere Schläge ins Kontor ließen diese großartige Idee und dieses Sparbuch einfach nicht wachsen. Aber die Idee war gut! Da mittlerweile eine ganze Reihe alter und neuer Weggefährten einem qualitativ hochwertigen Tropfen Single Malt Whisky, vornehmlich aus schottischen Insel-Destillerien, nicht abgeneigt waren, und sich zudem die privaten Vergleichs-*Tastings* diesbezüglich häuften, entwickelte ich Ehrgeiz. Ab dem Neununddreißigsten sparte ich wie blöde, und auch, wenn die Reisekasse sich nicht ausreichend füllen mochte, beorderte ich zu meinem Vierzigsten mal einfach FAITE MAIN-Axel (Kerker kriegte von seiner »Regierung« kein frei), LEBENSECHT- und FAITE MAIN-Fan (sowie guten Freund) Stefan W., MONONOM-/TEILZEIT-Jo und mich zum Single Malt Tasting auf die Inneren Hebriden, genaugenommen ins Epizentrum des guten Geschmacks: nach Islay. In Sicht- und Riechweite unserer Favoriten-Destille Lagavulin (der Sechzehnjährige! Ein Torfmonster! Salz! Phenol! Schwere! Langer, öliger Abgang!), buchte ich eine zum Ferienhaus umgebaute Kirche. Kirche? Ehemaliges Kirchenschiff als Wohnzimmer? Ja also, wenn da die Akustik nicht stimmt, denn wussten wir es auch nicht! Drei Musiker, und Stefan als interessierter Beobachter und Nachschenker der frisch erworbenen Tropfen ... Da sollte man doch ein paar anständige Töne machen können. Wir packten also Gitarren, Tin Whistles, einen Rechner, ein Keyboard, ein Mischpult und Mikrofonie mit ein, teilten uns die Fährpassagen, ich zahlte die Unterkunft (mein Vierzigster – mein »Geschenk« an die Jungs), und es wurde ein denkwürdiger, phasenweise brillianter Urlaub. So schafften wir zwar nicht alle acht Destillen auf Islay, wohl aber Axels neue Soloplatte, fünf akustische TEILZEIT-Stücke, und ein paar gute Sessions. Was bleibt einem auch schon übrig, wenn sogar ein gestimmtes Klavier dort steht – bei DER Akustik! Mit dem inspirierenden Blick auf die Lagavulin Bay/Dunyvaig Castle Ruin, und eben die Destille … Leider kann man auf den Aufnahmen die vorbeidonnernden Getreide-LKWs nicht hören, die mehrfach täglich Nachschub nach Lagavulin und Ardbeg fuhren, für die Darreböden, Maische-Bottiche und Destillier-Anlagen. Ebenso wenig hört man die Seehunde, die allabendlich in die Bay geschwommen kamen, zwecks Abendbrot, und dabei oinkten und hoinkten, dass es eine Pracht war.

Die Reise war für mich in mehrfacher Hinsicht eine Zäsur. Nach der Rückkehr stand mal wieder ein Jobwechsel an, mein Konto war blank wie lange nicht mehr (auch, weil ich allein auf den Kosten eines neuen Kotflügels für Jos Auto sitzenblieb, der an der Einfahrt unseres Anwesens scheiterte – ach wären wir doch bloß zu Fuß rüber zur Laphraoig-Destillerie gegangen!), ich war nun vierzig, und mir dämmerte, dass ich als Sänger noch lange nicht abgeschlossen zu haben brauchte.

Zunächst mal folgte: nichts. Beruflich schwenkte ich von der stationären Autistenbetreuung zur ambulanten psychiatrischen, eine angefangene (und wieder abgebrochene) Weiterbildung zum Sozialfachwirt berufsbegleitend obendrauf. Ein abermals bröckelndes Patchwork-Gebilde zuhause, sowie erste Faktensammlungen für dieses Buch ließen das erwähnte akustische Hirngespinst mit der gebotenen Ernsthaftigkeit nicht zu. Was mir allerdings quer lag: In den Credits von Axels »Lagavulin Hall« betitelten CD fand ich mich nicht etwa als Sänger oder so wieder, sondern als – Logistiker! Dafür kennt man sich über ein Vierteljahrhundert, schreibt Texte, singt sich den Arsch ab und pflegt enge Musikerfreundschaften? Um als Logistiker wahrgenommen zu werden? Axel rückte das später wieder gerade, und zwar sehr. Zum Support von DAISY CHAPMAN (Ex-CRIPPELED BLACK PHOENIX) im Sendesaal Bremen versammelte er seine FAITE-MAIN-Jungs Jens und Kerker nebst Dirk K., Doro und mir. Traumhafte Akustik, traumhafter Abend, und mein staunender Bereichsleiter in der ersten Reihe sah mich Tinwhistle-spielend und Zweitstimmen singend mal nicht als

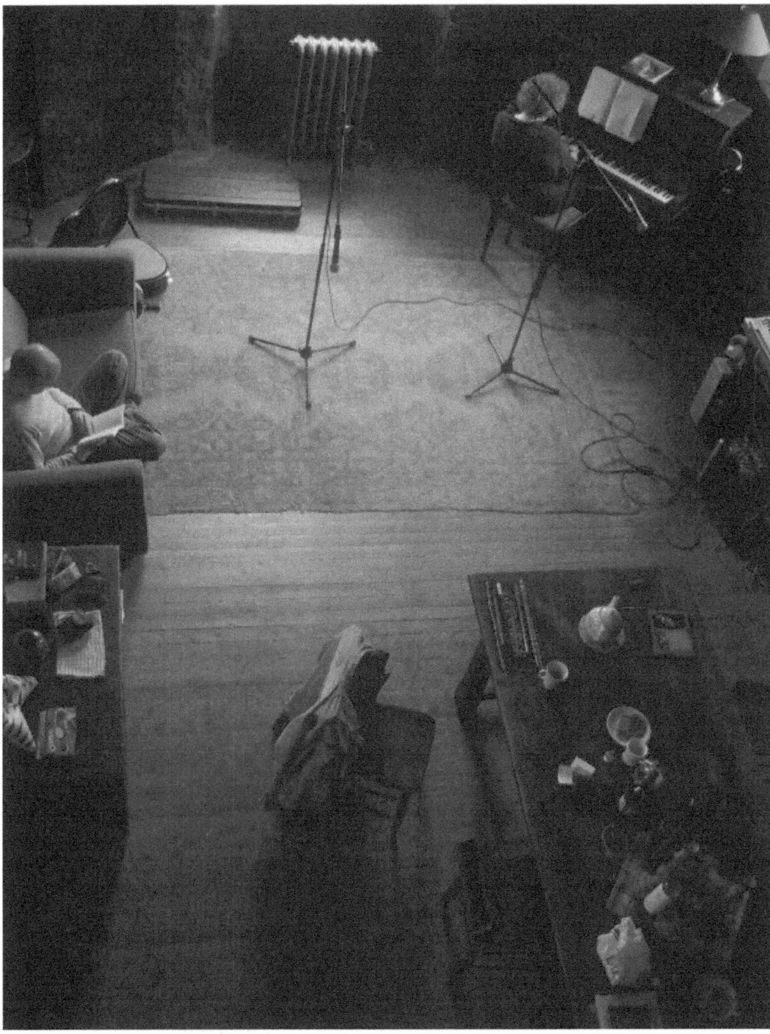

Kann man aushalten: die Vormittags-Stimmung im Wohnzimmer von Lagavulin Hall. Links lesend: Herr Wiese. Hinten »leise«daddelnd: Axel. Auf dem Tisch wartend: Tee, Tin Whistles, Laphraoig 15 ys., Lagavulin distiller's edition, Ardbeg Uigadal und Bowmore 12 ys. Im Nebenraum schlafend: Jo

unbequemen Mitarbeiter der Inobhutnahme für männliche Jugendliche, in der ich mittlerweile arbeitete …

Durch Tochtermutter Frauke lernte ich Schorschi in Osnabrück kennen. Ein Lebenskünstler durch und durch war das: Er sammelte Nippes mit weiblichen Brüsten, kannte sich mit baupolizeilichen Dingen und Holzöfen aus, gab Malkurse im Osnabrücker Jugendknast, vor allem aber spielte er als GEORG UND SCHORSCHI Top-40-Sachen und alte Schlager auf Feiern, Schützenfesten und Geburtstagen gemeinsam mit dem Ex-Bassisten von LAKE und HEINZ RUDOLF KUNZE. Bei meinem ersten Besuch in Osnabrück jammten wir ohne Georg in Schorschis Wohnküche derart nachhaltig, dass wir spontan in eine Kneipe um die Ecke zogen, der Jukebox den Saft abdrehten und den durchweg älteren Stammgästen zweistimmig Schlager vorsangen. Das Publikum befand uns für tauglich. Von Schorschis Schwager kam wenig später ein Angebot, das wir nicht ablehnen konnten. In Nordfrankreich wurde auf einem der Weihnachtsmärkte das Motto »Noel Allemande« ausgelobt. Schwager und Schwester sollten Plätzchen und Glühwein anbieten, und Schorschi und ich waren für deutsche Weihnachtslieder zuständig. Die ausgehandelte Gage bestand aus tausend Euro plus Benzingeld, Hotel, frei Essen und Trinken sowie einer mietfreien Bude auf dem Weihnachtsmarkt. Wir gaben alles: Kostümiert mit Finkenwerder Fischerhemden, einem Repertoire aus Weihnachts- und Seemannsliedern nebst einigen Sechzigerjahre-Schlagern, und mit einer Wagenladung handgetöpferter Becher und Second-Hand-Weihnachts-LPs für die Bude machten wir uns auf nach St.Amand Les Eaux. Den offiziellen Empfang im Rathaus mit der deutschen Partnerstadt beschallten wir ebenso wie die Showbühne auf dem Markt. Schweinekalt war es dort, Schorschi fuhr schon mit einer heftigen Grippe los, aber egal. Wir zogen das durch, mit klammen Fingern, umgeben von Marchingbands in Eisbären-Kostümen, Kettensägen-Eisblock-Schnitzern, mittelalterlich bekleideten Blasorchestern und beleuchtet von grellen LED-Lichterketten in Eisblumen-Form. Eine Kunsteisbahn für die Kleinen gab es auch. Das Heizgebläse in der Verkaufsbude gab drei Tage lang Vollgas, damit der grippekranke Gitarrist zwischendurch auf der Showbühne Vollgas geben konnte. Wie dieser

Entertainment-Aufwand sich rechnete? Fragt den belgischen Veranstalter! Der organisierte binnen drei Wochen zwölf Weihnachtsmärkte dieser Art in Belgien, Südholland und Nordfrankreich, und er schien die konkurrierenden Kommunen geschickt gegeneinander auszuspielen. Traumgagen, so lernte ich bei dieser Episode, haben ihren Preis.

Ex-LIFE'S NO PICNIC-Keyboarder Jens ließ über die Jahre nie locker, mich irgendwie als Sänger in eine seiner beiden Bands zu kriegen: PETER'S FREUNDE wurden es nicht. Eine Maffay-Cover-Band, also ... Och nöö, da wäre ich nicht einmal als Chorsänger eingestiegen. Da war aber noch diese andere Sache: Er spielte in einer ziemlich guten Progrock-Truppe namens HANSONICS, deren Sänger (und Songschreiber) allerdings deutlich mehr Gitarrist als Sänger war. IM Inselwirt und ich observierten IM Tastenbrigadist mehrfach im operativen Geschäft, und die konspirative Beurteilung lautete: Da muss was Reelles eingeschleust werden. Politisch unbedenkliche Kader mit Gesangspappe!

Auch Progrock fehlte noch in meinem Repertoire der musikalischen Hausnummern – allerdings auch die Dreistigkeit, jemanden aus der Band zu ekeln. Also sah ich mir immer mal wieder Gigs der Jungs an, fand sie gut, und lehnte ein Vorsingen aus Rücksicht und Respekt ab.

In ruhigen Momenten (und davon gab es viele) machte ich mir dann und wann Gedanken, was musikalisch noch möglich sei für mich. Wenig Aufwand sollte es machen, also möglichst *unplugged* vonstatten gehen. Eigene Songs schreiben wollte ich schon immer mal (und eben nicht nur die Texte).

Problem Nr. 1: Drei Akkorde auf der Gitarre beherrschte ich unfallfrei, hatte mir second Hand eine schnarrende Western-Klampfe samt Koffer für vierzig Euronen geleistet, und war mir meiner Übe-Faulheit sehr bewusst.

Problem Nr. 2: Meine Klarinette besaß ich noch, spielte sie selten, aber gern, und dasselbe galt für die Tin Whistles. Beides sind kompositorisch recht begrenzte Instrumente, und gleichzeitig dazu singen ist schwierig – man hat ja die ganze Zeit was im Mund!

Problem Nr.3: Ich hätte Problem Nr. 2 mittels eines im Regal stehenden, fast schon antiquarisch anmutenden Tascam-Vier-Spur-

Tape-Decks umgehen können, bin aber einfach ein technischer Vollpfosten, der mit Reglern, Knöpfen, Kabeln, Schaltungen und derlei mehr auf Kriegsfuß steht. Selbst wenn für dieses Gerät noch eine Gebrauchsanweisung existiert hätte, so hätte es bei meiner logischen Auffassungsgabe denselben Nutzen gehabt wie die phillipinische Sprach-Computer-Übersetzung eines taiwanesischen Vibrators.

Problem Nr.4: *Richtig* Gitarre lernen oder gar Klavier, das überstieg nun wirklich meinen zeitlichen und finanziellen Rahmen.

Wer weiß: Als kinderloser Single, mit einem Sechser im Lotto, würde ich vielleicht heute mit einer Folk 'n' Soul-Band meine späte Ernte als *musical conductor* einfahren. Ein mit Trigger-Mikrofonen bestücktes IKEA-Sofa würde als Drum-Kit dienen (die Armlehnen bieten einen super Bassdrum-Sound, und unter der Sitzfläche würde ich verschiedene, metallisch klimpernde Utensilien für die Simulation von Snare und HiHat verstecken – ein gepolstertes Zweisitzer-Cajon quasi), der Bläsersatz bestünde aus Tin Whistle, Okarina, Klarinette, Oboe, und Bass-Blockflöte (allerdings von bestenfalls zwei Menschen gleichzeitig bedient, die das ganze dann knackig und messerscharf wie die Memphis Horns intonieren), und für den Rhythmus gäbe es neben einer halbakustischen Gretsch-Gitarre noch einen Fender Rhodes, weil ich diesen Sound einfach göttlich finde. Komplettiert würde das ganze mit einem Kontrabass. Als langjähriger Sammler obskurer Coverversionen würde ich Indie-und Poprock-Klassiker vom Englischen ins Plattdeutsche übersetzen und für diese Besetzung umarrangieren, und bei Tonträger-Veröffentlichungen darauf bestehen, ausschließlich auf Vinyl zu erscheinen, mit einem Cover, das wahlweise von Anton Corbijn oder Jim Rakete gestaltet wurde. Perfekter Plan, eigentlich: Fehlen nur noch ca. vierzig Tonnen Selbstbewusstsein, eine Plattenfirma, die dahinter das *next big thing* wittert, so mit goldenen Schallplatten, Goethe-Instituts-Touren um den Globus, sowie regelmäßigem Salbadern in den einschlägigen Talk-Shows. Wie sagen die Danksager bei Preisverleihungen immer? – »Danke an alle, die an mich geglaubt haben.« Man muss nur eben bei sich selbst mit dem Glauben anfangen … »Mustang Sally« habe ich übrigens probehalber schon mal adaptiert – geht:

Rietenspliet Swantje
Mok mol'n beeten sinnich
Ik segg di dat
Rietenspliet Swantje min Seuten
Mok mol'n beten sinnich
Ik segg di dat
As Du dör dat Dörp galoppeers
Pass man op dat Du nich Dien Botten verleers

Jens ließ immer noch nicht locker, und nach vielen Monaten änderte sich die Lage: Die Progrocker hatten sich von ihrem Songschreiber getrennt und nun war wirklich Bedarf für einen Sänger. Sehr angenehm: Drummer Ralph und Basser Jürg hatten die fünfte Null schon hinter sich, Gitarrist Jorgo surfte schon erkleckliche Jahre durch die Bremer Musik- und Band-Szenerie, Jens kannte ich auch schon etwas länger, und der Ehrgeiz der HANSONICS beschränkte sich allein auf das Schreiben guter Songs, nebst angenehmer Band-Chemie. Das Rad neu erfinden, den großen Durchbruch, einen immens wachsenden Bekanntheitsgrad wollte hier keiner mehr ernsthaft. Man könnte meinen, langweilige Feierabend-Mucker-Routine sei die Folge, aber so einfach ist das nicht: Allein schon fünf Musik-Geschmäcker unter einen Hut zu bringen (und das basisdemokratisch!) ist ein weites Feld, wenn die Koordinaten zwischen KING CRIMSON, KRAAN, PORCUPINE TREE, SIMPLY RED und MADSEN abgesteckt werden. Ich bot den Jungs an, sowohl auf englisch als auch in deutsch singen zu können. Wir probierten. Die Wahl fiel auf deutsch. Wir merkten: Das bisherige Progrock-Material war zu sehr auf die Texte meines Vorgängers zugeschnitten, und die kompositorischen Rechte waren unklar – (fast) alles neu also. Wenige Monate später verließ uns Jens aus beruflichen Gründen. Wirklich schade: Er war diese Sorte Keyboarder, die man erst hört, wenn sie *nicht* spielen – mannschaftsdienliche Lückenfüller, mit viel Geschmack für die akustische Dekoration und den richtigen Ton am richtigen Platz. Flugs suchten wir Ersatz, und waren froh, als wir Falko (mittlerweile SOODALAKE) fanden, nachdem ein weiterer

Bewerber uns nicht versprechen konnte, nächstes Jahr noch in Bremen zu wohnen …

Wir beiden Neuen fügten uns gern dem winterlichen Pflichtprogramm der Kapelle: Der jährliche Aufenthalt in Schamaika stand an – ein Hotel im Moor, an der Hamme, im Teufelsmoor, betrieben von Maribondo e.V., das Personal bestehend aus Menschen mit Handicap. Da liegt im Winter der Hase begraben, man kann sich sein Einzelzimmer aussuchen, ein Tagungsraum dient als (rund um die Uhr nutzbarer) Probenraum und bei der Begrüßung denkt man kurz daran, ein Superstar zu sein, wenn die Bediensteten aus der Küche gesprintet kommen und rotwangig rufen:

»Die Band!!! Die Band ist da!!!«

»Spielen Sie wieder ganz laut?«

Na klar …, aber duzen wäre auch ok. Die kredenzten Schamaika-Schnitzel kann ich jedenfalls in Menge und Geschmack nur als legendär werten. Abends versammelte sich die Kapelle dann zu selbstgekochtem Essen, verschiedenen leckeren Fläschchen schottischen Destillats und einer gepflegten Tüte. So sieht er aus, der Rock 'n' Roll der *fourtysomethings.*

Nachfolger Falko (mal gerade *thirtysomething*) versuchte, uns alten Säcken moderne, technoid anmutende Keyboard-Sounds schmackhaft zu machen – mit mäßigem Erfolg, aber zumindest schafften wir es, die Band binnen zehn Monaten mit komplett neuem Programm zu bestücken, einige Gigs in Clubs und auf Open Airs zu spielen und vor allem: Spaß zu haben, und zwar auf höchst gelassene, entspannte Art und Weise. Die Resonanz-Koordinaten des Publikums haben sich wirklich verschoben. Hieß es zu LEBENSECHT-Zeiten noch: »Je lauter, je schneller, je falscher, desto höher kocht die Stimmung im Saal«, war es nun so, dass gelassene Ausstrahlung, durchdachte Arrangements, langjährige Bandererfahrung und damit verbundene Eigenständigkeit mit wohlwollendem Nicken der Musiker-Polizei oder warmem Applaus der restlichen Zuschauer quittiert werden. Liegt's am Alter? Liegt's an den Typen? Bemerkenswert war für mich ebenso, dass eine Band nachfragte, was ich da eigentlich inhaltlich singe, und ebenso ungewöhnlich auch, dass die Lebensgefährtin des Herrn Bassisten, ihres Zeichens Lehrerin, bisweilen konstruktive Textkritik übermitteln ließ.

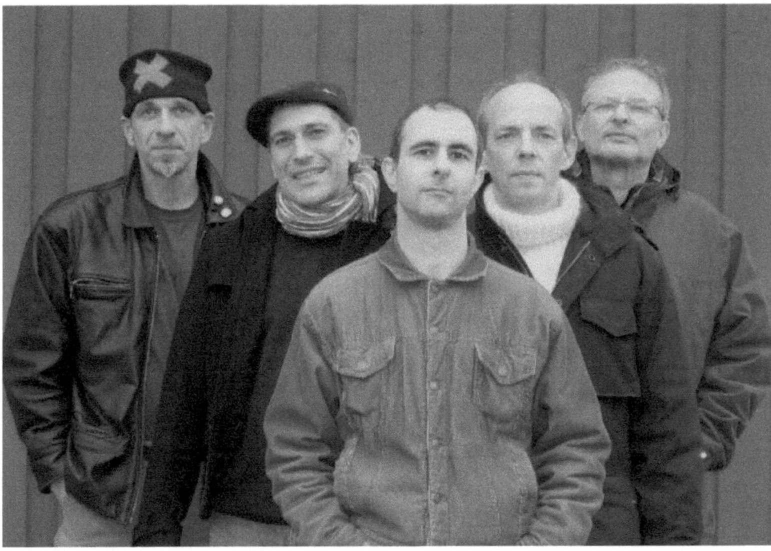

Die HANSONICS 2011 vor der Wand vom Schamaika: v.l.n.r. Till B., Jorgo, Falko, Jürg, Ralf. Nicht im Bild: Die Arschkälte der Hamme-Niederung im Januar

Auch Zuschauer sprachen mich auf die Texte an: Schön, wenn man nicht nur als Frontkasper, sondern auch als Texter (Dichter gar?) wahrgenommen wird.

Eine Woche nach dem Tod meiner Mutter, also einen Tag vor der Trauerfeier, spielten wir im Bremer »Meisenfrei«, und erst zum zweiten Mal spielten wir »Strandperle«, eine Nummer, in der ich mit genau diesem hin und her zwischen Hamburg (Elbstrand, die von allen geliebte »Strandperle« eben) und Bremen (Weserstrand, das »Café Sand«) meinen Frieden machte. An diesem Abend sang ich es für diese Hamburger Mutter, die sich immer mutig ins juvenile Getümmel stürzte, um die Bands ihrer Söhne anzugucken, die zum Umdrehen kam, wenn die Apfel-Platte zuende war, die mit uns zuhause viel sang und flötete, die darauf bestand, dass jedes ihrer Kinder ein Instrument lernte, die mittlerweile viel mit den Enkeln sang und spielte – kurzum: Die eine ganze Menge Nährboden für meine Kinder, für mich, für mein Leben, mein Musikverständnis und somit auch für dieses Buch bot. Ich sang es nur für sie.

Meine dritte Heimat ist die Autobahn 1
Weil ich immer wieder merk, dass ich nicht genau weiß
Wo ich zuhause bin und das ist gar nicht schlimm
Und wenn ich grübel, kommt mir in den Sinn:

Hauptsache Wasser, am besten Nordwest
Und gibt mir das Leben eines Tages den Rest
Möcht ich als Streusel in die Nordsee fliegen
Und am »Café Sand« und an der »Strandperle« liegen

An welchem Strom ich auch wohn
Was macht das schon, was macht das schon
0421 am Telefon oder 040 – who cares?
Hey: I'll be back soon

(HANSONICS: »Strandperle«)

An diesem Abend sprachen mich Zuschauer auch an. Diesmal mochte ich aber nicht über Texte reden. Außer der Band wusste niemand, dass ich andere Dinge im Kopf hatte, zum Beispiel diesen Gedanken, wie es bitteschön erst Profis gehen muss, wenn sie auf Auslandstour von Sterbefällen in ihren Familien erfahren. Showbusiness oder Familie? Ich bin Amateur. Aber die Jungs hängen lassen? Och nöö.

Ich denke, reflektierte Gelassenheit macht den Unterschied. Technische Schwierigkeiten auf der Bühne zum Beispiel? Außer Falko focht das niemanden mehr an, denn es gehört dazu, beim großen Rock 'n' Roll-Schwindel. Wird schon werden! Muss der Sänger eben routiniert-selbstironisch den Conferencier machen, oder der Herr Bassist zieht eine gesanglich begleitete Ballade aus dem Köcher, oder Menschen im Publikum ziehen mal schnell neue Gitarrensaiten für Jorgo auf (im Bremer Meisenfrei: Der routinierte Mensch im Publikum war der zufällig zuhörende Axel … Netzwerke, sag ich nur). *So what!* Gelassenheit ist in solchen Situationen eine ganz feine Errungenschaft, im Übrigen bestens übertragbar auf den sonstigen Alltag. Gleiches gilt, was das Sozialgefüge »Band« anbetrifft, auch für Kompromissbereitschaft, Diskussionskultur, Basisdemokratie … Lernen fürs Leben ist das Stichwort. Merkwürdig neu für mich: Bandmitglieder per E-Mail über ihr Ausscheiden zu informieren, aber so ist das heute wohl üblich, tss tss. Falko ging. Neuer Kandidat für den vakanten Posten des Tastenmannes war Tim, der es gern hätte werden dürfen. Er *mag* Hammond-Sounds, weiß sie auch zu spielen, und er spielt eine sehr gepflegte Blues-Harp. Problem: deutlich jünger als der Rest, beruflich am Gucken, zuwenig Zeit. Schade: wurde nix draus. Es geht eben immer weiter mit dem Heuern und Feuern, von der ersten bis zur jetzigen Kapelle. Auch Drummer Ralph legte motivationsbedingt – kurz vorm sechzigsten Geburtstag darf man das wirklich! – seine Stöcke beiseite. Mit Peter S. übernahm ein extrem spielfreudiger Herr unseres Alters den Job, auf einem E-Drum-Set. Der Ziehsohn von IM Inselwirt trommelt zuhause auf genau so einem Ding. Kreise schließen sich, Generationen überlapppen …

Basisdemokratisch Stücke ausdiskutieren, bei der Pausenzigarette zahlreiche Anekdötchen aus vier prallen Musikerleben austauschen, mal hier was probieren, mal da was versuchen – alles ohne Zeitdruck, gaaanz locker. Und als es dann zu locker wurde, mal wieder die Luft rauszugehen drohte, hatte Peter von seiner zweiten Kapelle noch einen Gitarristen namens Frank im Köcher, der sich nach einem halben Jahr der gegenseitigen Gewöhnung als Glücksfall herausstellte, weil er sowohl menschlich als auch musikalisch zu uns passte, und zusätzlich noch zuhause ein feines Studio sein eigen nennt, wo wir feine neue Demos produzieren konnten.

Demos? Es wurde eine komplette CD! Das Cover von der eigenen Tochter gemalt, die Inlay-Fotos von Franks Tochter geschossen – so kann's gehen … Die für die Produktion nötige Netzwerkerei und das endlose Herumgeschicke von Roughmixen überließ ich den technikaffinen Teilen der Band. Die grafische Gestaltung übernahm ich und stieß dabei an meine technischen Grenzen (zu grobe Auflösung aufgrund veralteter Programme, zu alte Kamera/zu altes Handy, zu wenige up-to-date-Programme auf dem Rechner). Egal: Irgendwie ging es, und erste Gigs folgten. Ich lernte zudem anhand einer Aktion gegen das Bremer Liveclub-Sterben, dass ohne *social networking* keine Musiker-Vernetzung mehr denkbar ist. Also bin ich nun notgedrungen dank der »#bremenlebt«-Initiative ein *facebooker*, um von mir gedrehte Videos und deren Verbreitung verfolgen und vielleicht sogar kommentieren zu können. Vom Alter her ist das ja ok, denn das Netzwerk der Zukunft scheint es kaum mehr zu sein. Macht ja auch nix: Mein Handy ist nicht internetfähig, *smartphone* ist für mich ein Fremdwort, und somit sind *what's app, twitter, tweets* und der ganze Scheiß nicht meins. Auf *facebook* sehe ich nun allerdings auch, dass Trommelsofas mit Okarina-Bläsersätzen und Fender Rhodes zuhauf die Internet-Kanäle bevölkern – und Hörer finden!

Und es geht ja noch weiter. Nachdem Jens, Roland und ich mit Rolands aktueller Kapelle zwei dezente LIFE'S NO PICNIC-Revival-Proben anzettelten, machte ich einige Monate mit Roland, André und Taco (dem mittlerweile Ex von der Mutter meines Sohnes) Sessions. Ein festes Programm war durchaus denkbar, kam aber letzlich nicht zustande. Das Schöne daran: Der ganze Sack voller alter Konflikte wurde von niemandem aufgemacht. Stattdessen zuckten wir nur mit den Schultern, wohl wissend mit wem wir da Töne fabrizieren (und mit welchen Eigenarten/Vorlieben/Marotten wir rechnen können), und sagten unisono: Ok, dann eben nicht.

Oder eben doch, denn es geht ja noch weiter: André, der zwischenzeitlich sein ganzes Gitarrrengeraffel verkauft hatte, um danach zu merken, dass diese Entscheidung großer Quatsch war, mochte die bei den Sessions angespielten Ideen gern akustisch weiterentwickeln – ob ich nicht sporadisch mal Zeit und Lust …? Hatte ich. Ein Jahr später standen acht Songs zu Buche, die teils in meinem Keller und größtenteils in Andrés Gartenlaube entstanden. Ohne Ziel, ohne Druck, aber mit viel Hingabe und Spaß. Zwischendrin blieb ausreichend Zeit zum Austausch von Tipps in Sachen Nachtschattengewächs-Zucht, oder wir warfen während der Aufnahmen schon mal den Räucherofen mit den frischen Forellen an, um danach grätenpulend und schmatzend die Aufnahmespuren zu überprüfen. Wären wir Mitte zwanzig, müsste jetzt dringend ein verwackeltes *smartphone*-Video her, die Spuren aufgepimpt druntergelegt, und zack zu *youtube* damit, bzw. vorher noch schnell 200.000 *facebook*-Freunde *adden*, wahlweise auch *twittern bzw. tweeten*, und dann auf den großen Durchbruch hoffen. Durchbruch: Würden wir beide

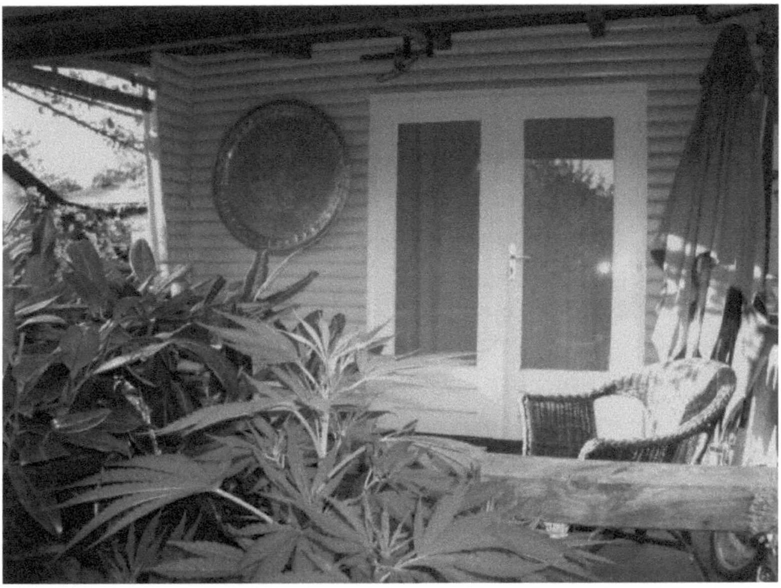

Studio Gartenlaube: woanders blinken »Achtung Aufnahme«-Lampen, hier zieht man den Vorhang zu. Im Vordergrund: diskutable Nachtschattengewächse

z.B. dafür unsere sicheren Jobs aufgeben, unsere Kinder seltener sehen wollen, unsere gewohnten Strukturen atomisieren wollen? Um diesen ewigen Traum vom Berühmtsein endlich auszuleben? Zumal Andrés Frau im *business* tätig ist (bei Jaro Music) und tagtäglich die Netzwerk-Gemeinde mit den neuesten Neuigkeiten der Jaro-Künstler versorgt? Wir sind Mitte vierzig, haben kein Video gedreht und freuen uns über tolle Songs, die uns keiner nehmen kann. Songs laufen ja nicht weg, und angesichts des boomenden Singer/Songwriter-Marktes sind Uschis Fragen berechtigt, wann André und ich eigentlich mal auftreten.

Und aus reiner Gewohnheit:

Die gefühlten Charts 2008–2011:

1.	**Lichttraum feat. Axel:** Ik Bün Ik (würde man mich fragen, welches der von mir geschriebenen Stücke am Ehesten dieses Buch vertonen könnte, würde diese Aufnahme knapp vorne liegen, vor der »Strandperle«).
2.	**The National:** Secret Meeting (alleine für die Zeile »I got a secret meeting in the basement of my brain« – Bitteschön: ich habe mit psychisch Kranken gearbeitet, und viele durchgeknallte MusikerInnen kennen gelernt … Ich versteh davon was).
3.	**Triggerfinger:** Is It (alte Herren aus Belgien, die nach Jahrzehnten des R'n'R-Lebens endlich oben angekommen sind. Sie fahren das richtig dicke Klischee-Programm, und sie können über sich selbst lachen. Herrlich).
4.	**The Heavy:** Dignity (der Sänger eine Rampensau, der Rest mit viel Groove gesegnet, und wer auf CD bewusst Scratch-Attitüde á la Vinyl aufnimmt …, also der sammelt ja Gummipunkte bei mir).
5.	**Hjaltalin:** Traffic Music (verrückte Skandinavier, mit Retro-Sound oder ungewöhnlicher Instrumentierung, mag ich. Das hier sind so welche, stellvertretend für z.B. Magic Numbers, Friska Viljor, Johnossi, Katzenjammer …).

6.	**Iron & Wine:** Shepherd's Dog (Sam Beam, der alte, rauschebärtige Zauberer! Ehemaliger Philosophieprofessor aus Miami, jetzt Folk-Barde mit Wispergesang. Sachen gibt's, in der modernen, unübersichtlichen, vernetzten Musikwelt …).
7.	**Seasick Steve:** St. Louis Slim (noch so einer: ehemaliger Hobo, durch Zufall entdeckt, der auf einer billigen japanischen Plastik-Klampfe slidet, als ob es kein Morgen gibt – und erzählt dazu aus seinem meist unschönen Leben).
8.	**Mumford & Sons:** Little Lion Man (Haldern Pop: Ein fulminantes Konzert im Spiegelzelt, welches mich wirklich umhaute. Ein Jahr drauf, auf der großen Bühne, mittlerweile Chartstürmer: Genauso gut und intensiv – das muss man erst mal schaffen!).
9.	**Kings Of Leon:** Use Somebody (auch Mainstream kann richtig gut sein: Das wollen manche Mitfahrer meines Festival-Zirkels zwar nur bedingt unterschreiben, aber das war mir schon immer egal. Tolle Platte).
10.	**Hansonics:** Strandperle (auch eine Art Soundtrack dieses Buches: Hamburg, Bremen, und dazwischen die A1. Auch das ist wahrscheinlich Rock 'n' Roll, zumindest solange man ein Auto besitzt).

Nachwort

Ich bin Mitte vierzig, habe einmal wöchentlich Bandprobe, eine Klavier spielende Tochter, und dachte vor elf Jahren:

»Schreibste mal ein Buch, wie durchgeknallt das alles so war. Singen wirste ja eher nicht mehr.«

Von wegen. Als ich mal mit Axel zu Kerkers Geburtstag fuhr, redeten wir unterwegs über genau das, was dieses Buch ist: Ein Abriss dessen, was war. Im Radio lief PRINCE, TAFKAP genaugenommen (The Artist Formerly Known As Prince). The Artist Formerly Known As Chaos, meinte ich, das wäre wohl mein derzeitiger Status. TAFKAC: tough Kack. Könnte man durchaus ein dokumentarisches Roadmovie draus machen. Kerker, Axel und Chaos machen ihren jährlichen Festivalausflug, reden über relevante Themen (die beste Autobahn-Currywurst, gute Mixtapes, legendäre Festival-Gigs, antizyklisches Handeln im Fäkal-Sektor einer Großveranstaltung, z.B. wann sind die Dixies frisch gesäubert/die Schlangen am Kürzesten?), und als wichtigste Requisiten fungieren ein verrosteter VW T3 Multivan Diesel sowie drei blitzsaubere Dixi-Klos, letztere ausgestattet mit allerlei nützlichen Utensilien für das Überleben auf dem Caravan-Parkplatz. Das wäre dann eine andere Geschichte, ein anderes Medium, und doch wäre es die Fortsetzung des Rock 'n' Rolls, der über mich kam, in einer anderen Form. Meine *myspace*-Seite fand bis zu ihrer Löschung, wer *www.myspace.com/TafkaC* anklickte … Die anderen beiden Darsteller des Roadmovies haben sich selbst weiterhin stets neu erfunden, und neben der ersten unplugged-Scheibe von FAITE MAIN noch weitere Silberlinge rausgebracht, Kerker gemeinsam mit Jens als TROUBARDICKS, Axel mittlerweile vier Solo-Alben. Zumindest eine Art innerstädtisches Roadmovie haben die HANSONICS für die *#bremenlebt*-Aktion gedreht. Die ungeschnittene Rohfassung von ca. 22 Minuten Länge wäre dann sozusagen »TAFKAC-The Bremen years«, denn solange noch keine Musik unterlegt war, konnte man

Jorgo und mir beim Philosophieren zuhören: Was hat die Ballung von Frisören und Bäckereifilialen mit dem Clubsterben zu tun? Wo konnten wir uns früher Wohnungen leisten (und warum)? Werden in den Kniekehlen hängende Gesäßtaschen und Trainingsjacken an Studentenkörpern auch wieder aussterben? Requisiten diesmal: ein betagter Lancia alpha sowie ein zu voller Aschenbecher.

In Zeiten stundenlangen Bildschirm-Glotzens und sinnfreien Rumgesurfes stellt sich natürlich oft die Frage, ob ich als heute Sechzehnjähriger dieses Buch in 30 Jahren so schreiben könnte und würde. Mir scheint angesichts der Fülle an Möglichkeiten, mit wenig Mitteln und viel Technikwissen was auf die Beine zu stellen, ein radikaler Schwenk der musikalischen Generationen stattgefunden zu haben. Idee >> machen >> aufnehmen >> bewegte Bilder dazu >> ab ins Netz – alles unterwegs binnen Stunden, per Smartphone … Wäre dieses Buch überhaupt noch ein *E-Reader*? Oder was noch viel Abgefahreneres, was noch gar nicht erfunden ist? Eine biologisch abbaubare *virtual mind cloud* z.B., oder ein per *app* verbreiteter *blog-on-demand*? Ach, gibt's schon? Doll. Mir ist ein anständiges Schausaufen mit Literaturbeilage (also z.B. eine echte Lesung mit z.B. einem echten HARRY ROWOHLT, den es nun leider nicht mehr gibt – slaínte, you voice of everything!) allemal lieber als die ewig pubertierenden Lochis, die noch nicht mal mit eigenen Songs Karriere bei *facebook* gemacht haben. Wenn erste Bands mittlerweile zu Beginn ihrer Auftritte Handy-Verbote verhängen, keimt Hoffnung in mir auf, weil nicht jeder tolle Moment sofort mitgefilmt und *gepostet* werden muss, während er vor lauter blinkenden *displays* schon lange keiner mehr ist. Dann lieber ein Buch gegen das Vergessen schreiben, zum Nachlesen. Und zum Überlegen: Was machen eigentlich die ganzen erwähnten Weggefährten?

Die alte LEBENSECHT-Garde ist teilweise noch aktiv: Till W. macht sozialdemokratisches Kabarett und sorgt dort u.a. für musikalische Begleitung, Dirk E. singt in einer Schlager-Cover-Band, Henning und Schabbi wohnen (wieder) in Ahrensburg, nach längerem/kurzem Aufenthalt im Kölner Raum. Außer Dirk fahren alle drei Moped – Schabbi handelt sogar mit Teilen dafür.

TEMPEAU spielten den Schleswig-Holsteiner Beitrag bei Stefan Raab's Ländercontest, tourten einige Jahre und lösten sich wieder auf. Marek theatert reichlich, Janni manchmal, wenn die Scherben-/SimonGarfunkel-Revuen es zulassen, Stoppel trommelte lange bei JAMES LAST und tut es aktuell bei LUCIFER´S FRIEND und natürlich bei …

SELIG. Die haben sich wiedervereinigt, neue Scheiben rausgehauen, die prompt durch die Decke gingen, und touren wieder – allerdings in familienkompatiblen Rahmen. Janni und Stoppel wohnen mittlerweile mit Familien wieder in Ahrensburg, Malte ist raus und wohnt ein paar Dörfer weiter. Auch die Seligen haben in einer Kirche aufgenommen, auch auf der britischen Insel, aber nicht in Lagavulin!

Die HANSONICS haben SELIG in Worpswede supporten dürfen – für mich große Freude, weil sich ein Kreis schließt, für meine Kapelle große Nervosität, weil sie vor den deutschen Ikonen der Neunziger spielen durften. Geil war's!

Jo hat mittlerweile mit LICHTTRAUM, MONONOM und LAUTARK Song-Projekte mit wechselnden Sängern und Co-Musikern aufgezogen, wozu ich sieben Songs beigesteuert habe. Mit GEFÜHLSECHT rockt er zudem die Säle rund um Norderstedt: Eine STATION 17-ähnliche Formation, wo er hochengagiert Beruf und Berufung verknüpft. T-Shirt-Logo: dasselbe wie bei LEBENSECHT, nur mit Rollstuhl …

Dirk K. plante ein COSTELLO-/BACHARACH-Projekt mit Götz Grube. Er ist nach wie vor der Ray Manzarek bei den DOORS OF PERCEPTION, betreibt in Bargteheide ein Studio und ist der Produzent für Axels letzte Solo-Platten sowie für DANIEL MALHEUR, wo er zudem das Piano bedient.

GÖTZ hingegen kennt als gut Vernetzter viele unfassbar gute Musiker und ehemalige Weggefährten. Manchmal lädt er zu Soireen in seinen üppig ausgebauten Wintergarten, wo diese unfassbar guten Musiker und Weggefährten dann zu Fingerfood und Getränken aufspielen. Eigentlich ist er aber als Aufnahmeleiter im Synchronbereich sowieso schon gestresst genug. Er hält Kontakt zu den Jungs von …

LET THEM TALK und weiß z.B., dass Rainer als Kunsthistoriker in Frankfurt lebt, Bassi mit Familie in Hamburg ist und mit Söni und Stefan G. in dessen Bluesband STEVIE & THE HANDJIVE spielt.

DANIEL MALHEUR beackert weiterhin den harten Markt der Salontenöre und zeigt dabei bewundernswertes Stehvermögen, zumal in der Reichshauptsadt des Enterainment-Wesens, nämlich Berlin. Lesungen, Theaterprojekte und Gastspielreisen komplettieren sein künstlerisches Repertoire, und mit dem »HEAVEN AND HELL ORCHESTRA« haben vielversprechende Kontakte zur Steampunk-Szene und Metal-Openairs stattgefunden. So schwappt der Monokel-Pop nun auch nach England!

Charlotte brillierte bei SWEET SISTER PAIN sowohl mit ihrer göttergleichen Stimme als auch mit dem Violoncello. Letzteres ist nach wie vor ihr Broterwerb am Hamburger Konservatorium.

Sören zupft wieder die Gitarre, nachdem er das einige Jahre schleifen ließ, und kommt als Psychotherapeut in Berlin gut klar, nachdem er seine Stressresistenz jahrelang als Tourmanager und Bandcoach testete.

PICNICER Jens hat sich als Projektleiter für industriellen Lüftungsbau zwar aus dem aktiven Tasten-Geschehen verabschiedet, verfolgt allerdings musikalische Entwicklungen ehemaliger Weggefährten weiterhin aufmerksam – zeitweilig auch als mein Teilzeit-Untermieter in Bremen, wenn der Weg nach Hause zur Liebsten (Hamburg! Ich kenn das …) zu weit ist. Dort steht neuerdings auch wieder eine E-Orgel …

Roland hingegen taucht immer mal wieder als Bassist diverser Bremer Groove-Kapellen auf, während Hans bei BLUNT trommelt, witzigerweise mit meiner Ex-Nachbarin Annabel als Sängerin. André wartet in seiner Parzelle auf mich und hat noch eine – tja: Filmmusik-Blues? Gedulds-Rock? Epische Einakkord-Musik? – … jedenfalls also ne Band in Bremen.

Andreas alias IM INSELWIRT (Ex-Reedeschänke) suche ich auf, wenn ich wissen möchte, was das Segment Space- und Krautrock Neues zu bieten hat. Oder ich brauch ne Versicherung. Oder ne Werder-Karte. Oder Single Malt zum Einkaufspreis. Hat er und kann er alles besorgen … Seine Versicherungsagentur läuft super und war bis vor Kurzem noch im Weserstadion beheimatet. Zusätzlich spielt er Lotto. Bei einem Sechser gedenkt er eine Livemusik-Kneipe nebenher zu betreiben.

Bei vielen anderen sind entweder Kontakte eingeschlafen oder ich bin zu oft umgezogen, um Spuren wie z.B. Telefon- oder Hausnummern zu hinterlassen – kurzum: Keine Ahnung, was die heute so machen. Vielleicht mal das Buch hier lesen, mich dann anrufen, alte Zeiten beschnacken … Ein Stück weit mag es auch daran liegen, dass ich keinen Bock auf ständige Erreichbarkeit und wahnhaftes *social networking* habe. Mein *facebook*-Account habe ich genervt nach einem halben Jahr wieder gelöscht – und nach zwei Jahren wieder aktiviert. Es finden sich einfach zu viele Ex-MitmusikerInnen wieder!

Leider schon gestorben: Jörg (STILL TUNED, FRESHNESS), Heino (CERUMEN EX, PINGUIN, JUST FOR MONEY), Mike (X-MAS, MILES TOMORROW, THE FLOTTWELL CAMPAIGN). Vielversprechender Ansatz für eine spätere Session im Himmel: Wartet, wir kommen später nach, Jungs!

Von einigen anderen weiß ich, dass Genie und Wahnsinn manchmal gute Freunde sind. Psychiatrie-Aufenthalte, Drogen-Langzeit-Wirkungen, Suchterkrankungen, in einigen Fällen eben auch viel zu frühes Sterben – es ist müßig zu diskutieren, ob derlei Dinge unter

Musikern verstärkt zu beobachten sind. Statistisch betrachtet war für jeden Junkie Milch die erste Droge … Ob nun von Mutter oder Alete. Nach einigen beruflichen Jahren in der ambulanten psychiatrischen Betreuung kann ich aktuell sagen, dass die wenigsten Patienten von mir ehemalige MusikerInnen waren …

Musik ist eine angenehme Nebensache geworden, die Textinhalte kreisen (wieder in deutsch …) ums Älterwerden, um Trennungen, ums Neuverlieben, ums Wurzelnschlagen, um Veränderungen und der Weg dahin ist durchaus mal acht Kapitel plus Vorwort lang …

Mehr geht für mich sowieso nicht mehr. Das rechte Ohr will nicht mehr so wie das linke (auf dessen Seite rätselhafter Weise immer die Monitorboxen, die Gesangsanlage oder im Probenraum das Drumkit standen), das Textgedächtnis lässt keine Programme über zwei Stunden zu, die Lunge nicht mehr als zehn Zigaretten täglich, und rückenschonender ist es ja auch, ein Buch zu schreiben, anstatt ständig Boxen auf Bühnen zu wuchten, bei gleißend heißem Scheinwerferlicht den Affen zu machen oder mal wieder einen zu kleinen Probenraum ohne Heizung erwischt zu haben. Ich habe versucht, einen Traum zu leben, und ich habe dabei ziemlich unruhig geschlafen. Missen möchte ich den Traum trotzdem nicht.

So. (»Wer ›so‹ sagt, ist noch lange nicht fertig«, meint mein Bruder, der Ex-Tischler, immer). Jetzt ist meine humane Festplatte um ein gehöriges Stück dekonfiguriert und mein Speicher hat Platz für neue Dateien. Ein wesentlicher Handlungsstrang meines bisherigen Lebens ist endlich mal aufgeschrieben.

Viel ist passiert, in Erinnerung geblieben und in Vergessenheit geraten, und vergessene musikalische WeggefährtInnen mögen mir verzeihen, wenn ich sie vergessen habe zu erwähnen. Eigentlich ist es aber ziemlich lückenlos geworden, hoffe ich.

Viel ist auch passiert zwischen Vorwort und Nachwort: Ein Plattenregal für meine Vinyl-Lieblinge ist mittlerweile so gebaut, dass ich blättern kann wie im Plattenladen (»für die Ewigkeit gebaut«, würde Vattern sagen), was schon immer mein Traum war, wenn ich mal richtig sesshaft werde. Darüber lauert, steil in die Wand gedübelt, die Moderne (bei mir in Form von stetig mehr werdenden CDs – mp3/iPod, was ist das?). Verschämt in der Schublade unter dem Vinyl lauernd, findet der geneigte Neugierige in meinem Zimmer die vertonte Geschichte dieses Buches: fünfundzwanzig C90-Audiotapes mit Probenraum-Aufnahmen, Mono-Live-Mitschnitten, Studio-Rough-Mixes, Homerecording-Aufnahmen, Walkman-Bootlegs und Pultmitschnitten, von LEBENSECHT, CATHROON HUNTER, WERNER KUHN, MARTHA AHLERS ALLSTARS, BLUE LIFE, SHE SAID HE SAID, LET THEM TALK, GET FRUBI, HEIKO und TIMO ROSUMMECK, UWE PITANN, MIKE SCHULZ, WOLLE LAST, JUMP THAT WOOD, DOC DEE'S DYNAMITE, STILL TUNED, LIFE'S NO PICNIC, MONONOM, LICHTTRAUM, TEILZEIT, HANSONICS und der GÜTERBAHNHOF SESSION KAPELLE. Ich werde oft in der Schublade stöbern (und mich immer wieder kaputt ärgern, dass ich von den LEBENSKNECHTEN keine Probenraum-Tapes hab, oder gar nix von STORMARN EXPORT, CREME EXTREME, FURY AND THE BLACK ONES und der CAROLINA BLUES CONNECTION/SORRY FLATMATES, und auch nicht den Geburtstags-Song für Jessica, den ich mal mit Axel ..., und schon gar nicht die »Merona«-Session, wo Tatter, Stoppel, Tanja und ... aber ich schweife ab!), und in wenigen Jahren muss ich mir Gedanken machen, wie diese Perlen der Tonkunst weiterhin haltbar (und hörbar) bleiben. Allein wegen solcher Probleme wird immer ein Rest Musiker in mir stecken, komme was da wolle.

Für mich eigentlich schon nicht mehr verwirrend ist, dass auch im CD-Regal eigene Tondokumente schlummern. Die »neue« Generation an Mitmusikern rümpft zwar die Nase, dass ich immer noch zu doof zum mp3-Hören und Downloaden bin, wo doch mittlerweile das Smartphone für viele zum zweiten Gehirn wird, mit dem man aufnimmt, grob abmischt, das passende Video dreht, und und und. Immerhin lässt man mir CDs zukommen, oder ich lad sie mir meist unfallfrei als E-Mail runter. Heutzutage kreist so was am Folgetag durch den digitalen Orbit, landet im E-Mail-Verteiler eines jeden Bandmitglieds, wird auf Silberling gebrannt, und fertig – was für fünfzehnjährige Bandneulinge heutiger Prägung wahrscheinlich schon wieder viiiiel zu altmodisch und kompliziert scheint, ist für mich alten Sack noch immer gewöhnungsbedürftig. Früher war nicht alles besser, aber eben langsamer, und langsam muss nicht unbedingt schlecht sein.

Ich wohne wieder in Bremen, allein, zahle für zwei Kinder Unterhalt und sehe sie mehr oder weniger regelmäßig. Ich rauche immer noch draußen, mit Blick auf einen kleinen, aber feinen Garten, der wiederum den Blick auf Industriegebiet und Hochstraße ermöglicht, und zwar immer noch auf meinem Treckersitz. Im Viertel wär's schöner. Aber auch teurer. Und der Weg zum Probenraum wäre deutlich weiter: 100 Meter weg war er vorher in all den Jahren nur zu LIFE'S NO PICNIC-Zeiten! Ich war zwischenzeitlich nochmal neu verliebt, und es gehört thematisch durchaus in ein Buch wie dieses, das zu erwähnen: Verlieben, Verliebtsein, Verlassen, Verarbeiten – ein steter Quell fürs Texteschreiben, und betrachtet man die Popmusik, tippe ich mal, dass exakt diese Thematiken ein Gros der Textinhalte ausmachen – warum also nicht auch bei mir? Dieses letzte Verliebtsein erwischte die Nachbarin zweier HANSONICS-Mitglieder, zudem mit einem exquisiten Musikgeschmack gesegnet, und ihre gefühlten Charts der letzten Jahre wären entsprechend sicherlich auch interessant zu lesen und zu hören.

Ich habe aktuell eine Band mit jährlich zehn Gigs, und ein zur Zeit schlummerndes Akustik-Projekt, jeweils mit Programm und eigenem Raum nebst Gesangsanlage. Nicht nur der anfangs dieses Buches erwähnte Rock 'n' Roll ist über mich gekommen, sondern auch Klassik, Folk, Pop, Blues, Hardrock, Funk, Jazz/Swing, Deutschrock, Punk und Grunge. Welch ein Geschenk! Musik kann auch ohne Erfolge, Plattenverträge, Drogenexzesse und zerstörte Hotelzimmer verdammt viel Spaß machen. Abertausende MusikerInnen machen mit großem Aufwand und Enthusiasmus für kleines Geld immer weiter, in der Hoffnung auf Anerkennung, Resonanz und Aufmerksamkeit. Ich verstehe alle, die das Komplett-Programm auf sich nehmen mögen, nur zu gut. So ist das eben. Wie schon gesagt:

Expect the unexpected.

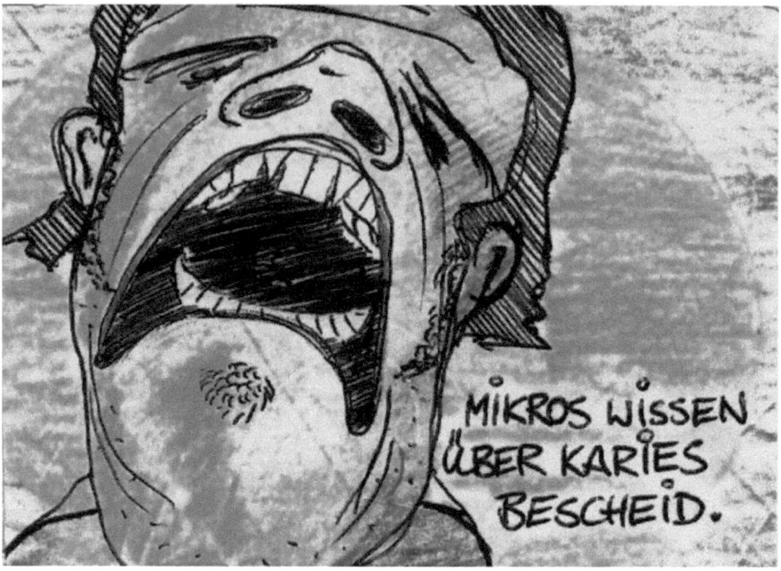

Das eigentliche Resümee nach all den Jahren

Ende aus Micky Maus.
Der letzte macht das Licht aus.
Nu gehn mir noch die Kippen aus.
Muss ich eben doch nach Haus.

(Inschrift am Kelleraufgang
vom »Lagerhaus«-Probenraum, 1996)

Bildnachweis

Abbildung auf dem Umschlag:
Iris Nicholas

Andreas Biela (Seite 135); Horst Brüggemann (Seiten 13, 19, 27, 35); Till Brüggemann (Seiten 75, 79, 85, 139, 155, 163, 169, 175, 179 und Cartoons; Torsten Hilse (Seite 91); Karsten Joost (Seite 131); Iris Nicholas (Seite 77); Jens Rose (Seite 110); Jens Scharphuis (Seiten 49, 55, 61)

Trotz größter Sorgfalt und intensiver Recherche konnten die Urheber bzw. Rechteinhaber einiger, weniger Artikel und Abbildungen nicht ermittelt werden. Es wird gegebenenfalls um Nachricht an den Verlag oder den Autor gebeten.

Grafik-Nachweis:
Till Brüggemann (Seiten 101, 117, 190)

Tonträger-Nachweis:
Lebensecht-Best of Gestern (2002, Eigenverlag Jens Scharphuis)
Life's No Picnic-Say Picnic (1996, Starfish Music)
Definition F (1998, nie veröffentlicht)
Mononom-Mononom (2003, Pan Marik Records)
Hansonics-Die wollen doch nur spielen (2014, Eigenverlag)

Web-Kontakt:
www.facebook.com/Chaos-Undzurück
www.facebook.com/pages/Hansonics
www.hansonics.net

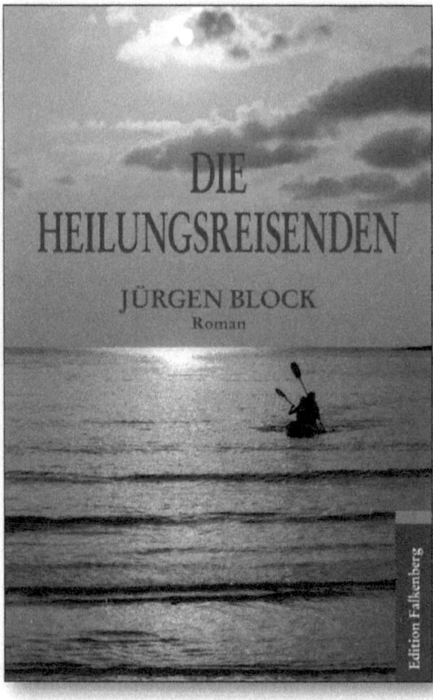

Jürgen Block

Die Heilungsreisenden

Roman

192 Seiten
Taschenbuch, Format 14 x 22 cm
14,90 Euro
ISBN 978-3-95494-103-2

Anna und Berti wurden ganz schön vom Leben gebeutelt. Es gab gute Tage, sicher. Aber schlechte gab es auch, und das nicht zu knapp. Aber gleich von schlechtem Leben reden? Nö. Weil, Anna und Berti haben sich den Humor bewahrt, wie eine eiserne Ration oder wie eine Kostbarkeit. Denn in Anna rumort wieder der Krebs – Krebs mit allem Pipapo. Kurzentschlossen wählt Anna statt OP-Schlachtbank einen Spontan-Urlaub. So zuckeln sie kreuz und quer durch die Weltgeschichte und erleben Abenteuer, von denen sie früher nicht einmal zu träumen wagten. Der Roman »Die Heilungsreisenden«, der von einem tapferen Ehepaar handelt, verlangt ebenso tapfere Leser, die sich trauen, sich auf ein berührendes und etwas anders erzähltes Leseabenteuer einzulassen.

Weitere Titel in Vorbereitung ...

Edition Falkenberg
www.edition-falkenberg.de